Lilly Lindner

Moi, Lilly, violée, prostituée

traduit de l'allemand par Penny Lewis

Titre original : *Splitterfasernackt*
Publié par Droemer Verlag

Édition du Club France Loisirs,
avec l'autorisation des Éditions L'Archipel

Éditions France Loisirs,
123, boulevard de Grenelle, Paris
www.franceloisirs.com

Le Code de la propriété intellectuelle n'autorisant, aux termes des paragraphes 2 et 3 de l'article L. 122-5, d'une part, que les «copies ou reproductions strictement réservées à l'usage privé du copiste et non destinées à une utilisation collective» et, d'autre part, sous réserve du nom de l'auteur et de la source, que les «analyses et les courtes citations justifiées par le caractère critique, polémique, pédagogique, scientifique ou d'information», toute représentation ou reproduction intégrale ou partielle, faite sans le consentement de l'auteur ou de ses ayants droit ou ayants cause, est illicite (article L. 122-4). Cette représentation ou reproduction, par quelque procédé que ce soit, constituerait donc une contrefaçon sanctionnée par les articles L. 335-2 et suivants du Code de la propriété intellectuelle.

© Droemer Verlag, 2011.
© L'Archipel, 2013, pour la traduction française.

ISBN : 978-2-298-06237-3

S'en sortir, un cadeau empoisonné.

Prologue

Pourquoi je travaille dans un bordel? Peut-être tout simplement parce que le fait d'être payée me permet de garder une distance avec les hommes. Je ne les vois plus comme des êtres menaçants, mais comme de gentils toutous qui remuent la queue.

Certains, lorsqu'ils sortent en ville avec leur épouse, prétextent une course au magasin de bricolage pour se payer dix minutes de plaisir au bordel du coin. Raison pour laquelle ils ont souvent sur eux un paquet de vis ou de chevilles.

Voilà le monde dans lequel j'évolue, avec ma minijupe et mon sourire de façade.

Pourquoi devrais-je coucher avec qui que ce soit gratuitement? Par amour? Non, merci, trop compliqué. Et j'ai un loyer à payer.

En réalité, je pense tout le contraire.

Quoi de plus beau qu'un geste tendre, que des moments partagés à deux?

Oserai-je un jour céder à un inconnu?

Non, jouer à ce petit jeu avec un corps meurtri comme le mien peut rapidement tourner au cauchemar.

Quand je me retrouve avec un client sur le lit à baldaquin de la chambre numéro 4, je ne bouge plus et je garde les yeux rivés sur l'abat-jour jaune orangé, en me répétant en boucle : « Je vois la lumière. » Je sens un corps sur le mien. Tant mieux s'il n'est pas trempé de sueur. Si mon client m'est sympathique, je peux aller jusqu'à passer les bras autour de sa taille. Dans le cas contraire, ils restent immobiles, inertes sur les draps. Un léger gémissement, une joue collée à la mienne... Au mieux, cela m'indiffère. Au pire, je tente de m'échapper par la pensée.

Tout le monde a connu au moins un traumatisme. Le mien remonte à longtemps et chaque jour qui passe m'en éloigne un peu plus. Je joue la comédie mais je finis toujours par me trahir. Dans mes bons jours, je suis la meilleure maîtresse dont on puisse rêver. Dans mes mauvais jours, je suis la pute la plus excitante qu'on puisse rêver de s'offrir.

Mes phrases manquent de clarté, ces lignes sont polluées par des pensées difficiles à formuler. J'essaie de décaler quelques virgules, d'édulcorer les formules trop choquantes. Mais je suis trop fatiguée, je n'en peux plus.

Je déchire les hommes comme je déchire les emballages de préservatifs.

Je devrais peut-être prendre la fuite et me cacher dans une forêt sombre à souhait, loin de moi-même. Au moins, là-bas, plus de sexe. Je m'assiérais au bord d'un joli lac et la pluie viendrait me purifier de toute cette honte.

PRÉLUDE

I

L'homme qui me dépucelle empeste l'alcool et le tabac froid. Il a les mains calleuses et moites, les cheveux ébouriffés, et son haleine me donne la nausée.

Il me jette sur un vieux canapé à fleurs, me maintient d'une main et porte l'autre à la boucle de sa ceinture. Je pleure, je murmure quelques mots, des phrases incohérentes, je balbutie, je le supplie, je dis non, non. Non !

Bien que je ne reconnaisse pas ma propre voix, qui semble buter contre mes lèvres desséchées, je m'y raccroche tant bien que mal car elle est mon unique point de repère.

Lorsque l'homme me frappe au visage, je vois mon incisive voler et disparaître sous la table basse.

Ça va, ce n'est qu'une dent de lait, elle repoussera. Mes pensées sont molles, douces, paisibles, comme anesthésiées. Alors que je suis en train de crier.

— Arrête de chialer !

L'homme plaque sa main sur ma bouche ensanglantée.

— Si tu cries encore une fois, je t'éventre !

Donc, je me tais. Mais une vive douleur me transperce tout de même de part en part.

Son sexe s'enfonce en moi. L'homme m'écrase de tout son poids en respirant bruyamment, m'étrangle d'une main et tire mes cheveux de l'autre.

— Cochonne, me chuchote-t-il au creux de l'oreille. Sale petite cochonne.

Je garde les yeux rivés sur le plafond blanc cassé. J'ai les bras engourdis et la tête qui bourdonne. Et alors que j'essaie de me concentrer sur une histoire qui finit bien, j'entends une voix de petite fille s'adresser à moi en murmurant :

— Suis-moi.

C'est la mienne, mais je ne la reconnais pas.

— Suis-moi, je vais t'emmener loin d'ici. Fais-moi confiance.

Faire confiance à quelqu'un. Une erreur que je ne réitérerai jamais.

La confiance, c'est un manège fréquenté non par des enfants, mais par des cadavres.

Mais, dans un moment comme celui-là, où les décisions que l'on prend ne peuvent plus rien changer, on se raccroche à la moindre branche. Je fais donc confiance à cette voix.

Sans prononcer un mot, je lui donne la main et la laisse m'emmener loin de ce canapé, loin de cet homme, loin de mon propre corps. Mais, contre toute attente, la fillette s'arrête dans le coin le plus reculé de la pièce.

— On ne peut pas aller plus loin, chuchote-t-elle.

Je me retourne vers mon corps sans défense, mes yeux vitreux, mes jambes frêles, pâles et bizarrement tordues. Un corps qui ne m'appartient plus et auquel je dois dire au revoir. Cette séparation se fait sans heurts, c'est mieux pour tout le monde.

— Ferme les yeux, chuchote la voix. Tu ne les rouvriras que quand je t'en donnerai l'autorisation.

Je lui obéis sans l'ombre d'une hésitation. Je chasse ce corps, ce morceau de viande. Je le laisse seul, je lui tourne le dos. Je l'abandonne.

L'homme finit par nous laisser partir, mon corps et moi. Sur le seuil de la porte, il nous tend une tablette de chocolat et nous dit :

— Ce sera notre petit secret, tu ne dois en parler à personne. Tu entends ? Jamais ! Si tu tiens à la vie...

Je n'y tiens plus particulièrement, je ne sais même plus vraiment ce que c'est. J'ai oublié.

Une fois la porte refermée, nous nous retrouvons sur le palier, mon corps et moi. Muets, silencieux. Il est trop tard pour prendre la fuite. Nous restons là à attendre. Nous tendons l'oreille, mais rien. Je ressens une douleur sourde qui pourrait aussi bien être la mienne que celle de quelqu'un d'autre.

Ce que j'ai enduré dans cet appartement y restera. Après tout, une porte, c'est fait pour rester fermée, surtout quand on sait que derrière guette un homme armé d'un couteau.

Je recule d'un pas, je m'éloigne de cette fameuse porte. Un secret, c'est fait pour être gardé. J'ai en moi une fêlure que personne ne doit jamais connaître.

C'est un jeu. Un jeu de cache-cache.

Qui a peur du grand méchant loup ? Personne.

Et s'il approche ? Eh bien, qu'il vienne.

Et s'il est déjà là ? Et s'il est en moi ?

Quant à mon corps, il s'en fiche, il reste planté là, immobile. Je lui en veux d'être aussi faible. Comment pourrait-il m'appartenir ? Je ne suis pas comme ça, moi. Mon esprit recule encore et mon corps lui emboîte le pas.

— Reste là, lui dis-je.

Comme il refuse d'obtempérer, je tourne les talons et m'enfuis en courant.

J'ai six ans et je vais bientôt entrer à l'école primaire. Mieux vaut positiver, voilà ce que j'ai appris en maternelle. En effet, les parents veulent que leurs enfants soient heureux, qu'ils rient. Quand on sourit, qu'on a des fossettes qui se creusent et les yeux qui pétillent, quand on a un visage de poupée et de longs cheveux qui flottent au vent, on est plus facilement apprécié. La perfection, c'est la sécurité. La perfection, c'est le pouvoir. Et comme mes parents exigent de moi que je sois parfaite, je n'ai pas le droit à l'erreur. Aussi, je passe des heures dans la salle de bains à me frictionner l'entrejambe jusqu'à en avoir la peau rouge et boursouflée. Je contemple l'eau mêlée de sang avec indifférence. Après tout, je n'ai qu'à ôter le bouchon de la baignoire pour qu'elle disparaisse dans les égouts.

Il ne restera rien.

Après le bain, je m'enveloppe dans la plus grande serviette que je trouve, déçue qu'elle ne soit pas blanche. Parce que le blanc, c'est rassurant, c'est propre, c'est pur.

J'ai les jambes en coton, à la fois brûlantes et glacées. Elles menacent de se dérober sous moi dès que je mets un pied devant l'autre. Or, je n'ai pas le droit de tomber, pas aujourd'hui ; il faut que je parcoure les dix-neuf pas qui me séparent de ma chambre.

Je les compte un par un.

Une fois dans ma chambre, j'enfouis mon visage sous la serviette de bain en me demandant s'il suffirait de le vouloir pour devenir invisible. Je l'espère de toutes mes forces.

Sans succès.

Voyant que cela ne fonctionne pas, j'engloutis la tablette de chocolat. Puis, plongée dans une sorte de transe, je regagne la salle de bains avec une démarche de marionnette désarticulée, je me penche au-dessus des toilettes et je vomis tout, jusqu'à la dernière miette. Pour finir, je me lave les mains et le visage à l'eau glacée et je les regarde devenir bleus, puis violacés. La douleur m'apaise, je sens mes doigts s'engourdir lentement, trembler, frémir.

Mais toujours rien.

Je ferme le robinet à grand-peine et lève les yeux. Mon reflet recule d'un pas. Puis encore un. Et encore un.

Et là, je comprends : je n'existe plus.

J'aimerais bien qu'une journée commence sans qu'on hurle à mes oreilles : «Allez, on se réveille ! Raconte-moi comment c'était, quand tu t'es fait violer ?»

Aujourd'hui encore, j'ai du mal à prononcer le mot viol sans triturer une mèche de mes cheveux, mordre ma lèvre inférieure, baisser les yeux pour fuir le regard de mon interlocuteur. Et on aura beau me répéter qu'il ne faut pas avoir honte et que je n'y suis pour rien, je n'en croirai pas un mot jusqu'à ce qu'on m'en produise une preuve irréfutable. Mais qui en serait capable ?

Taper le mot viol sur un clavier d'ordinateur est une chose, le prononcer de vive voix en est une autre. Déjà, voir ces quatre lettres apparaître à l'écran éveille en moi un sentiment de dégoût à l'égard de ma propre personne dont je ne pourrai jamais me départir.

Je ne sais plus quand j'ai abordé ce sujet à l'écrit pour la première fois. Je devais avoir quatorze ou quinze ans. Avant, tout cela me paraissait irréel, lointain. Mais, à force de se voiler la face, on se retrouve un jour avec de belles entailles sur les bras. Et lorsqu'il n'y a plus de place sur le premier bras, soit on passe sans réfléchir au second, soit on commence à s'interroger.

Pour ma part, j'y excelle. Concernant le viol, j'en suis arrivée à la conclusion que je devais consigner par écrit tous mes souvenirs au fur et à mesure qu'ils affluaient, pour ne pas perdre pied.

Mais, bien évidemment, ça n'a pas suffi.

Et ça ne suffira jamais.

J'aurais pu débuter mon récit autrement, par exemple en parlant de la fierté que j'ai éprouvée le jour où j'ai réussi à lacer mes chaussures pour la première fois, ainsi que le jour où ils ont tenu jusqu'au square, et même jusqu'en haut du toboggan. Mais qu'est-ce qu'on en retiendrait? Que je sais faire mes lacets et que je suis montée au moins une fois en haut d'un toboggan? Je suppose que c'est à la portée de tout le monde.

Certes, cette entrée en matière aurait été plus légère.

Non, je préfère commencer par le jour où tant de choses se sont arrêtées pour moi. Par mon plus grand secret, celui que je n'ai jamais révélé, pas même à mes parents. Et si Dieu existe, je prie pour qu'Il interdise à ces derniers de venir m'en parler. Leurs précédentes tentatives ont toujours échoué. Soit je me suis taillé les veines, soit ma mère est partie vivre ailleurs quelque temps, soit j'ai été internée en clinique psychiatrique, soit ma mère est montée sur ses grands chevaux, soit je me suis réfugiée dans un foyer de jeunes, soit ma mère a menacé d'entrer dans les ordres, soit j'ai englouti une boîte entière d'antidépresseurs, soit ma mère ne m'a plus adressé la parole, soit je me suis tapé la tête contre les murs. Quant à mon père, il est toujours resté fidèle à lui-même, calme et pondéré. Si sa maison était bombardée, il continuerait à lire le journal tout en sirotant son thé noir à la cardamome. Il n'a jamais montré le moindre signe d'enthousiasme, ni de colère. Le jour où ma mère m'a dit qu'elle me haïssait et qu'elle ne voulait plus jamais me revoir, il s'est

contenté de prononcer cette phrase : « Elle ne le pense pas. »
Sans même lever les yeux de son livre.

Comme si tout cela n'avait aucune importance. Comme
si *je* n'avais aucune importance.

Lorsque je lui ai demandé s'il m'aimait vraiment, il a
répondu par l'affirmative avec le même détachement. Petite,
je le croyais insensible. Je me disais que ma mère et moi
pourrions disparaître du jour au lendemain sans qu'il hausse
un sourcil. Mais, à dix-sept ans, j'ai décelé pour la première
fois une pointe d'émotion dans son regard. Après une
tentative de suicide par overdose de médicaments, alors que
j'étais attablée dans la cuisine en train de manger un yaourt
0 %, faute de pouvoir avaler quoi que ce soit d'autre, mon
père est venu m'annoncer qu'il avait prévenu mon professeur
principal de mon absence, le semestre suivant.

— Merci, ai-je répondu.

Je n'ai pas trouvé mieux. De toute façon, je n'avais plus
de voix.

— Tu ne t'en rends peut-être pas compte, mais ça a été
très dur de devoir lui expliquer que ma fille avait tenté de se
suicider, a-t-il ajouté.

À ce moment-là, dans ses yeux gris-bleu, j'ai vu de la
tendresse. Du désespoir. Et j'ai éclaté en sanglots, après
m'être bien sûr enfermée dans la salle de bains. J'ai vérifié
à deux reprises que la porte était bien verrouillée, puis j'ai
ouvert le robinet en grand et je me suis aspergé le visage de
plusieurs litres d'eau glacée, afin d'effacer toute trace de mes
larmes.

Par la suite, mon père est redevenu tel que je l'avais
toujours connu. Il a même consigné cet incident par écrit,
comme si sa vie de famille était un projet professionnel
dont l'évolution devait être relatée jusque dans les moindres
détails. Parfois, quand mes parents s'absentaient, j'ouvrais le

dossier à mon nom et lisais ce qu'il avait écrit à mon sujet. J'ai ainsi appris que j'étais «têtue» et «incapable de cohabiter avec (m)a mère». Il avait également noté la date et le lieu de mes différentes tentatives de suicide. À le lire, j'étais parvenue à mes fins.

J'ai consulté différents thérapeutes. Lorsque mon père m'accompagnait, il se présentait avec ce dossier sous le bras et prenait des notes, qu'il transmettait ensuite à d'autres médecins. L'un de mes psys a fini par lui faire remarquer son manque de tact. Je n'ai jamais su s'il avait compris.

Enfin, peu importe. Je lui préparerais volontiers un gâteau à chacun de ses anniversaires, si seulement cela pouvait lui faire plaisir.

Mais revenons-en à cette fillette. Elle décide de se débarrasser de ce corps qu'elle a en horreur et de grandir le plus rapidement possible afin de pouvoir déménager, s'installer dans un endroit où elle se sentira en sécurité et commencer une nouvelle vie. L'essentiel : partir.

La fillette s'exprime rarement mais, quand elle le fait, c'est d'une voix trop forte, avec un débit trop rapide, empreint d'une gaieté forcée. Elle se chamaille avec les autres enfants, elle préfère s'isoler dans un coin du bac à sable et y creuser un trou assez profond pour s'y cacher. Elle se pince, elle tire la langue à son reflet dans le miroir, elle passe ses nuits à pleurer, elle prend des bains glacés jusqu'à en avoir les lèvres violacées et les membres engourdis, et refuse d'être séparée de sa mère, qui préférerait avoir une fille moins encombrante.

La fillette change : elle commence à déformer la réalité, s'invente de nouveaux amis, des drôles de silhouettes invisibles et toujours disponibles pour discuter. Une nouvelle langue, de nouveaux jeux, de nouvelles règles font leur apparition. Elle se sent en sécurité dans ce monde irréel et s'y retire dès que possible.

La fillette refoule, tâche d'oublier sa fêlure.

Le temps passe.

La fillette s'en réjouit, persuadée que l'enfance est ce qu'il y a de pire. Elle se gratte les bras jusqu'au sang dans le but de ressentir une souffrance différente, une souffrance concrète qui viendrait apaiser, voire neutraliser les démons qui l'agitent. Elle se donne des coups de poing dans le ventre, ouvre la fenêtre en grand et s'allonge par terre, frigorifiée. Parce que c'est tout ce qu'elle mérite, parce que son corps doit expier.

À mesure qu'elle grandit, la fillette me ressemble de plus en plus, se fond en moi, si bien que je ne peux plus parler à la troisième personne.

2

Le jour où je meurs pour la première fois, je joue au Déluge dans mon lit, avec mes draps en guise de vagues. De toutes mes peluches, seuls le dauphin, le canard délavé et le dinosaure violet parviennent à embarquer dans mon arche. C'est ridicule, quand j'y repense, puisque les dauphins et les canards savent nager. J'aurais dû sauver mon singe et mon caniche !

Quelques heures plus tard, toutes mes peluches se retrouvent dans un coffre à jouets que j'ai fermé à clé. Je sais que cette période de ma vie est révolue car jeux d'enfants et règles d'adultes ne font pas bon ménage.

Je me souviens des détails les plus atroces : du son de sa voix, de son appartement, de ses meubles, de l'odeur, comme si j'y étais. Je ressens toujours le même effroi. Dès que j'y repense, je trébuche, au sens propre comme au figuré.

C'est très étrange de se sentir mourir tout en restant en vie. On est vide, perdu, on ne sait pas vraiment quelle place on est censé occuper. Tout paraît hors de portée, comme dans un cauchemar. Plus rien n'a de sens ni d'importance.

J'oublie qui j'étais et à quoi ressemblait ma vie d'avant. Ce viol me redéfinit.

Mais le temps continue à passer. Il va de l'avant, car c'est la seule direction qu'il connaisse. Et nous n'avons d'autre choix que de le suivre.

Dès mes onze ans, je commence à compter les années qui me séparent de la majorité, âge auquel j'arrêterai l'école et je déménagerai. J'ai de la poitrine, de gros seins mous qui ballottent de ci de là et attirent le regard des garçons. C'est le début d'un nouveau calvaire. Je suis la première de la classe à avoir mes règles. Les garçons passent derrière moi, m'effleurent et sortent des blagues salaces, tandis que les filles veulent tout savoir sur les tampons.

Quand on sait que je passe environ douze heures par jour à essayer d'intimer aux voix qui résonnent dans ma tête de se taire, j'arrive assez bien à donner le change. Personne ne sait combien je redoute de disparaître un jour définitivement. En effet, *il* vit dans le même immeuble que moi. J'ai beau monter l'escalier à toute vitesse et sur la pointe des pieds, *il* arrive parfois à me mettre la main dessus.

Hors de question que, dans plusieurs années, des gamins jouant en forêt retrouvent mes ossements.

Tous les jours, je revêts un nouveau masque, je prie pour ne jamais tomber enceinte et me taillade pour ne jamais oublier.

Mais finalement, c'est *lui* qui disparaît.

Il sort de ma vie comme si de rien n'était. *Il* déménage. Quant à moi, je reste plantée devant l'appartement désormais vide et j'attends que mon corps en sorte, afin que nous soyons de nouveau réunis. J'attends, encore et toujours.

Deux heures par jour en semaine, jusqu'à quatre heures le week-end. Mes parents me croient au square. Or, je ne joue plus depuis longtemps, car j'ai trop souvent perdu. Je préfère rester sur le palier à attendre. À attendre.

Dès que quelqu'un approche, je me trouve rapidement une cachette d'où j'écoute les pas s'évanouir et les portes se refermer. Puis je ressors, je colle l'oreille contre la porte de l'appartement interdit, dans l'espoir d'entendre quelque chose, et je m'adresse en chuchotant à mon corps par le trou de la serrure.

— Je ne partirai pas sans toi. Je t'attends. Je resterai là jusqu'à ce que tu sortes, c'est promis !

Une promesse qui demeure vaine.

Puis, c'est l'arrivée d'une nouvelle occupante, une professeur de violon qui a l'air très gentille. Je la vois toujours avec un pull-over qu'elle a tricoté elle-même.

Un jour, alors qu'elle monte l'escalier avec un sac de courses d'où dépassent quelques bananes, elle me surprend assise sur les marches, les yeux rivés sur la porte de son appartement.

— Tu avais un copain ou une copine qui habitait ici, avant ? me demande-t-elle un jour.

Je secoue la tête.

— Quelque chose ne va pas ?

Je secoue la tête une nouvelle fois.

Elle pose son sac de courses par terre afin d'ouvrir la porte.

— Comment tu t'appelles ?

Au lieu de répondre, je regarde par l'embrasure de la porte. Les murs sont à présent tapissés d'un papier peint abricot, le couloir est carrelé de blanc et un léger parfum de vanille vient chatouiller mes narines.

— Je m'appelle Clara. Tiens, prends une banane. Tu aimes ? Moi, j'en mange par kilos, surtout vers la fin de l'été. Elles viennent du magasin bio, juste au coin de la rue.

— Merci.

— Tu es sûre que tout va bien ?

Je hoche la tête avant de partir en courant.

Alors que je grimpe les marches quatre à quatre, j'entends Clara refermer la porte derrière elle. C'est exactement le même bruit que quand *il* vivait là, mais peut-être en plus discret. Mais *il* est parti. Comme moi.

J'imagine Clara s'installer dans le salon où on m'a violée et lire tout en dégustant ses bananes. Elle rit car son livre est amusant, la moquette est propre et moelleuse, il n'y a plus aucune trace de sang. Le violon est rangé dans son étui, sur la table du salon. Les rideaux n'étant pas tirés, le soleil inonde la pièce. Il n'y a rien à cacher.

Ne pouvant camper éternellement devant la porte de cet appartement, je décide d'oublier. Pour ce faire, je me cogne la tête contre la porte de ma chambre, jusqu'à m'effondrer par terre, complètement sonnée. J'ai un traumatisme crânien mais je vais m'en remettre, d'après le médecin. Et tandis que ma tête bourdonne encore, je rassemble tous mes souvenirs et les entrepose dans un coffre, que je ferme à l'aide d'un gros cadenas imaginaire.

— À partir d'aujourd'hui, tu peux recommencer à sourire, m'annoncé-je à moi-même. Allez, ça n'a rien de difficile !

Donc, je souris pour éviter tout conflit.

Mais j'ai toujours aussi honte de mon corps, notamment de ma poitrine. De plus, mon père m'inscrit à un club de natation et je dois porter un maillot de bain qui camoufle à peine mon corps meurtri.

Non, une minute. Interdiction d'y repenser, maintenant que le cadenas est en place. Pourquoi ne pourrais-je pas me mettre en maillot de bain ? Ça n'est pas plus compliqué que de sourire.

25

Sur le plongeoir, je me dis qu'avec un peu de chance l'eau m'engloutira.

Avec un peu de chance, je me noierai et tout sera terminé.

Avec un peu de chance.

Après m'être tailladé le bras, j'utilise mon sang pour tracer douze traits derrière mon armoire – un pour chaque année écoulée – puis un treizième, au cas où je vivrais un peu plus longtemps. Je rajoute quelques heures d'allemand et de mathématiques par-ci par-là, dans mon emploi du temps, afin que mes parents ne s'étonnent pas de me voir rentrer tard. Cela dit, venant d'eux, ça relèverait du miracle. Dès que j'ai un moment de libre, je vais au parc. Je m'assieds sur un banc et j'attends la fin. Mais celle-ci se faisant désirer, je finis toujours par rentrer à la maison.

J'ai d'assez bonnes notes, souvent entre douze et quinze, ce qui ne satisfait pas mes parents pour autant. Ma mère s'énerve quand je ramène un douze en allemand, elle dit que je devrais au moins maîtriser ma langue maternelle. C'est vrai, j'aime la lecture et l'écriture, mais je plafonne à douze en dictée. Moi, je m'en fiche, je refuse de croire que la valeur d'un être humain puisse être établie sur une échelle allant de zéro à vingt. Or, ma mère me gronde à chaque dictée que je rapporte à la maison pour qu'elle la signe. À ses yeux, je suis une ratée.

Un jour, je finirai par quitter l'école.

Tout comme les autres filles finiront par avoir de la poitrine.

Je passe les vacances d'été précédant l'entrée au collège à adresser des milliers de prières à Dieu pour qu'il me facilite un peu la tâche. Mais Il a visiblement d'autres chats à fouetter, et je me retrouve livrée à moi-même.

En classe. Dans la cour. En sixième. En cinquième. Chaque année.

Fort heureusement, même une fille comme moi finit par se trouver une amie. Cela ne m'empêche pas de rester à l'écart, mais traîner à deux dans la cour est plus discret que de rester plantée toute seule près d'un arbre. Et le risque d'être kidnappée et violée s'en trouve fortement réduit.

Du moins, je l'espère.

Depuis que je suis au collège, j'ai entre seize et dix-huit dans toutes les matières. Comme j'arrive à être première de la classe sans beaucoup travailler, et que mes rédactions ne comportent plus la moindre faute d'orthographe, je me dis que mes parents vont enfin m'aimer.

Mais ils demeurent indifférents. Certes, ils me réprimandent moins qu'avant, mais certainement parce que nous nous voyons moins souvent. J'hésite entre pleurer et passer une annonce dans le journal pour trouver de nouveaux parents, mais, finalement, j'opte pour l'automutilation. Dans le silence de la salle de bains, tandis que mon sang coule sur le carrelage, je lis et relis le premier chapitre d'un livre pris au hasard.

Une fois que je l'ai mémorisé, je nettoie le sol, je panse mon bras et me regarde dans la glace, les yeux écarquillés.

Voilà comment on triomphe de la souffrance.

Je vais à l'école, je rentre à la maison, je vais à la piscine, je rentre à la maison, je croise mes parents, j'évite mes parents, je reste plantée devant *sa* porte, je me faufile à toute allure devant cette même porte. Chaque journée est une lutte pour la survie.

Si on veut que ce ne soit pas la dernière...

Mais je déteste tellement ma vie que je compte les minutes qui me séparent du coucher.

Mes obsessions requérant énormément de calme, je m'isole de plus en plus. Je n'ai aucune envie de danser, de me promener en ville ou d'aller au cinéma. Je préfère ne voir personne. Et je suis persuadée de finir ma vie séquestrée dans une cave.

Par une journée particulièrement venteuse d'automne, je ramasse au bord du lac Lietzensee un caillou dont je caresse la surface lisse, dure et froide.

Je voudrais être pareille, ne plus rien ressentir à part de l'indifférence. Je ne laisserai plus personne me faire du mal, ni même m'approcher ou me toucher.

J'ai l'impression que le caillou me regarde, sceptique. Il me connaît si bien... Je le jette de toutes mes forces dans le lac.

Il éclate de rire, bien conscient qu'il ne se noiera pas, puisqu'il peut rester en apnée le temps qu'il veut.

Quand je suis à la maison, je passe le plus clair de mon temps allongée sur le lit avec, à portée de main, une dizaine de livres qui me permettent de m'évader. Une fois que j'en ai terminé un, que je dois le refermer et revenir dans ce monde de violence et d'imperfection, je me dis qu'au moins, séquestrée, je ne serais plus un fardeau pour personne.

La neutralité devient mon refuge. Je jette à la poubelle les posters qui ornaient les murs de ma chambre, je choisis des draps blancs pour mon lit et cache mes étagères derrière des tentures, blanches également. Sur ma table de nuit trônent désormais les rares objets que je m'autorise à posséder : trois livres, un jeu de cartes, une brosse à dents, un tube de dentifrice, un flacon de shampoing, un bloc-notes et quatre stylos.

Je ne vais pas mieux pour autant, car je ne parviens pas à me détacher du monde. Je ne ressemble pas au caillou noir trouvé près du lac, loin de là. Tous les soirs, je me couche en pleurs, car mon père a passé la journée à râler par ma faute : soit parce que j'ai mal ajusté sa veste sur son cintre, soit parce que je n'ai pas assez essoré l'éponge de la cuisine, soit parce que je me suis enfermée dans ma chambre, me tenant ainsi à l'écart de la famille – la bonne blague –, soit parce que je m'écoute trop, entre autres.

Quant à ma mère, elle me rend dingue avec ses sautes d'humeur. Elle me déteste parce que je ne joue pas de flûte traversière, parce que je la dérange ; elle m'aime... par devoir. Elle ne supporte pas ma présence, elle m'aime... quand je fais mon lit au carré. Elle me hait, elle me hait, elle me hait. En même temps, je la comprends, car moi-même, je ne supporte plus de me voir dans le miroir.

J'ai quatorze ans, je mesure un mètre soixante-quatre pour cinquante-six kilos et je me sens énorme. Quand je ne lis pas, je réfléchis à la façon la plus rapide et la moins douloureuse de mettre fin à mes jours. Hélas, comme je suis trop douillette pour me taillader les veines correctement, chacune de mes tentatives se solde par une mare de sang, une migraine, un bras endolori et une lame de rasoir bonne à jeter. Et moi, je suis toujours en vie. Je choisis finalement d'arrêter de respirer. Soir après soir, je m'allonge sur le lit et retiens ma respiration jusqu'à en avoir des hallucinations, le cœur qui palpite et la tête qui tourne. Mais impossible de mourir.

Je demande à mes parents s'il serait envisageable de déménager. Je rêve de l'Irlande, de ses prairies, de ses moutons. Enfin, changer de rue ou de quartier, ce serait un bon début. Mes parents me regardent en secouant la tête, et je les comprends. Hélas, je ne parviens pas à leur expliquer combien il m'est difficile de passer tous les jours devant la porte de *son* appartement, où reste prisonnière une partie de moi.

Malgré les voix qui me hantent, je reste lucide et je me tais. Après tout, qui me croirait? Ma mère *le* trouvait gentil car *il* l'aidait parfois à monter ses courses. Un jour, elle m'a même conseillé de prendre exemple sur *lui*. Je préfère encore m'automutiler à coups de lame de rasoir.

D'ailleurs, dans ce domaine, je m'améliore. Je me gratte les bras et je me mords l'intérieur des joues jusqu'au sang, je me brûle, je me cogne intentionnellement contre les portes et les armoires... Mes parents n'y prêtent guère attention et attribuent mes égratignures sur les bras à de l'eczéma.

Un jour, à Pâques, mon père décrète que je n'ai plus le droit de m'enfermer dans ma chambre.

—Je te l'ai déjà dit des centaines de fois, tu ne dois pas t'isoler ainsi du reste de la famille! s'écrie-t-il en envoyant valser un lapin en chocolat. J'en ai assez de voir ta porte constamment fermée, tu le sais!

J'ai bien envie de lui rétorquer qu'entre ce qu'il dit et ce que je sais, il y a un monde, mais je me contente de hocher bravement la tête, comme la petite fille modèle, adorable et pure que je suis censée incarner.

Dorénavant, je m'enferme dans la salle de bains, je laisse couler l'eau et je m'affale par terre, sur le carrelage glacé. Là, au moins, je sais qu'on va me laisser tranquille, que je vais pouvoir rêvasser autant que je veux sans que personne ne vienne me traiter de ratée.

À force de passer des heures assise à côté de la baignoire, j'ai une révélation: plus j'avance dans ce monde, plus je me sens mal. Si je devenais invisible, tout s'arrangerait. Aussitôt dit, aussitôt fait : j'arrête de manger.

Je me dis qu'en descendant à vingt kilos, voire dix, je ne dérangerai plus personne. Je ne me nourris plus que de pommes et de concombres. Si ça ne tenait qu'à moi, je n'avalerais plus rien du tout, mais je manque de m'évanouir sur le chemin de l'école, ou rien qu'en laçant mes chaussures.

Je perds une bonne dizaine de kilos en très peu de temps, mais je me sens encore trop présente. Quant à la nourriture, cela devient une obsession. La nuit, je me vois au milieu d'une farandole de toasts bien croustillants, de tartes à la crème, de biscuits à la cannelle, et je me réveille en nage.

La morosité m'envahit. J'ai la tête qui bourdonne vingt-quatre heures sur vingt-quatre, au point d'en perdre le sommeil. Paradoxalement, mes notes progressent, j'accumule les dix-huit sur vingt. Finalement, quinze, c'est insuffisant. Je déteste le collège chaque jour un peu plus, je m'ennuie, je ne sympathise avec aucun de mes camarades de classe, aucune matière ne m'intéresse. Je n'apprends pas vraiment mes leçons, je me débarrasse de mes devoirs à la récréation et j'entame mes révisions tout au plus deux jours avant un contrôle, et encore, quand je révise. Voyant que mes parents ne m'aiment toujours pas, je ne relâche pas la pression. Pourtant, je réussis tellement bien à l'école qu'ils pourraient ressentir au moins un peu de fierté. Qu'est-ce que ce serait, si je retombais à quatorze ? Ils me mépriseraient sans doute jusqu'à la fin de leurs jours. Je pourrais redoubler d'efforts, par exemple, passer mes journées à réviser et apprendre mes manuels scolaires par cœur, mais c'est hors de question : l'école me donne la nausée, je n'ai aucune envie d'y consacrer encore plus de temps. Et, bizarrement, j'angoisse à l'idée de ne pas avoir assez de temps pour moi.

J'attends chaque week-end avec impatience, tout comme les vacances scolaires, et je profite de chaque seconde passée à la maison sans mes parents pour enfin souffler.

À quinze ans, je suis prête à tout pour quitter l'école et partir vivre loin d'eux. Pour parvenir à mes fins, j'ai le choix entre le suicide, le trottoir, le foyer de jeunes et l'hôpital psychiatrique.

Je suis trop trouillarde pour choisir l'option numéro un ; la numéro deux nécessite un réseau dont je ne dispose pas, et j'ignore les démarches à entreprendre en ce qui concerne la numéro trois. Reste l'option numéro quatre.

Je prends donc rendez-vous chez un psychologue à qui j'annonce que je suis en train de mourir. Après lui avoir parlé de mes troubles alimentaires, de mes souffrances et de mes envies de défenestration, je ressors de son cabinet avec tout un tas de formulaires que je passe déposer à la Sécu. À mon retour, lorsque j'informe mes parents de mon hospitalisation, ma mère me traite de mythomane. Quant à mon père, il demeure impassible, comme à son habitude, et continue à beurrer tranquillement ses tartines, tandis que j'engloutis une dizaine de comprimés d'aspirine sous son nez.

Je me dis que si aucun lit ne se libère à la clinique, je cambriolerai une pharmacie, je repartirai avec tous les somnifères qui me tomberont sous la main, je les avalerai d'un trait et je crèverai.

Le courrier tant attendu arrive enfin. « Hospitalisation acceptée. » Et la vie continue.

Cette année-là, j'ai souvent manqué l'école, soit parce que j'étais malade, soit parce que je préférais passer ma journée assise sur un banc à réfléchir. Une fois les vacances d'été arrivées, je prends ma valise, monte dans la voiture de mes parents et tourne le dos à cette vie atroce. Direction la clinique et ses murs épais, la peinture blanche, les draps immaculés, le règlement strict, les repas servis à heure fixe et les trois heures de cours quotidiennes.

Ma mère, non contente de ne pas m'adresser la parole de tout le trajet, me fusille du regard dans le rétroviseur tandis que je feins de l'ignorer. Quant à mon père, il conduit. Ça, au moins, il sait faire.

Il règne à la clinique une odeur aseptisée qui n'est pas sans me rappeler le jardin d'enfants, mais je ne vois personne courir partout en riant, loin de là.

Une fois présentés au psychologue chargé de mon suivi, mes parents me disent au revoir. Enfin, façon de parler : ma mère me décoche un dernier regard furieux et sort de ma chambre sans piper mot ; mon père toussote, gêné, et me serre une demi-seconde dans ses bras.

Je pourrais consacrer des pages et des pages à cette hospitalisation, mais je m'écarterais de mon objectif initial. En effet, c'est autre chose que je souhaite raconter. Pour la première fois de ma vie, je ne me sens plus mise à l'écart, je ne suis plus une bête curieuse qu'on dévisage, on ne murmure plus sur mon passage. Je côtoie même des filles qui se nourrissent encore moins que moi, ce qui n'est pas peu dire. Car, à l'époque, je me contente d'une tomate, d'une demi-pomme et de deux pruneaux par jour.

Ici, on me force à manger et je le vis mal.

Cependant, j'ai beau être enfermée, je me sens plus libre que jamais, loin de l'école et de mes parents. Je me sens beaucoup moins oppressée, je sais de quoi le lendemain sera fait, et ce, grâce à un emploi du temps réglé comme du papier à musique, qui me laisse tout loisir de réfléchir, les yeux fixés sur les murs blancs.

Je sympathise même avec d'autres patients. Je sais qu'une fois sortie je ne les reverrai plus, alors j'en profite à fond. Par exemple, je me souviens encore de Phillip, le garçon le plus tourmenté que j'aie jamais connu. À cause de lui, nous devons jouer au volley-ball sans filet, car il l'a volé pour se pendre avec. Le personnel soignant a cherché le filet pendant des heures, sans succès. Heureusement, Phillip s'est ravisé. J'apprécie ce garçon pouvant se montrer tour à tour angoissé, violent, doux, brutal, bruyant ou discret.

Cette hospitalisation dure deux mois. La veille du départ, je sors un paquet de mouchoirs et pleure jusqu'à épuisement. L'avenir m'angoisse terriblement, je ne me sens pas prête à rentrer chez moi. Je continue à me considérer comme une ratée.

3

La maison. La liberté. La vie réelle.

Les premières semaines, je suis sous le choc. C'est beaucoup trop. Beaucoup. Trop. Trop. Les mots que je prononce semblent provenir de la bouche de quelqu'un d'autre, comme dans un film mal doublé. Le monde m'assourdit. Je ne me suis jamais sentie aussi déphasée. Je redeviens la bête curieuse du collège, « la fille qui a été internée ».

À quoi vais-je occuper mon temps libre ? Je peux désormais sortir comme bon me semble, plus la peine de remplir un formulaire. Finis les repas à 7 heures, 10 heures, midi, 16 heures et 18 heures précises, ainsi que l'extinction des feux à 21 heures. Que faire ? Où aller ? J'ai tout oublié.

Me promener en ville. Voir des amis. Aller au cinéma. À l'école. Au parc.

Et ensuite ?

Je me force. Après tout, les autres arrivent bien à se lever pour aller au travail ou à l'école sans pour autant devenir fous. Alors, pourquoi pas moi ?

Tandis que la neige fait son apparition, bien qu'on ne soit qu'en automne, je retrouve progressivement mes repères.

De toute façon, je n'ai guère le choix : le temps passe sans attendre qui que ce soit, encore moins les filles comme moi.

À seize ans, vivre est bien la dernière chose qui m'importe. Je préférerais encore me planter un couteau de cuisine dans le bras plutôt que d'aller en cours. Mais j'y suis bien obligée, aussi m'installé-je à ma place habituelle, en m'efforçant de respirer le plus doucement possible. Comme j'éprouve une peur panique à l'idée qu'on me dévisage et qu'on me pose des questions indiscrètes, je ne parle quasiment pas. À la récréation, je m'assieds à l'écart, sur un banc, et je fais mine de lire. En réalité, je compte les secondes qui me séparent de la fin de la pause, ou j'échafaude un nouveau plan de fuite. On ne sait jamais.

En revanche, mes bulletins scolaires présagent d'un avenir radieux, et je ne manque pas de les ajouter au dossier que mon père, qui remarque à peine ma présence, me consacre. Une place qui leur revient de droit parce qu'ils parlent de tout, sauf de ma véritable personnalité.

Ma mère, elle, est désormais capable de prononcer sa phrase préférée, «je te déteste», de deux cents façons différentes.

Quant à mes camarades de classe, ils ne savent plus comment se comporter avec moi. On ne sait jamais, les maladies mentales sont peut-être contagieuses. Et puis, ça ne fait pas très «cool» d'être vu en compagnie d'une espèce de zombie couverte d'hématomes. Je reste donc plantée au beau milieu de la cour en arborant un sourire forcé. J'en souffre car j'ai l'impression d'être autant à ma place qu'une girafe qui, non contente de s'être perdue au pôle Sud, doit se tordre le cou pour parler aux pingouins qui, eux, parviennent à se déplacer sur la banquise sans glisser, faisant fi des orques qui pourraient surgir et les dévorer.

La souffrance engendrée par la faim me semblant finalement bien plus douce, je cesse une nouvelle fois de m'alimenter. J'excelle désormais dans l'art de me cacher sous quatre T-shirts superposés et des pulls dix fois trop grands.

Mais mon violeur étant toujours là, face à moi, je ferme les yeux, je me raconte des histoires à voix basse, je me confie des secrets dans l'espoir de le chasser. Et j'implore mon propre pardon.

Un pardon que je refuse de m'accorder. Je n'en ai ni la force, ni le droit.

Je finis par baisser les bras quelques semaines plus tard, sur le chemin de l'école, le jour où je constate que je n'ai même plus la force de pédaler. J'hésite tout d'abord à me laisser mourir, cachée sous un buisson, puis, finalement, dans un éclair de lucidité, je me résous à demander de l'aide.

— Je suis à la fois trop jeune pour mourir et trop vieille pour continuer à vivre, confié-je à une psychiatre. En fait, je crois que je voudrais trouver un moyen de m'évader, tout en restant physiquement ici.

La psychiatre me dévisage, mâchouille l'extrémité de son stylo-bille, réajuste ses lunettes, vérifie son carnet de rendez-vous, me tend des bonbons, toussote et me prescrit des antidépresseurs à haute dose.

— Avec ça, vous vous sentirez mieux, décrète-t-elle en me regardant avec ses yeux de merlan frit.

— Merci.

À la pharmacie, on me toise comme une droguée qui aurait falsifié une ordonnance, mais je ressors tout de même avec une grosse boîte d'antidépresseurs. La pharmacienne m'offre même un paquet de mouchoirs parfumés à l'eucalyptus qui me donnent la nausée.

Une fois rentrée à la maison, je les jette à la poubelle et pose les médicaments sur ma commode. Je me rends soudain compte de l'absurdité de la situation : on voudrait réduire au silence la fillette violée en l'assommant de médicaments, mais elle recommencera à crier un jour ou l'autre, de toute façon. Et comment pourrais-je me regarder en face ?

Mes parents rentrent dans la soirée. Tandis que mon père me crie dessus, je fais mine de l'écouter attentivement. En réalité, je compte les fillettes, comme d'autres comptent les moutons. Déguisées en Petits Chaperons rouges, elles sautent par-dessus une barrière ; une sur trois atterrit directement dans la gueule du grand méchant loup.

Ma mère est de mauvaise humeur, elle aussi. Comme souvent, dès qu'elle franchit le seuil de la porte, elle essuie son rouge à lèvres, effaçant son sourire par la même occasion. Elle est tellement prévisible.

Au menu, ce soir, riz aux légumes. Je n'aime pas ça, mais je me force. J'ai tellement faim que je ne peux pas fixer les objets autour de moi sans qu'ils se mettent à danser devant mes yeux.

Jusqu'à ce que mon père me reproche de trop manger. Alors, je me lève, je dépose l'assiette dans l'évier, je m'enferme dans la salle de bains, je laisse couler l'eau pour donner l'impression que je prends une douche, et je vomis dans la cuvette des toilettes. Puis, je retourne dans ma chambre, j'ouvre la fenêtre en grand, je m'allonge nue sur le lit et je ferme les yeux, persuadée que le plafond va s'effondrer d'une seconde à l'autre.

J'ai les mains gelées, complètement engourdies. Je caresse l'espoir de mourir d'une pneumonie ou d'hypothermie, en vain. La mort arrive rarement quand on l'appelle. Privilégiant l'effet de surprise, elle préfère survenir soit trop tôt, soit trop tard.

C'est pourquoi je reste en vie.

Le lendemain, il fait plus chaud, mais je ne le remarque même pas. Soudain, alors que mes camarades de classe discutent entre eux de fêtes, de boutiques branchées, de bière et de musique, une odeur venue de nulle part, un mélange d'alcool et de sueur me prend à la gorge, si bien que je dois lutter pour ne pas m'évanouir. *Il* m'écrase de tout son poids. Ça ne s'arrêtera donc jamais.

— Qu'est-ce qui t'arrive ? me demande Miriam en me poussant du coude.

— C'est rien.

— Mais tu es blême.

— Je vais bien, je te dis !

Je me réfugie aux toilettes, où je crache du sang pour la première fois. Puis je revêts mon habituel sourire de façade et rejoins mes camarades.

— Tu es sûre que ça va ? insiste Miriam. Tu es encore plus pâle que tout à l'heure.

À présent, les autres filles me regardent aussi, pensant certainement que des hommes en blanc vont surgir des buissons et m'emmener à l'hôpital. Qu'ils viennent, je m'en fiche. Mais rien à signaler, excepté un moineau à la recherche d'un vieux morceau de pain.

Je tiens encore cinq minutes, puis je préviens la conseillère d'éducation que je ne me sens pas bien et je rentre à la maison.

À la « maison » ! Je ne m'en lasse pas, de cette blague.

À mon grand soulagement, l'appartement est vide. Je m'enferme dans ma chambre et m'allonge sur le lit, sans quitter la commode des yeux. La boîte d'antidépresseurs est toujours là. Dans ma tête, une voix m'exhorte à gober tous les comprimés d'un coup. Une deuxième me conseille de prendre quelques cachets d'aspirine en guise de dessert. Puis, une troisième, plus douce, enjôleuse, m'invite à prendre juste un comprimé « comme ça, pour voir ».

Je me lève, vais chercher un verre d'eau dans la cuisine, m'évanouis en cours de route, me rassieds sur le lit. J'ouvre la boîte, je survole la notice – deux pages d'effets secondaires, tout de même – et je la déchire. Je m'en fiche pas mal, après tout. Puis, je détache un comprimé, je le pose sur ma langue et l'avale avec un peu d'eau.

Différents effets secondaires commencent à se manifester, vingt minutes plus tard. J'ai le cœur qui palpite tellement fort que je n'ose même plus respirer. J'ai des nausées, des vertiges, je transpire, je grelotte, je ne marche plus droit, j'ai les pupilles dilatées, les mains qui tremblent et la respiration saccadée. Je me dirige vers le téléphone en titubant, pour d'abord passer devant sans m'arrêter. J'ignore comment je me retrouve assise par terre, les yeux rivés sur le combiné, en espérant me rappeler comment m'en servir. Finalement, j'abandonne. De toute façon, j'ai oublié qui je voulais contacter.

— Et voilà, me dit une petite voix ironique. D'accord, tu prends des antidépresseurs, mais, au moins, tu es de retour dans le monde normal. Alors, heureuse ?

Après m'être roulée en boule par terre, le téléphone serré contre moi, je sombre dans un profond sommeil.

— Arrête de chipoter et mange, m'ordonne mon père le lendemain.

— Allez, finis tes pâtes, renchérit ma mère.

Je garde les yeux rivés sur mon assiette, les pupilles toujours dilatées, et décide de jouer la carte de la normalité. Je porte lentement la fourchette à ma bouche et mâche avec application, avant de tout recracher discrètement dans une serviette en papier. Et ainsi de suite, jusqu'à ce que mon assiette soit vide et ma serviette pleine.

Les gentilles filles avalent. Je sais.

Mais moi, je suis méchante.

Deux mois après mon séjour en clinique, je suis fixée sur trois points. Primo : avant, ma mère me détestait ; là, je peux dire qu'elle me hait, purement et simplement. Mais il faut la comprendre : quoi de pire qu'une fille qui cherche à se faire interner rien que pour sécher les cours ? Elle ne m'adresse quasiment plus la parole, à part pour me dire ça. Secundo : mon père ignore tout de moi. J'aurai beau me traîner à ses pieds en me vidant de mon sang, il se contentera d'un simple « calme-toi ». Tertio : je ne veux ni vivre ni mourir, mais je dois choisir. Pour ce faire, il faut que je sache quelle option est préférable. Et ça, je ne le saurai qu'en partant.

Donc, je pars.

Je me rends au bureau d'aide à l'enfance. Troisième étage, couloir de droite, sixième porte à gauche. M. Steinbeck.

— Si vous me renvoyez chez mes parents, je ne réponds plus de rien, lui annoncé-je.

L'homme aux cheveux gris me dévisage, l'air épuisé.

— Si ton choix est de ne plus vivre chez tes parents, quelle qu'en soit la raison, je suis là pour te trouver un hébergement, finit-il par me répondre. Tu es bien décidée ?

À mon tour de le regarder longuement. Comme un ivrogne fixe une cannette de bière vide.

Croit-il vraiment que j'entreprends cette démarche pour le plaisir ? Pour passer le temps ?

— Oui, ma décision est irrévocable.

M. Steinbeck soupire, compose un numéro de téléphone, prononce quelques mots, raccroche et m'annonce qu'une place en foyer vient de se libérer.

— Comme il ne s'agit pas d'une urgence à proprement parler, tu peux repasser chez toi prendre quelques effets personnels.

— C'est tout ?

Je me méfie. Ça me paraît trop simple.

— Oui, répond M. Steinbeck en me tendant l'adresse du foyer.

— Merci.

Je me lève brusquement, de peur qu'il ne change d'avis.

M. Steinbeck marmonne quelques mots que je ne comprends pas, mais je suis trop pressée pour lui demander de répéter. Je quitte son bureau en trombe, dévale l'escalier et sors du bâtiment.

De retour à la maison, je trouve mon père assis dans son fauteuil préféré, en train de lire un livre sur l'Afrique.

— Je pars vivre dans un foyer de jeunes.

— Pardon ?

— Je pars vivre dans un foyer de jeunes.

— Ah.

— Là, maintenant.

— Tout est déjà réglé ?

— Je suis passée au bureau d'aide à l'enfance, vous recevrez un courrier.

— Un courrier ?

— Oui. Tu peux aussi les appeler, si tu préfères.

— Ta mère est au courant ?

— Toi, tu l'es.

— En effet.

Nous nous regardons un moment sans rien dire.

— Tu veux que je t'aide à préparer ta valise ? finit par proposer mon père.

Je hoche la tête.

Mon père et moi quittons l'appartement en début d'après-midi. Il porte ma valise, et moi, un sac à dos rempli de livres. Difficile de dire s'il est content de se débarrasser de moi, s'il pleurera mon départ ou si cette situation l'indiffère.

—Tu es triste? lui demandé-je au bout de dix minutes de silence.

— À propos de quoi?

— De me voir quitter la maison.

— Non, du moment que c'est ton choix.

J'attends de me retrouver seule pour fondre en larmes, assise sur le lit où tant d'autres enfants perdus m'ont précédée. Et en silence, comme toujours quand je craque.

Le foyer a beau s'appeler «La Maison du bonheur», il n'y règne pas une grande joie de vivre. Cependant, les autres jeunes sont relativement gentils, étant donné le passé difficile de chacun.

Le plus jeune d'entre nous, David, treize ans, est pyromane, d'où l'absence de rideaux aux fenêtres. Erik, le plus âgé, a dix-sept ans et s'amuse parfois à rentrer dans ma chambre en pleine nuit pour m'asperger d'eau glacée ou me faire couler de la cire de bougie sur le visage.

— Estime-toi heureuse que je n'aille pas plus loin! me lance-t-il un jour en me tordant le bras.

Non, je ne m'estime pas heureuse. Je ne suis plus qu'un agrégat d'atomes qui se contentent de subir. Heureusement, le mal-être que j'éprouve est là pour me rappeler que je suis toujours en vie.

Les départs et les arrivées se succèdent au foyer, qui peut héberger jusqu'à treize adolescents. Parfois, certains pensionnaires disparaissent, pour finalement revenir au bout de quelques jours. Notre point commun: un sentiment d'exclusion. Nous avons tous des parents qui nous rejettent, à moins que ce ne soit l'inverse, car nous refusons de porter le fardeau qu'ils nous ont transmis, ou parce qu'ils ne sont plus capables de nous accompagner dans ce monde où il faut toujours tout encaisser sans broncher.

Mais qu'importe : à la Maison du bonheur, nous formons une grande et belle famille. Parfois, Dennis frappe Erik, ou Erik frappe Sofie. Ou Dennis s'en prend à Erik et Sofie, puis Sofie et Erik s'en prennent à leur tour à Dennis, puis à Marcel, quand tout le monde ne se retourne pas contre Erik. Il arrive aussi qu'en plein repas Jacqueline jette son assiette contre le mur. Ou son verre, ou sa tasse, ou le saladier. Parfois, on retrouve David au milieu du salon en flammes, un sourire jusqu'aux oreilles. Les pompiers viennent une fois par mois, soit parce qu'Anja a bu d'un trait une bouteille de Destop soit parce que Marcel a frôlé l'overdose. Parfois, Gevin monte sur le toit pour narguer les éducateurs. Le mercredi, le vendredi et le dimanche, David et Lana se relaient pour forcer la porte du garde-manger. Le mardi et le vendredi, Erik sèche les cours, sans doute parce qu'il a mieux à faire, et toute la semaine, on nous rabâche le règlement, que nous l'ayons enfreint ou non.

En ce 24 décembre, j'attends avec Anja l'arrivée de sa famille. Elle a été adoptée toute petite, puis de nouveau abandonnée à l'âge de douze ans. Ce soir, elle espère recevoir la visite de ses parents adoptifs, mais, comme toujours, en vain. La voyant pleurer, j'essaie de la réconforter. Assises sur son lit, nous écoutons les chants de Noël qui nous parviennent depuis le salon, mais ils nous narguent plus qu'ils ne nous consolent. Anja finit par se lever et se barricader dans la salle de bains, où elle fredonnera «Vive le vent» pendant tout le reste de la soirée.

Quelques minutes plus tard, me voilà assise entre mes parents, à l'occasion du repas de Noël organisé par le foyer. Je fais semblant de manger mes pommes dauphine tout en assistant à un joyeux spectacle. En effet, la mère d'Erik râle depuis son arrivée, alors que son fils, pour une fois, se tient tranquille. À croire qu'on l'a ligoté sur sa chaise. Quant à Sofie, elle est toute contente de serrer son petit frère contre elle. Son père, qui empeste l'alcool, est sorti sur la terrasse fumer sa quatre-vingt-dixième cigarette. Comme moi, David se retrouve entre ses deux parents, mais eux affichent une gaieté forcée. Ils le prennent dans leurs bras toutes les trois minutes, mais je devine à son rictus qu'il n'a qu'une envie : incendier le sapin de Noël et ses parents avec. Jacqueline est assise à côté de son oncle, un homme aux lunettes d'écaille à qui elle n'adresse pas la parole. Gevin, resté tout seul dans son coin, engloutit sa quatrième pomme de terre. Lara profite de la présence de sa mère et de sa petite sœur, qui ne resteront qu'une demi-heure. En effet, le nouveau compagnon de sa mère lui a interdit de venir lui rendre visite, sous peine de violentes représailles. Marcel dîne en compagnie de sa grand-mère, qui lui envoie toutes les semaines des sucreries à partager avec nous. Enfin, la place de Dennis est libre, car il a disparu depuis deux jours.

Ma mère ne m'adresse pas la parole et se contente de pousser de gros soupirs.

— Comment tu te sens ? me demande mon père.

— Ça va.

Je préfère lui mentir.

— Ça se passe bien, les cours ?

— Très bien.

— Et ici ?

— Super.

— Bonne nouvelle.

— Oui.

Puis vient l'heure des cadeaux.

Le jeudi, j'accompagne parfois Lara lorsqu'elle va rendre visite à sa famille. Nous mangeons un plat réchauffé au micro-ondes et jouons ensemble jusqu'à 18 heures. Car, à 18 h 30, le beau-père de Lara, qui la bat régulièrement, rentre du travail.

Un jour, Lara me montre son haut, un T-shirt blanc on ne peut plus classique pour une jeune fille de son âge, et sa jupe, qui lui arrive bien en dessous du genou.

— S'il me voyait habillée comme ça, il me frapperait jusqu'à ce que j'en crève! C'est toujours moi qui prends, de toute façon, mais là, ce serait pire que tout!

Lorsqu'elle fond en larmes, je lui propose de nous asseoir, le temps qu'elle reprenne ses esprits et que le bus arrive.

Le jour où David met le feu à ma robe, je plie bagage et pars vivre ailleurs. C'est ainsi que je me retrouve dans un foyer décrépi appelé «La Fin», situé dans le quartier résidentiel de Dahlem, tout près du jardin botanique.

Ici, les éducateurs sont moins stricts qu'à la Maison du bonheur, mais certains nous mènent toutefois la vie dure, pour compenser. Heureusement, les autres jeunes sont plus calmes; je peux donc m'endormir sans craindre de me réveiller dans un nuage de fumée. D'ailleurs, la nuit, je rejoins parfois Steve en cachette, à l'étage des garçons. Nous ne vivons qu'un petit flirt sans conséquence mais je prends un malin plaisir à enfreindre le règlement.

Je suis la première à me lever le matin et la dernière à rentrer de cours car le collège se trouve quasiment à une heure de vélo. Impossible de prendre le bus ou le métro car depuis peu je souffre d'agoraphobie. Au moins, seule sur mon vélo, personne ne me demandera pourquoi je crache du sang et me taillade les bras.

Le mois de février est marqué par d'importantes chutes de neige, comme il n'y en a pas eu depuis des années, mais je continue à me déplacer à bicyclette, malgré les flocons et la gadoue. Le temps d'arriver au collège, j'ai les mains bleuies par le froid et je passe la première heure de cours à les frotter l'une contre l'autre pour les réchauffer.

Mais, après l'hiver, aussi rigoureux soit-il, vient le printemps. Et toute cette fichue neige finit par fondre un jour.

Oui, cette vie m'épuise. Le jardinage, la tâche à laquelle on m'a assignée, est une lutte de tous les instants. En effet, je n'ai plus que la peau sur les os, mon esprit flanche, tangue et se raccroche comme il peut à la silhouette squelettique qu'il s'est façonné.

Mon esprit. Mon corps. Complètement dissociés.

Mes parents attendent l'arrivée du printemps pour enfin me demander si je souhaite rentrer à la maison.

À la maison ? Je ne sais même pas où c'est.

Mais je leur réponds par l'affirmative.

Parce que mes deux heures de vélo quotidiennes me laissent percluse de courbatures. Parce que j'ai hâte de retrouver mon canapé bleu, sous lequel j'ai caché des dessins au pastel qui parlent de moi, de choses que personne ne peut comprendre.

Je retourne donc au bureau de l'aide à l'enfance. Troisième étage, couloir de droite, sixième porte à gauche, M. Steinbeck. Rien n'a changé. Je bredouille quelques mensonges élaborés avant mon départ avec Keila puis, quelques sourires et hochements de tête plus tard, j'obtiens l'autorisation de retourner vivre chez mes parents.

Home sweet home. Difficile d'y croire.

Je me sens comme une inconnue n'ayant sa place dans aucune équation. Aussi, quelques mois plus tard, je décide de gober une dizaine d'aspirines, les quarante-neuf gélules d'antidépresseurs, plusieurs comprimés que j'ai trouvés par hasard dans la commode de ma mère, ainsi que quatre tranches de pain de mie, censées m'empêcher de vomir. Puis, je m'allonge sur le lit, non sans avoir dit adieu à mes livres, à mon dauphin en peluche et à mon bonsaï.

Mes dernières paroles sont: «Fais de beaux rêves, pour toujours. On y est arrivées.»

Je m'emmitoufle dans la couverture et perds connaissance.

Dormir. Dormir. Des rêves vides, poussiéreux.

Et une étrange douleur. Indéfinissable.

Je me réveille en nage, prise d'une violente nausée. J'ai des crampes d'estomac atroces, des taches vertes qui dansent devant mes yeux, le cœur qui bat à tout rompre, les bras et la jambe droite engourdis, et je tremble de la tête aux pieds. Serait-ce la fin?

Je titube jusqu'à la salle de bains et vomis.

Je suis furieuse! Ça valait bien la peine de bouffer ce pain de mie à la con! Cette astuce figurait pourtant dans un excellent livre sur le suicide.

Et me voilà placée dans une unité d'accueil pour adolescents suicidaires parce que même mes parents ont compris ce qui se passait, lorsqu'ils m'ont vue errer dans l'appartement à 2 heures du matin en tenant des propos incompréhensibles, choquée de me savoir encore en vie alors que je m'étais appliquée.

— Je ne suis pas malade, confié-je à ma mère, croyant la réconforter. J'avais juste une fringale de médicaments.

Ce à quoi elle me répond par un regard noir.

— Qu'est-ce qu'il y a?

— Tu es exactement comme moi! lâche-t-elle enfin.

— Ça, c'est impossible, je ne pense pas tomber aussi bas.

Désormais, trois fois par semaine, je consulte un psy travaillant pour une association de lutte contre le suicide. Dans ces locaux, où tout est exagérément gai et coloré, comme dans un dessin animé, on m'abreuve de pensées positives. J'en ressors avec la migraine, mais au moins, je suis trop assommée pour songer à ouvrir la fenêtre, sauter et m'écraser sur le bitume.

J'ai dix-sept ans, plus de cours à suivre, des pupilles dilatées et une gorge irritée pour séquelles de mon overdose de médicaments. Je me nourris exclusivement de yaourts et de soupes en sachet, je ne parle plus, je croasse, et je sais maintenant qu'une boîte d'antidépresseurs par jour, c'est la dose qui me convient.

Je vois également une nouvelle psy, qui n'est pas si mal. D'accord, cette phrase manque d'enthousiasme, mais je ne peux pas non plus me résoudre à mentir.

— Tu te rends compte? Il faut vraiment être maso pour choisir ce métier, m'a annoncé un jour Chase. Une fois que tu es venue à bout de tes propres névroses, paf! Tu dois aider les autres à faire de même! Tu te rends compte? Un beau matin, tu te réveilles et tu te dis: «C'est décidé, je vais épauler tous ces pauvres gens qui sont à côté de leurs pompes, je vais trifouiller dans leur âme et régler tous leurs problèmes.» Non, mais franchement, c'est pas humain.

Toujours est-il que ma psy cerne immédiatement une partie du problème: premièrement, inutile d'envisager une thérapie familiale; d'autre part, il est essentiel à mon bien-être que je déménage au plus vite. Pendant qu'elle prévient mes parents et entreprend les démarches nécessaires auprès du bureau d'aide à l'enfance, je surfe sur Internet et trouve un joli petit studio dans un immeuble ancien, où j'emménage quelques semaines plus tard.

Imaginez que vous passiez plusieurs années dans une cave qui pue le renfermé. Autour de vous, de vieux coffres fermés par de gros cadenas. Inutile d'essayer de les ouvrir, vous savez déjà qu'ils contiennent des vêtements usés et de vieux rideaux dévorés par les mites. Vous vivez dans la pénombre et vous ne pouvez esquisser le moindre petit mouvement sans déplacer un nuage de poussière. Ce réduit a pour toute ouverture une minuscule lucarne, tellement sale que vous ne pouvez distinguer le ciel, et encore moins les étoiles.

La chaleur d'un rayon de soleil sur votre peau, le léger souffle d'une brise qui vous chatouille la nuque ont laissé place à une dalle de béton, des murs de brique, des toiles d'araignée et des moutons de poussière.

Et un jour, sans crier gare, une force incroyable fait s'effondrer les murs autour de vous et le soleil inonde la pièce. Vous sursautez, vous clignez des yeux. Dans un premier temps, la lumière vous brûle comme des milliers d'orties. Puis, lentement, vous vous levez, vous portez la main à votre cœur qui bat à tout rompre, et vous contemplez, perplexe, cette liberté qui vous tend les bras.

C'est exactement ce que je ressens.

En fait, non, j'exagère. Tout ça pour vous montrer l'importance que j'accorde à la lumière et la haine que j'éprouve pour les papiers peints à fleurs.

J'emménage dans mon appartement où règne une odeur de peinture fraîche et d'eau de Javel. Autour de moi, des cartons et mon cher canapé bleu, encore protégé par une housse en plastique ; au-dessus de ma tête, une ampoule sans abat-jour et, derrière, le réfrigérateur que je viens de brancher.

Je reste plantée là un long moment.

Cette journée marque le début d'une nouvelle étape et la fin d'une autre.

Les minutes s'égrènent, autonomes, comme si je ne pouvais rien en faire. Les heures passent, ou plutôt elles s'écrasent par terre comme des insectes, en tachant la moquette.

Je finis par m'asseoir près de la fenêtre en me disant que je pourrais me taillader le bras une fois par jour, à la manière de Robinson Crusoé. Comme ça, pour le principe.

Puis j'abandonne l'idée, faute de savoir dans quel carton sont rangées mes lames de rasoir.

J'ai ma première relation sexuelle consentie à dix-sept ans, avec Tim, un garçon de mon âge. Pas avec un homme, donc. Mais j'ai beau l'apprécier et le trouver mignon, avec ses cheveux blonds en bataille, cette nuit tourne au fiasco. Car, dans ma tête, j'ai toujours six ans.

J'attends que Tim soit endormi pour m'enfermer dans la salle de bains et faire le point sur ma vie. Je suis toujours là. Un véritable exploit, alors que je me suis vue mourir à six ans, puis à neuf, onze et douze ans. Et surtout à quinze ans, et encore plus à seize. Pareil à dix-sept ans. Et aux âges que je n'ai pas pris la peine de mentionner, évidemment.

Je soufflerai bientôt mes dix-huit bougies. Malgré tout.

L'enfance et l'adolescence ne m'auront pas laissée indemne.

Je ne suis qu'une affreuse nature morte qui essaie de reprendre vie.

Je sais que Tim ne tombera pas amoureux de moi, aussi décidé-je de rompre.

Je ris, je pleure, tous les matins, je me lève et je fais mon lit, je me regarde dans le miroir, je respire, j'espère, je crois, je doute et je survis.

La clinique, les foyers, l'appartement de mes parents sont derrière moi. Tout a une fin. Vivre, ce n'est pas si compliqué, finalement : on va à l'école, on apprend ses leçons, on passe son bac et on devient adulte.

Ou on capitule, comme moi.

Je suis dispensée de cours pendant six mois pour raisons médicales. Le comble du luxe ! Je suis libre. J'échappe au bac, à l'université et à sa foule d'étudiants. Finies les bonnes notes, je ne remettrai plus jamais les pieds au lycée. Reste à savoir comment je vais l'annoncer à mes parents.

Fin octobre, je décide de me servir des nombres premiers pour déterminer la quantité de nourriture que je vais ingurgiter, mais sans jamais dépasser sept. Ainsi, la semaine dernière, j'ai mangé cinq pommes, trois tomates et deux cuillères à café de confiture de cerises. Les anorexiques ont la réputation d'être douées en maths ; après tout, c'est le seul langage que la balance connaisse.

Je mange des beignets de poisson que je vomis quelques minutes après. Puis, je me débarbouille, j'enfile une mini-jupe blanche et un haut bleu, je pars retrouver une amie, j'arbore mon habituel sourire de façade, je me comporte le plus normalement du monde, nous rejoignons d'autres amis, nous allons danser et je tombe amoureuse.

L'amour. Je n'en sais pas grand-chose, à part que c'est quelque chose de potentiellement dangereux. Mais entre la théorie et la pratique... Je suis faible, déboussolée.

J'ignore encore que pendant les trois prochaines années, ce gentil garçon aux yeux noisette sera au centre de mon existence, même si les voix qui me hantent auront toujours la priorité sur le reste. J'ignore également que je vais vivre des journées merveilleuses, tout comme de terribles moments de solitude. J'ignore que je vais quitter mon appartement pour vivre avec lui. En revanche, je suis sûre d'une chose : sexuellement, ce sera un désastre, car il ne peut en être autrement avec moi, et l'amour n'y changera rien. Et enfin, je sais que je resterai seule, même avec un homme à mes côtés.

Les quatre premiers mois, je vis dans la crainte que Fabian me quitte.

Les drames font tout le sel de la vie.

Finalement, c'est moi qui romps. Au bout de trois années passées avec lui dans le plus grand silence, je le rejoins sur la terrasse, je m'assieds à côté de lui et commence ainsi :

— Fabian, je...

Je préfère continuer à me taire. De toute façon, il sait depuis plus d'un an ce que je veux lui annoncer.

— Je t'aime, répond-il. Je t'aime tellement...

Mais un taxi m'attend déjà en bas de chez lui.

4

Me voilà de retour dans mon appartement. Mais alors que Fabian et moi sommes séparés depuis plus d'un mois, je n'ai toujours pas vidé mes cartons. Je préfère travailler de nouvelles expressions dans le miroir de la salle de bains. Avec le temps, je suis passée maître pour faire des grimaces, arborer un franc sourire, prendre un air concentré et pleurer pile au bon moment. À force que mon entourage me croie l'opposée de qui je suis vraiment, j'en viens à me demander si mes mensonges ne deviendront pas un jour réalité.

Malgré mon état d'épuisement avancé, qui me pousse parfois à me tromper dans mon texte ou à accentuer les mauvaises syllabes au mauvais moment, je réussis visiblement à donner le change, puisque je parviens à trouver un emploi d'animatrice pour enfants. Je suis moi-même étonnée de me débrouiller aussi bien, malgré la faim et mon manque de formation. Voyant que nombreux sont les parents et les enfants à partager cet avis, je crée ma propre structure d'accueil où je propose des cours de cuisine et de brico-lage. J'encadre également des enfants hébergés en famille d'accueil et au moins aussi torturés que moi, je travaille comme baby-sitter dans des mariages, je donne des cours de soutien, je monte des pièces de théâtre et je chante des chansons jusqu'à ne plus avoir de voix.

Mais comme je me sens toujours aussi mal malgré toute cette animation, ces couleurs, ces regards qui me racontent chaque jour une histoire différente, je mets au point un système pour ne pas perdre pied : je m'invente un problème assez grave, je m'attelle tout entière à sa résolution et consacre le peu de temps libre qu'il me reste à m'affamer, manger, vomir, m'affamer, et ainsi de suite.

J'y prends même du plaisir.

Un jour, j'ai une révélation : quand je me pèse, je ne pense plus au viol. De plus, à ma connaissance, aucune fille n'a jamais été agressée sur une balance. J'y suis donc en lieu sûr.

Après trois années passées avec Fabian, au cours desquelles j'ai pu tester tous les troubles alimentaires possibles et imaginables, me voilà assise au milieu des cartons de déménagement et de dessins que les enfants m'offrent par centaines. Fatiguée, énervée, susceptible, je me dis que l'heure est venue de choisir entre Ana l'anorexique et Mia la boulimique. Ana et Mia, les deux voix qui résonnent sans cesse dans ma tête, prêtes à en découdre pour une miette de biscuit, comme si l'avenir du monde en dépendait. Cela dit, en ce qui me concerne, je considère que c'est vrai. Le réfrigérateur et les placards de la cuisine sont vides, aussi m'en remets-je à Ana. Ana à la vie, à la mort, c'est le serment que je prononce en silence. Mia se retire donc dans un recoin de mon cerveau, tandis qu'Ana entame une danse de joie en agitant ses bras fins, aussi fins que des allumettes. Elle est convaincue de pouvoir s'envoler un jour, si son IMC reste inférieur à seize.

Un mois plus tard, je suis trop faible pour monter sur la balance. Travailler avec les enfants a eu raison de mes dernières forces, et je risque de m'évanouir à tout moment.

Je pèse trente-sept kilos. Pour moi, ce n'est pas grave. En revanche, pour ma mère, j'ai déjà un pied dans la tombe. Chaque fois que je passe la voir, elle insiste pour me cuisiner quelque chose.

— Maman, je n'ai pas faim du tout, je viens de manger une part de tarte aux fraises!

Je ne mens qu'en partie: j'ai effectivement réussi à ingurgiter une ou deux fraises.

— Mais regarde-toi, tu n'as plus que la peau sur les os! rétorque-t-elle. Tiens, je t'ai préparé des crêpes.

— Je n'aime pas ça.

— Mais si!

Eh oui, elle croit toujours tout savoir, mais l'essentiel lui échappe. Je me souviens encore du coup que j'ai reçu en plein cœur le jour où elle a dit, à propos de l'homme qui m'a violée à de multiples reprises:

— Quel monsieur serviable! Je ne compte plus les fois où il m'a aidée à porter les courses jusque chez nous, alors que j'étais chargée comme un mulet. Lilly, j'espère vraiment que, plus tard, tu seras aussi gentille que lui.

Le souvenir de ces mots prononcés lorsque j'avais six ans me propulse au milieu d'un gigantesque incendie. Je suis comme cernée par des flammes de plusieurs mètres de haut et reste sans voix, isolée, perdue comme jamais, résignée.

Je continue à me taire, au lieu d'appeler à l'aide.

Je me pèse cent fois par jour. Deux cents grammes de plus? J'ai envie d'en finir. Trois cents grammes de moins? Ce n'est pas suffisant. Je bois des litres et des litres d'eau. Je tremble. Je n'ai plus de poitrine depuis longtemps. Je m'affame. Je n'ai pas faim. Je m'appelle Ana ! Je perds connaissance. Et ainsi de suite. L'obscurité, le néant. Je suis livide, les extrémités de mes doigts sont bleues, mes côtes et mes hanches saillantes, mes yeux vitreux. Quand je croise par hasard mon reflet dans le miroir, je détourne aussitôt le regard.

Mon but ultime est de littéralement mourir de faim alors que, paradoxalement, je donnerais tout pour vivre enfin. Cette phrase ne veut pas dire grand-chose, j'en suis bien consciente, mais retranscrire les pensées d'Ana n'est pas chose facile ; car la langue dans laquelle elle s'exprime devient incompréhensible dès lors que l'on tente de la décrypter.

Raison pour laquelle je ne me cerne pas moi-même. Je déteste la nourriture, je déteste mon corps. Je veux simplement errer à travers le monde sur mes jambes fluettes. Je veux être inatteignable, invincible, incassable.

Mes parents ont beau me reprocher ma maigreur, ma pâleur et mon manque d'appétit en me fusillant du regard, c'est trop tard. Ils ont laissé filer leur chance.

À vingt ans, je continue à pleurer en faisant l'amour. Discrètement, les yeux rivés sur le plafond jusqu'à en avoir des crampes aux paupières, en priant pour qu'il s'ouvre en deux et m'aspire. En vain.

Je suis comme gommée, absorbée par une feuille de papier buvard.

J'accepte des hommes dans mon lit et ne récolte que mon propre mépris.

Peut-être ai-je quitté le lycée tout simplement pour ne plus côtoyer tous ces garçons que je soupçonnais de vouloir s'en prendre à moi. J'ai bien retenu la leçon. Les hommes ne désirent que deux choses : mon corps et ma mort.

Après toutes ces années, suis-je toujours la même ou ai-je évolué ? Je l'ignore car je vis dans un temps figé, qui tourne en rond sur lui-même et oublie d'avancer.

Je ne connais que les extrêmes. Sans parler de la tendresse, qui me glace d'effroi. Pourquoi en ferait-on preuve à mon égard ?

Un jour, l'un de mes petits amis me gifle sous prétexte que je l'ai poussé à bout. Je tombe sur le carrelage et il s'en va, sans m'aider à me relever. J'ai la joue qui brûle et du sang dans la bouche, mais, au moins, je ressens une douleur physique, palpable. L'espace d'un instant, j'ai l'impression d'être vivante.

Parfois, allongée sur le lit, je m'invente une autre vie où figure une créature inconnue dont j'écris les répliques. Jusqu'au réveil.

Quand je sors de mon lit sens dessus dessous, signe que la nuit a été agitée, je vais dans la cuisine et me prépare des toasts et des œufs au plat. Comme lors de mon dernier repas, quand j'avais six ans. Un détail sans importance, et pourtant, je m'en souviens encore.

Je dresse la table, encore un peu endormie, et je mange deux toasts, accompagnés de deux œufs au plat, tout en sirotant un verre de jus d'orange. Je mâche cinquante fois chaque bouchée, histoire de tuer le temps jusqu'au lever du soleil. Les œufs refroidissent, les toasts ramollissent, mais qu'importe. Je lave la vaisselle, passe un coup d'éponge sur la table, nettoie mes plaques de cuisson alors qu'elles n'en ont absolument pas besoin, j'allume ma chaîne hi-fi, je vais dans la salle de bains et je vomis tout. J'attends d'avoir le ventre vide avant de m'autoriser à respirer de nouveau.

Je sais que je suis maigre, mais cela ne me suffit pas. Je n'éprouve aucun scrupule à vouloir disparaître, étant donné que personne ne le remarquera. Seules Ana et Mia seront là pour me dire au revoir.

Lorsque ma mère m'offre un panier débordant de chocolats pour Pâques, je le serre contre moi tout en m'efforçant de sourire.

— Super, merci beaucoup ! Ouah, tout ça rien que pour moi ?

Ne jamais laisser transparaître son malaise. Toujours garder la face.

Du chocolat. *Il* m'en offrait chaque fois. Ma vie contre une barre chocolatée, voilà ce que j'appelle un bon arrangement. À l'époque, je n'essayais même pas de marchander, et ce chocolat finissait soit dans la cuvette des toilettes soit au fond d'une poubelle.

De retour chez moi, je dépose le panier devant la porte de mes voisins, puis je m'amuse un peu avec mes lames de rasoir. L'automutilation est un exutoire qui me permet parfois de me pardonner ma faiblesse face à *lui*, si fort.

Je murmure « pardon ». Quand je parle toute seule, c'est toujours avec prudence, comme pour éviter de me blesser. J'effleure le sang qui coule de ma blessure au bras en chuchotant : « Je t'aime quand même, vraiment. »

Mais j'y vois clair dans ces mensonges. C'est curieux comme on peut s'encombrer d'un poids dont on aurait dû se délester depuis longtemps. C'est étonnant, le nombre de fois où on laisse glisser le couteau sur son poignet, alors qu'on était censé simplement découper un concombre en tranches.

Je préfère cette douleur franche, physique, à cette angoisse sourde et diffuse. Voyant mon propre corps à mes pieds, brisé, meurtri, je refuse de l'aider à se relever. Au contraire : du bout du pied, je le pousse sur le côté car il me gêne à rester là, en travers de mon chemin. Je ne cède pas.

Chaque battement de mon cœur est une supplique que je choisis d'ignorer.

Paradoxalement, le silence dans lequel je m'enferme est assourdissant. Il hurle, vocifère, gronde, résonne de voix inconnues. Prisonnière de barrières que j'ai moi-même érigées, je regarde les autres continuer à vivre. Je sais que mes tabous seront toujours présents, qu'ils me colleront à la peau jusqu'à mon dernier souffle. Je les laisse m'envelopper d'un voile qui me protège de la réalité.

Mais, un jour, ce voile tombera. Et moi avec.

5

Perdre connaissance devient une occupation à plein temps. Dommage d'ailleurs que cela ne soit pas une discipline sportive à part entière, sinon je croulerais sous les médailles. Personne ne tombe avec autant de grâce que moi. Un souvenir, un mot maladroit, et l'affaire est dans le sac. Les images défilent dans ma tête, je l'entends crier « par terre ! », « ta gueule ! », « tu vas la fermer, oui ? », « me regarde pas comme ça ! », « arrête de chialer, sale petite merdeuse ! », « si tu l'ouvres encore une fois, je te bute ! ».

Des mots qui continuent de résonner comme au premier jour. Je n'ose me retourner, de peur de croiser son regard noir corbeau. Alors, j'arrête de penser, je déconnecte mon cerveau, j'essaie d'oublier ce qui s'est passé.

Je me vois tel un nénuphar flottant au gré de minuscules vaguelettes, sur un étang sombre et froid. Je me tais. Et je reviens à moi, parfois à l'instant même où je heurte le sol. Je ressens alors un choc, une douleur sourde qui ne semble pas être la mienne. Quand je perds connaissance plus longtemps, je guette un bruit susceptible de me tirer de ma torpeur.

Peut-être qu'un jour je ne me réveillerai pas et que je mourrai après avoir accompli une dernière chute encore plus fantastique que les autres. Mais, jusqu'à présent, j'ai toujours réussi à rouvrir les yeux, à me relever et à essuyer d'un revers de main le sang coulant de ma lèvre ouverte. J'ai tout d'abord l'impression de me tenir sur les jambes de quelqu'un d'autre, des jambes toutes tremblantes, puis je me rends compte que je suis toujours là, et la vie reprend son cours.

Je préfère de loin m'évanouir sans public car je ne supporte pas qu'on m'aide à me relever, et encore moins qu'on m'interrompe dans ma chute.

En fait, non. Il n'y a rien de plus agréable que d'être rattrapée au vol. Et de se laisser porter.

Mais hors de question que je le reconnaisse à haute voix, ce serait un aveu de faiblesse. Je ne suis pas censée tolérer qu'on me touche. Il faut à tout prix que je me relève seule.

Une nuit, je me réveille après avoir senti quelque chose frôler ma joue. Peut-être un ange aux ailes dorées venu me montrer une nouvelle étoile ? Non, je ne suis pas folle au point d'y croire vraiment. Quand je porte la main à mon visage, je rencontre une substance chaude et poisseuse.

J'ai le goût ferreux du sang sur les lèvres, dans la bouche, jusque dans la gorge. Une douleur me transperce de part en part, sans que je puisse dire si elle provient du cœur, des reins, de l'estomac ou de la tête.

Tout à la fois, certainement.

Je vomis un flot de sang et j'entends une voix me dire :

— De toute façon, je les trouvais horribles, ces draps bleu et vert. Je comptais les jeter.

Alors que je ferme la fenêtre, de peur que rappliquent les mouches et les vautours, je me penche au-dehors et vomis une seconde fois.

Voyant la pièce danser autour de moi, je me dis que c'est peut-être la fin. Que si je survis je vais bien m'amuser, à tout nettoyer. Que si je meurs quelqu'un d'autre devra s'en charger.

Je pose la tête sur les quelques centimètres carrés encore propres de la couverture, j'essuie d'un revers de main le sang sur ma figure et j'écoute palpiter mon cœur.

Jusqu'à ce que je me rendorme.

Contre toute attente, je me réveille le lendemain, étrangement sereine. Cette terrible nuit a eu raison de mes dernières forces, si bien que je ne suis même pas choquée à la vue de cette mare de sang. Cependant, j'arrive encore à me mouvoir, respirer, déglutir, tousser, m'asseoir et rentrer le ventre.

Étonnamment, tout fonctionne.

Pourtant, je me sens encore plus déboussolée que d'habitude. C'est peut-être la raison pour laquelle je me sens soudain glisser et tomber entre les griffes d'une voix à la fois inconnue et monocorde, envoûtante et franche.

— Tu vas mourir. Bientôt.

J'acquiesce. Difficile de penser le contraire, allongée dans ces draps gorgés de sang.

— Inutile de te le dire en criant, poursuit-elle. J'imagine que je suis la seule à t'adresser la parole et que donc tu m'écoutes, forcément.

Elle a raison, je l'écoute. Puis la voix sourit et ajoute :

« Sois forte, plus forte que la faim
C'est ça, pour toi, être belle ?
Ana jusqu'au bout, tendre serment sur tes lèvres
Ana jusqu'au bout, invisible serment sur tes hanches
Mais je sais que tu finiras par comprendre
Ana n'est pas celle que tu veux devenir[1]. »

---

1. En anglais dans le texte. *(N.d.T.)*

Elle esquisse une révérence puis quitte la scène sans attendre ma réaction, bien consciente que la faim m'abrutit. Ana jusqu'au bout.

« Sois forte, la maigreur avant tout.
Dis merde à la nourriture.
Rien à perdre, excepté des kilos.
Sois Ana, sois parfaite.
Avoir faim, c'est être belle.
Pleurer est interdit par le règlement.
Tous ces os si beaux.
Un corps parfait, une âme parfaite... »[1]

Personne ne peut décemment vouloir avoir faim, encore moins mourir de faim, et pourtant, il m'arrive de croiser dans la rue des jeunes femmes arborant le bracelet rouge des pro-anas autour de leur poignet squelettique. Elles semblent tellement perdues que mon premier réflexe est de les aborder, de les secouer pour les réveiller, de leur dire qu'elles sont trop jeunes pour mourir, qu'elles doivent impérativement se soigner, avant qu'il soit trop tard. Puis je me rappelle que je suis pareille.

Que moi aussi, je m'appelle Ana. Ana, à qui je continue d'obéir bien sagement et, surtout, en silence.

Mon esprit est si léger qu'il n'éprouve pas la moindre difficulté à s'évader de la prison qu'est devenu mon corps.

Je me roule en boule sous la couverture dans l'espoir de faire taire le bourdonnement dans ma tête, et je crache encore un peu de sang. Mon réveil a beau indiquer 7 heures du matin, j'ai l'impression qu'il est midi.

---

1. Id.

Je me traîne jusqu'à la salle de bains en laissant des empreintes de pas sanglantes derrière moi. J'hésite à m'électrocuter dans la baignoire avec un sèche-cheveux, mais je n'ai ni prise de courant à proximité ni rallonge. Et puis, je n'ai aucune envie de mourir ainsi. Le temps qu'on me retrouve, j'aurai tellement gonflé qu'il faudra une grue pour m'évacuer. L'humiliation ultime.

Je me regarde dans le miroir. À part le sang qui macule mon visage, j'ai la même tête que la veille.

Puis vient mon moment préféré de la journée, à savoir la pesée. Lorsque la balance affiche quarante et un kilos, j'entends une première voix me chuchoter : « C'est bon, tu es assez maigre, là. » Puis une deuxième crier : « Gros tas ! Tu es déjà descendue sous les quarante kilos, comment peux-tu peser autant ? » Et, bien sûr, cette dernière l'emporte. Je choisis d'ignorer mes côtes et mes hanches saillantes. Normal, puisque je m'appelle Ana.

Je me passe un gant de toilette humide sur le visage pour effacer les dernières traces de cette nuit. Une nouvelle journée commence. Et demain, rebelote.

Peut-être. Si j'ai de la chance.

Je sais pertinemment que, dans quelques heures, mes paupières tressauteront à cause de la faim. Alors, je les frotterai jusqu'à ce qu'elles gonflent, qu'elles me démangent et qu'elles soient encore plus irritées.

Puis, j'irai me coucher, avant même la tombée de la nuit. Je me retournerai dans tous les sens, tenterai de me raisonner, caresserai ma tête, me prendrai dans mes bras. Je me chuchoterai : « Ça va s'arranger. Je suis là, n'aie pas peur. Tu ne vas pas tarder à t'endormir. » Et je ferai semblant d'y croire.

Voilà comment je jongle avec mes différentes personnalités.

Je finirai par sombrer dans un sommeil tourmenté dont je ne cesserai de me réveiller, croyant sentir au-dessus de moi un homme à l'haleine avinée et aux grosses mains répugnantes.

Je me dirai que je devrais peut-être envelopper mes souvenirs dans une feuille de papier doré et les donner en offrandes à Bouddha, pour qu'Il les transforme en pollen, tandis que je danserais sous un mûrier, vêtue d'une robe blanche.

En attendant, je m'emmitouflerai dans ma couverture et j'essaierai de me rendormir, que ce soit par terre, dans la baignoire, sur le canapé, sous l'armoire, dans le couloir, assise, debout. Sans succès, malgré les litres de tisane que j'aurai avalés. Puis, le soleil se lèvera, marquant le début d'une nouvelle journée.

Sauf le jour où il n'apparaîtra pas.

C'est la condition humaine. Sur ce point, tout le monde est logé à la même enseigne.

Je fourre les draps maculés de sang dans un sac-poubelle et les remplace par une couette à rayures roses et blanches qui sent bon le frais, comme pour effacer les traces d'un quadruple meurtre. Puis, je me faufile jusqu'à la benne à ordures. Heureusement, je ne croise aucun de mes voisins.

J'en profite pour aller à la boulangerie m'acheter deux sandwichs, un au fromage et un au salami. De retour chez moi, je me prépare une tasse de thé, m'attable dans la cuisine et commence à manger. À l'opposé de la pièce, mon corps me propose timidement d'enterrer la hache de guerre.

— La ferme ! réponds-je en lui riant au nez.

Déçu, mon corps baisse la tête, recule et me tourne le dos. Je ne vois pas ce qu'il fabrique mais je m'en fiche : je préfère aller vomir dans la salle de bains. Puis j'entreprends de nettoyer les traces de sang par terre, tout en réfléchissant à des noms que je pourrais donner à mes voix. Ainsi, j'aurais l'impression de les contrôler au moins un minimum. Qui n'a jamais entendu résonner trois ou quatre voix différentes dans sa tête, essayant chacune de monopoliser la parole, ne comprendra malheureusement pas ce que je traverse.

Je ne me maîtrise plus. Dorénavant, ce sont les voix qui décident de mes faits et gestes.

Je suis brisée, je vis dans l'obscurité, les nuages s'amoncellent dans le ciel, assombrissent mon horizon, et je les crois sur parole quand ils me promettent de planer au-dessus de moi pour l'éternité.

Je n'avale plus rien pendant deux jours. Je me rapproche du but ultime.

« La faim est douloureuse, mais le jeûne est efficace.
Ana enveloppe mes os et pèse sur mon âme[1]. »

---

1. En anglais dans le texte.

6

Le printemps arrive mais j'ai l'impression d'hiberner. Je me contente de quelques sushis par jour et, quant au duvet que je me découvre sur les bras, il a dû pousser sur ordre de mon corps, qui peine à se réchauffer autrement. Je n'entends même pas les oiseaux gazouiller dans les arbres. Ce sera peut-être pour l'année prochaine. Ou celle d'après.

J'ignore où je puise la force nécessaire à l'organisation de balades, de chasses au trésor et d'anniversaires pour les enfants.

Un vendredi soir, me sentant un peu seule, je décide d'appeler Caitlin. Nous ne nous sommes pas parlé depuis deux semaines, et la dernière fois que je l'ai vue remonte à environ un mois. Caitlin est une amie d'enfance, nous nous sommes rencontrées au parc du Lietzensee quand nous avions cinq ans.

Elle se tenait sur la rive, si belle dans sa robe jaune, comme un soleil. Avec ses cheveux longs, on aurait dit une fée. Sa mère se limait les ongles, assise sur une nappe de pique-nique, tandis que la mienne était plongée dans un ouvrage ésotérique.

— Qu'est-ce qui se passe ? avais-je demandé à Caitlin.

— Mon ballon est tombé à l'eau.

— Oh non, c'est dommage.

— Ben, oui. En plus, c'est ma sœur qui me l'a offert pour mon anniversaire. J'ai cinq ans.

— Moi aussi. Comment tu t'appelles ?

— Caitlin. Et toi ?

— Lilly.

— J'aime bien ce prénom.

— Moi, je préfère le tien.

Sur ce, nous nous étions assises au bord de l'eau en attendant que le ballon revienne. Le temps qu'il dérive jusqu'à nous, ma mère avait presque terminé son livre, alors que celle de Caitlin continuait à limer ses ongles.

— Tu seras là demain ? m'avait demandé Caitlin.

— Oui.

— Alors, à demain !

Avant de partir, elle m'avait embrassée sur la joue, parce qu'elle avait vu sa mère faire ainsi avec ses meilleures amies. Et aussi parce que rester assises l'une à côté de l'autre en espérant que le vent souffle dans la bonne direction, ça crée des liens.

Nous nous sommes effectivement revues le lendemain. Après avoir échangé nos vêtements, nous avons grimpé aux arbres, Caitlin dans ma robe bleue ornée d'une grenouille sur le devant, moi dans sa robe rose et blanche. Nous avons imaginé que sept alligators morts de faim, dont un particulière-ment féroce, nous guettaient en bas et nous empêchaient de redescendre.

Depuis, nous sommes les meilleures amies du monde. Même si, parfois, nous ne nous voyons pas pendant long-temps, faute de vouloir partager nos angoisses.

J'ai toujours cru qu'un jour, Caitlin et moi regarderions nos enfants jouer au bord du lac.

Après m'être installée près de la fenêtre, je compose donc le numéro de Caitlin. À ma grande surprise, c'est Hannah, sa sœur, qui décroche.

— Oh, Lilly...

— Salut, Hannah. Tu as piqué le portable de ta sœur?

— Non. Non, pas du tout.

Puis elle déglutit, toussote et m'annonce, en larmes, que Caitlin n'est pas joignable. Car elle est morte.

Là, je me dis que si je raccroche sur-le-champ, j'oublierai cette conversation et la vie pourra reprendre son cours. J'y crois, j'en suis même persuadée. Je reste immobile pendant cinq minutes, le temps de voir si ma ruse fonctionne. Sans succès.

Je cherche le numéro de mon amie dans le répertoire de mon téléphone, j'appuie sur «Détails», et les chiffres dansent devant mes yeux, à présent dénués de sens.

Je vois s'afficher sur l'écran: «Supprimer le contact?» Touche de droite pour confirmer, touche de gauche pour annuler.

Mon doigt se pose machinalement sur celle de droite.

Ce numéro ne me sera plus d'aucune utilité. Plus jamais. «Contact effacé.»

Alors que de nombreuses personnes assistent à l'enterrement, je préfère aller au parc et grimper dans l'arbre où Caitlin et moi voulions construire une cabane. Un projet qui n'a jamais abouti, soit parce que la motivation n'était pas au rendez-vous, soit parce que nous avions oublié d'apporter le matériel nécessaire. Je contemple la forêt en attendant que cette journée se termine et qu'une autre commence.

— Compte sur moi pour me rendre sur ta tombe et la décorer d'un lac miniature car c'est là que nous nous sommes connues, confié-je à l'arbre, comme s'il s'agissait de Caitlin. Quand tu étais petite, tu voulais vider le lac puis le remplir à nouveau d'eau assez propre pour s'y baigner, tu te souviens ? On ne voyait pas trop comment s'y prendre, mais on s'amusait bien.

J'entends les feuilles bruire autour de moi. Comme si Caitlin acquiesçait.

Cinq semaines plus tard, j'arpente les allées du cimetière avec un seau d'eau rempli à ras bord. Je m'arrête un instant devant une statue du Christ, tandis que le vent continue à souffler, comme si de rien n'était. Et là, je me rends compte que je ne sais absolument pas où se situe la tombe de mon amie.

J'ai les larmes aux yeux, mais je serre les dents et continue à marcher droit devant moi. Le jardinier du cimetière me dévisage. Il ne doit pas en voir tous les jours, des visiteurs armés d'un seau d'eau, une petite pelle en plastique rouge et un rideau de douche orné de dauphins.

Il secoue la tête. Devant ce triste spectacle. Devant la vie. Je lui tourne le dos et je poursuis ma route. Ne pas s'arrêter. Ne pas renoncer.

Hannah m'a bien donné quelques indications, mais impossible de m'en souvenir. Prendre à droite – à moins que ce ne soit à gauche –, puis tourner à droite, ou alors à gauche ; mais avant, continuer tout droit – ou peut-être que non –, puis à droite, à gauche et encore à gauche.

Il commence à pleuvoir, mais je n'ai toujours pas trouvé. En revanche, je suis sûre d'avoir croisé au moins sept fois le jardinier et sa brouette. Il me regarde de plus en plus

bizarrement, sans toutefois m'adresser la parole. Un muet ?
Un grand timide ?

Voyant la pluie se mêler à l'eau du lac, je recouvre de
mon mieux le seau avec le rideau de douche, afin que son
contenu reste pur. Autrement, tout ce chambardement
n'aura servi à rien. Caitlin était maniaque, elle rangeait même
ses assiettes par couleur, les plus foncées en bas et les plus
claires au-dessus. D'ailleurs, elle a fondu en larmes lorsque je
lui ai dit que c'était inutile, puisqu'elles étaient rangées dans
un placard et que personne ne les voyait. Je n'ai plus jamais
abordé le sujet.

Et elle n'a plus jamais pleuré devant moi. Même quand
elle s'est inscrite en droit, sous la pression de son père.

Je lui ai suggéré qu'il aurait peut-être mieux valu choisir
une matière qui l'intéressait davantage, mais elle m'a
répondu que ce n'était « pas si grave ».

Depuis, quand j'entends cette expression, je sais que la
personne ment, car le « si » ôte tout sens au « pas ».

À l'image de Caitlin, qui a ôté tout sens à sa vie. Elle a fait
le grand saut. De son plein gré.

La pluie redouble d'intensité et je ne vois plus rien, à
cause de mes cheveux qui tombent devant mes yeux. Mais
impossible de les rejeter en arrière, car j'ai les deux mains
prises. Ma robe détrempée est plaquée contre mon corps.
Heureusement que je ne pèse que quarante-deux kilos, ainsi
moulée. Cela dit, je me trouverai énorme tant que la balance
indiquera un nombre positif.

Juste au moment où j'arrive devant la tombe de Caitlin,
le vent souffle de plus belle. Je suis surprise, moi qui pensais
errer jusqu'à ce que j'oublie la raison de ma présence dans ce
cimetière. J'ai les bras et les phalanges engourdis, à force de
porter ce seau d'eau.

Remarque on ne peut plus futile, étant donné le contexte.

Au lieu de poser enfin le seau par terre, je me cramponne à son anse qui continue à meurtrir mes doigts, comme si ce geste pouvait tout changer. La pluie faiblit, ce n'est plus qu'une petite bruine. Là, je pourrais pleurer. J'ai déjà les joues trempées, personne ne le remarquerait. Mais je ravale mes larmes.

Je m'agenouille devant la tombe, pose délicatement le seau et décale quelques couronnes de fleurs. Alors que je commence à creuser, je vois une main manier la pelle, comme si ce n'était pas la mienne. La pluie dégouline dans mon dos, j'ai les jambes gelées et de la boue jusqu'aux coudes.

Au bout de quinze minutes, qui me semblent durer au moins une heure, le trou me paraît assez profond, mais je continue à creuser encore un peu. Alors, je recouvre les parois à l'aide du rideau de douche, en le laissant dépasser de quelques centimètres, puis je le cale avec les galets blancs que Caitlin ramassait en vacances et qu'Hannah est venue récemment m'apporter. Quand je vide doucement le seau, je me demande si mon amie me voit, de là-haut.

Enfin vient le tour d'un petit canard en bois et d'une balle en plastique que je dépose à la surface de l'eau, tout en m'excusant auprès de Caitlin de ne pas avoir trouvé la miniature du ballon rouge à pois blancs avec lequel elle jouait autrefois.

Je me redresse et contemple mon œuvre. Je ressens cruellement l'absence de mon amie. Il y a des choses que l'on préférerait ignorer. Il y a des personnes qui nous manqueront jusqu'à notre propre mort.

L'heure est venue de lui dire au revoir. Car, hélas, je ne peux pas rester ici jusqu'à la fin de mes jours. Quand la pluie aura cessé, je devrai trouver une nouvelle amie. Différente, plus vivante.

Je recule d'un pas en gardant les yeux rivés sur la pierre tombale où ne figurent qu'un nom et un prénom, ainsi que deux dates. Il manque quelque chose, une épitaphe. En fouillant dans mon sac, je mets la main sur un rouge à lèvres waterproof que je n'utilise jamais. Je m'avance à nouveau, me penche au-dessus de la mare et, sur le marbre gris, j'écris d'une main tremblante : « Vivre, mourir, c'est notre lot à tous. On grimpe, on tombe, on s'endort, on se réveille. Et on est là. »

J'ai le cerveau trop engourdi pour trouver autre chose.

La pluie tombe de plus belle. Elle m'enveloppe, m'éloigne, me recouvre, tandis que le canard continue à voguer sur l'eau. Je me dis que, peut-être, j'ai froid sans m'en rendre compte.

Suis-je bête de vouloir mourir à petit feu, alors que j'ai la chance d'être en vie ? Les morts qui peuplent ce cimetière jalousent-ils ce que je possède et maltraite, sans l'ombre d'un scrupule ?

Entendant un coup de tonnerre au loin, je lève les yeux vers le ciel. Le murmure de la pluie qui tombe sur mon visage résonne comme autant de promesses. Et soudain, je prends conscience de quelque chose d'essentiel : je ne redeviendrai moi-même qu'en me réconciliant avec mon corps, qu'en me le réappropriant, et ce, quel que soit le prix à payer.

Mais par quel moyen ? À qui m'adresser ? Et comment le garder définitivement auprès de moi ? Avec de la colle forte, du chaterton, des clous, des vis, des agrafes, du ruban adhésif, ou même un chalumeau ? Comment reconstituer le puzzle que je suis devenue ?

Après avoir réfléchi longuement devant la tombe de Caitlin, j'en arrive à une conclusion qui ne m'enchante guère : les hommes m'ont privée de mon corps, c'est donc à eux de me le restituer.

Les hommes me doivent un corps. Le mien, pour être précise. Ainsi que des excuses par milliers. De la tendresse. Et de la normalité.

Et comment parviendrai-je à mes fins ? En incarnant ce qu'ils désirent mais ne peuvent posséder. Face au sexe, les hommes baissent la garde et perdent tous leurs moyens. Ils seraient prêts à payer une fortune, à quitter femme et enfants, à tuer, à vendre leur âme au diable pour un moment de plaisir.

C'est décidé, j'y consacrerai ma vie. Je jouerai une comédie bien rodée et je leur ferai perdre la tête jusqu'à ce que je me dise : « C'est bon. Ça suffit, maintenant. »

Je veux que mon corps devienne l'objet de toutes les convoitises. Cette idée que les hommes devront payer pour m'approcher me séduit. C'est un moyen plutôt simple d'effacer l'ardoise. Pourquoi échouerais-je ? Quand j'en aurai fini, je m'accrocherai à mon corps, le ligoterai à moi et ne le laisserai plus jamais m'échapper.

Oui, ça devrait marcher.

Alors que la pluie continue à ruisseler sur mon visage, je prends peu à peu conscience que je tremble de la tête aux pieds. Je n'aime pas particulièrement les cimetières ; je repartirais volontiers d'ici avec Caitlin, mais hélas, c'est impossible. Ce genre d'endroit, quand on y est, on y reste. Voilà pourquoi le moment est venu de me séparer d'une personne qui m'a de toute façon déjà quittée. De ma meilleure amie, désormais allongée dans un cercueil.

Je replace la pelle rouge et ce qui reste de mon rouge à lèvres dans mon sac, qui me paraît bien plus léger, maintenant que j'ai déposé les galets, la balle en plastique et le canard miniature. Mais une légèreté somme toute relative.

J'essore ma robe tant bien que mal. Cela ne sert à rien puisqu'il pleut toujours, mais ce geste m'apaise, me permet de gagner du temps. Je jette un dernier regard à la mare, où le canard continue à flotter, le bec tourné vers la pierre tombale, tandis que la balle, près du bord, se heurte doucement aux galets.

— Je te promets de venir toutes les deux semaines pour t'apporter un peu d'eau du lac.

Caitlin m'entend, j'en suis certaine. Mais pour la dernière fois.

Puis, je tourne les talons et mets le cap vers ma nouvelle vie.

7

On trouve de tout sur Internet: femmes simplement dénudées, escort-girls zélées, nymphomanes... C'est même sa raison d'être. Les hommes bandent devant des photos de femmes habillées en écolières avec une sucette dans la bouche, planquent des magazines pornos sous le lit, se masturbent en repensant à la fille avec qui ils ont discuté sur Sexychat-69-extreme-hot.com et profitent que leur femme est en train de préparer le dîner pour s'enfermer dans la salle de bains et composer, de leurs doigts déjà moites d'excitation, le numéro de Bunnybabe, le téléphone rose garanti live et super chaud.

Je dresse rapidement une liste de tous les bordels de luxe de Berlin, que je trie ensuite par quartier. Mon choix se porte finalement sur le Passion, situé très exactement à treize pas de chez moi.

Voici l'annonce: «Tu es belle et majeure? Tu as de l'expérience? Tu maîtrises au moins une langue étrangère? Tu cherches à pimenter un peu ta vie? Alors, n'hésite pas à nous contacter.»

Si on considère qu'un zombie peut être beau, je n'ai pas à me plaindre.

J'ai vingt et un ans. J'ai de l'expérience, c'est le moins que l'on puisse dire. Je parle allemand, anglais, quelques mots de coréen et cinquante-quatre mots d'italien, mais je sais surtout me taire. Et je suis effectivement à la recherche d'un certain nombre de choses.

Je décide donc d'appeler.

Je me méprise mais je me lance. Complètement perdue, j'implore mon reflet dans le miroir de ne pas me haïr éternellement pour ce que je m'apprête à faire ; je prie pour que ce soit effectivement le bon moyen de me réconcilier avec mon propre corps, et je postule comme prostituée de luxe.

S'agissant là de ma dernière chance, je me mets une pression terrible, comme si l'avenir de la planète en dépendait. Il faut que je décroche cette place ! Pourvu que je sois assez jolie... Pourvu que je sois un bon coup...

Me soigner, reprendre ma vie en main, éventuellement entamer une nouvelle thérapie ? L'idée ne m'effleure même pas.

J'appelle, et trois bonnes réponses plus tard, j'obtiens un rendez-vous : oui, j'ai plus de dix-huit ans ; oui, j'en ai moins de quarante ; oui, je suis jolie. Le moment est venu d'annoncer la nouvelle à mon corps.

— Toi et moi allons prendre un nouveau départ. Je te donne rendez-vous dans un an, pour que nous échangions nos expériences. Et alors, soit nous donnerons naissance à une toute nouvelle personne, soit nous mourrons de faim. Ça te tente ?

Je vois mon corps acquiescer. Comme toujours, il m'obéit au doigt et à l'œil.

Une fois ce marché conclu, j'écume le Net à la recherche de conseils pour bien démarrer dans le milieu, sans succès.

Je ne trouve que des conseils pour des fellations réussies. Pas de chance, ça, je connais.

Je suis sur le point de me dégonfler. Aussi, pour me redonner un peu de courage, je décide de rédiger ma propre *Introduction au commerce du sexe*.

«Aborde ton premier entretien avec la même motivation que si tu postulais comme avocate ou ambassadrice pour l'ONU. Endosse l'un des rôles que tu maîtrises le mieux. Surtout, ne sois pas toi-même : vends-toi, déshabille-toi, garde ton cœur bien à l'abri, mais n'oublie jamais que chaque millimètre carré de ton corps a un prix. Mens, souris. Ferme les yeux si ton client te dégoûte, et garde toujours à l'esprit que tu es tout ce qu'un homme désire. La prostitution, c'est cinquante pour cent de sexe et cinquante pour cent de comédie. N'aie jamais honte de te conduire en professionnelle. Rien n'est plus beau que de coucher par amour, mais rien n'est plus rentable que de coucher pour l'argent. Dès que ta journée de travail est terminée, mets tes vêtements au sale et sors tes habits de princesse. Ne montre jamais que tu te sens souillée. Ne te perds jamais en la maîtresse idéale que tu es censée incarner. Tu ne dois rien à personne, pas une justification, pas un baiser, pas une passe, pas un oui. Tu peux coucher avec autant d'hommes que tu le souhaites, mais sans explications, ni excuses, ni sentiments, et toujours avec préservatif. Ton corps a une valeur faciale aux yeux de tes clients. Puis viendra le jour où tu devras comprendre que ta valeur à toi est inestimable, tout comme viendra le moment où tu devras arrêter. Surtout, ne rate pas cette chance. Retire ton masque, trouve-toi un client et annonce-lui qu'il est le dernier. Donne-lui tout, puis rhabille-toi et rentre à la maison.»

Je reste plantée devant mon armoire, désemparée, faute de savoir comment m'habiller pour mon premier jour de prostituée. Grâce à la crème dont je me suis enduite, me voilà devenue une sorte d'abricot hybride, à la fois bien mûr et squelettique. Je porte également le parfum que ma mère m'a offert il y a bien longtemps, symbole de mes rêves envolés.

Qu'ils aillent se faire foutre, les rêves. Là, c'est la vraie vie.

Dois-je enfiler des porte-jarretelles ou bien me contenter d'un bel ensemble soutien-gorge et string ? Et par-dessus ? Dois-je me maquiller ou non ? Vaut-il mieux paraître plus âgée, et donc plus expérimentée, ou tout miser sur la pureté et la fraîcheur de la jeunesse ? Est-ce déplacé de porter les dessous que m'a offerts mon ex ?

Je commence à paniquer. J'ai du mal à me mettre dans la peau d'une prostituée. J'opte finalement pour un corset, un string et des bas, tous blancs, puis j'enfile des vêtements plutôt classiques. Avant de partir, je pense à prendre une serviette ainsi que le peignoir de bain emprunté à ma mère lors de ma dernière visite. Puis, je parcours les treize pas qui me séparent du bordel.

— Tu survivras, tout comme tu as survécu autrefois face à ce pédophile qui empestait l'alcool. Tout ça pour une tablette de chocolat, un hymen déchiré et des crampes d'estomac épouvantables.

Voilà ce que je me dis en sonnant au Passion.

Une fille m'ouvre et me salue, un accent bulgare dans la voix. Je m'efforce de la regarder dans les yeux mais ce n'est pas chose facile, étant donné son énorme poitrine.

— Je m'appelle Lilly.

— Oui, moi savoir, répond-elle en me laissant passer. Moi, Marla. Je te montrer tout.

Elle me précède dans un joli salon d'accueil. Bien que perchée sur des talons aiguilles, elle marche d'un pas tellement assuré qu'à côté je me sens minuscule et empotée.

— Au fond, deux salles de bains, une pour clients, autre pour filles, et deux toilettes, juste là. Pareil, séparés clients et filles.

Lorsque Marla me montre la salle de bains des filles, un délicat parfum de framboise vient chatouiller mes narines. Puis, elle m'accompagne jusqu'à une porte où figure l'inscription « salle d'entraînement ».

— Nous avoir aussi chambre SM. Toi aimer ça ?

— Euh... non, pas trop.

Elle éclate de rire.

— Moi, pareil.

Dans la lumière tamisée, je distingue une cage, des sortes de cordages, une croix de Saint-André et deux chaises de torture, ainsi qu'une étagère chargée de pinces, de fouets, de bougies rouges et de godemichés.

— Toi pas obligée, précise-t-elle, voyant ma mine déconfite. Toi dominer, si toi préfères. Enfermer client dans cage, sortir boire café puis revenir, frapper, lui jouir et s'en aller. Certaines filles aimer.

Puis, direction les chambres plus standard. Dans la numéro 1 règne une ambiance champêtre : sol en bambou, lys blancs, matelas gigantesque, des coussins bleu marine disposés un peu partout.

— Aujourd'hui, moi ici, m'explique Marla en désignant le bloc-notes et le livre posés sur le lit. Moi apprendre allemand. Chambre pas souvent pour clients, plus pour filles. Toi pouvoir regarder télé, dormir ou m'aider apprendre, peut être amusant. Grammaire, pas mon truc.

Le rouge orangé prédomine dans la chambre numéro 2, tandis que la numéro 3 est décorée de couleurs plus sombres et de coussins en soie noire.

Enfin, Marla ouvre la dernière porte.

— Ici, chambre principale.

Là, en voyant l'immense lit à baldaquin couleur champagne aux colonnes finement sculptées, je n'ai qu'une envie : m'y allonger pour toujours. Bizarrement, je ne ressens aucune angoisse.

— Viens, moi montrer pièces filles.

Alors que nous nous dirigeons vers une porte où est effectivement indiqué « Privé », nous croisons une jeune blonde à la silhouette de mannequin qui déambule en porte-jarretelles roses.

— Salut, je suis Dasha.

— Et moi, Lilly.

— Joli prénom. Contente que toi être là. Marla dire nouvelle fille arrive.

Dasha me lance un clin d'œil et s'éloigne en se dandinant, tandis que Marla me montre la cinquième chambre. Le lit, assez grand pour accueillir une dizaine de personnes, disparaît sous une montagne de sous-vêtements, jupes, sacs à main et accessoires de coiffure. Une serviette est négligemment posée sur un abat-jour et des dizaines de chaussures traînent par terre, devant une glace en pied. Quant à la commode et aux tables basses, elles croulent sous les trousses à maquillage.

— Ça, chambre que pour filles. Ici, toi pouvoir laisser affaires, dormir, faire ce que tu veux. Seul chef entre, mais souvent absent. Toi pas avoir peur, lui très gentil.

Au bout du couloir se trouvent une petite réserve, une kitchenette et une dernière pièce.

— Ça, salon à nous avec ordinateur, grande table et canapé. Nous traîner souvent ici pour manger ou Internet. Là, numéros traiteur, si toi avoir faim, pas sortir. Nous avoir réductions partout, car livreurs aiment venir et voir filles. Surtout livreurs chinois, eux tout rouges ! Et elle, Brittany. Brittany, Lilly.

Une jeune femme châtain clair en train d'écrire un e-mail lève les yeux et me sourit.

— Bonjour.

— Bonjour, répond-elle en me serrant énergiquement la main.

— Alors, tu as visité ? Ça te plaît ?

— Oui, mais j'hésite, je suis nouvelle dans le milieu.

— Oh, ne t'inquiète pas ! La plupart des clients sont sympas. Crois-moi, tu vas vite prendre tes marques.

Sur ces mots, Brittany bondit de sa chaise pour me préparer un café. Le temps que l'eau chauffe, elle énumère d'une traite ses nombreux clients, ainsi que les filles travaillant en ce moment au Passion. Puis, elle finit par s'interrompre, le temps de reprendre son souffle et de me tendre une tasse de café brûlant.

— En tout cas, je suis vraiment contente de te rencontrer. Les autres sont très gentilles, mais elles discutent beaucoup en bulgare, et moi, je reste plantée là à sortir quelques « hum », « ah », « hum, hum » de temps en temps. Du coup, comme je n'ai personne à qui parler, je compense en fumant. Hou là ! J'en suis presque à deux paquets, aujourd'hui !

À la fois heureuse et déboussolée, j'esquisse un sourire timide.

L'atmosphère qui règne ici est différente de tout ce que j'ai pu connaître auparavant ; elle m'enveloppe et me retient. Ainsi, presque spontanément, je m'engage sur un nouveau chemin, à la découverte de moi-même.

8

L'écriture de ce livre s'avère compliquée : comment retracer mon parcours et mon évolution le plus objectivement possible ?

Je préfère ne pas m'attarder sur le passé, c'est pourquoi j'ai résumé mon enfance en quelques dizaines de pages. J'ai commencé par décrire ce que j'ai enduré pour que mes lecteurs comprennent ce qui m'a poussée à prendre les mauvaises décisions, et aussi parce que je n'ai plus envie de m'excuser.

Une fois ces premiers chapitres achevés, je passe voir Lady, ma nouvelle meilleure amie, afin qu'elle en lise un extrait.

— Hum... Il manque pas mal de choses, remarque-t-elle.

— Je sais, mais l'essentiel y est.

Le regard de Lady se pose d'abord longuement sur mon manuscrit, puis sur ma minuscule poitrine.

— Tu sais, trésor, le but n'est pas de raconter ce que tu as subi. D'accord, ces premiers chapitres donnent un bon aperçu de ton enfance, mais sans nous dire qui tu es vraiment. Dans quelques années, quand tu auras dépassé les quarante kilos, on ira boire un verre et tu t'attelleras à un deuxième livre, dont l'entrée en matière sera différente. Seulement à ce moment-là, tu pourras me tendre les premières pages et m'affirmer que l'essentiel y est. Et ce jour-là, je te croirai sur parole, sans lire un mot de ce que tu auras écrit ; tout simplement parce que tu me souriras et que tu ne seras plus avachie comme une vieille capote.

— Merci, tu as vraiment le chic pour me remonter le moral.

— Comment ça ? Tu as quelque chose contre les préservatifs ?

— Non.

— Eh bien, tant mieux, car c'est très utile même si, je te l'accorde, les pipes avec capote, ça craint, sans parler de celles qui sont aromatisées. Tiens, à propos, il faut absolument que tu testes un truc...

Le téléphone l'interrompt avant qu'elle puisse me prodiguer ses précieux conseils. Elle ajoute un zeste de citron dans son cocktail et me rend mon manuscrit, tout en expliquant à son interlocuteur que, non, elle n'a pas la moindre envie de partir avec lui aux Canaries, même dans un hôtel quatre étoiles, puis raccroche.

— C'était Jonathan, m'annonce-t-elle, tout sourire. Je finirai bien par l'épouser, mais pas tout de suite.

Je ne le connais ni d'Ève ni d'Adam, ce Jonathan. Il faut dire que Lady est sollicitée tous les jours par une trentaine d'hommes différents. Elle a plus d'amants que de strings, ce qui n'est pas peu dire, étant donné sa collection de sous-vêtements. De sa voix sexy elle est capable d'ensorceler le plus fidèle des hommes mariés, qui la couvrira de cadeaux, se traînera à ses pieds et lui chuchotera des mots sulfureux au creux de l'oreille.

— En fait, il me plaît bien, ce texte, surtout le passage où tu te shootes aux antidépresseurs et que tu te retrouves à errer comme un zombie. J'imagine très bien la scène. Mais il y a également une journée particulière que tu ne peux pas ne pas évoquer.

— Je ne vois pas de quoi tu parles.

— Oh si, tu vois très bien.

— Non.

— Tu sais quoi ? On va faire un peu de shopping. J'ai envie d'une nouvelle jupe et celle-ci est trop longue. À quoi bon avoir des jambes de rêve, si c'est pour les cacher ? Cela dit, j'adore ce mauve, c'est d'ailleurs pour ça que je l'ai achetée. Tu aimes ?

Me voyant secouer la tête, Lady éclate de rire.

— Tu as encore tant à apprendre, ma chérie !

Mon corps n'étant plus capable de se maintenir à température constante, je passe la soirée collée au radiateur de ma chambre, en me disant que Lady a raison. Bien sûr. Comme toujours, ou presque.

J'ai vécu une journée bien particulière sur laquelle je préfère faire l'impasse, quand je parle de moi. Mais j'y pense encore, et bien trop souvent à mon goût.

Futée comme je suis, j'ai écrit ces premiers chapitres à toute vitesse afin de la laisser derrière moi et me concentrer sur des événements plus positifs. C'est mon livre, après tout, j'ai le droit de passer sous silence les journées de mon choix, voire de les remplacer par d'autres, plus belles. Mais là, je tourne en rond, je rédige quelques phrases que je supprime aussitôt, je vais jusqu'à effacer des chapitres entiers. Je sais pertinemment que je n'avancerai pas tant que je n'en aurai pas parlé. Et je n'ai aucune envie de passer pour une lâche aux yeux de Lady.

Chez moi, une crise d'angoisse peut durer très long-temps, mais ce n'est pas le cas, aujourd'hui. En effet, j'ai la tête qui tourne tellement que je finis par tomber de ma chaise. Si Lady me voyait, voici ce qu'elle me dirait : « Tu sais, chérie, il y a des gens qui arrivent à prendre soin d'eux. Imagine comme ça te faciliterait la vie, de ne pas t'encombrer de fardeaux inutiles ! Et si tu essayais, pour voir ? »

Mais Lady n'est pas là : elle a rendez-vous avec Andreas, à moins que ce ne soit avec Mike, Janis, Jimmy ou Kevin, ou tous en même temps. On ne sait jamais, avec elle.

Je m'installe devant mon ordinateur et j'écris d'une traite.

La journée manquante.

On est au printemps, mais le fond de l'air est frais. J'ai dix-sept ans. Il n'y a pas un chat dans les rues car après la pause-déjeuner, les passants sont retournés soit au travail soit à l'école.

Moi, je sors du cabinet de ma psy et je reste plantée à côté d'un réverbère.

— Vous verrez, la situation ne peut aller qu'en s'améliorant, m'a-t-elle affirmé pour clore la séance.

Voyant qu'elle me souriait, comme si j'étais quelqu'un de parfaitement normal, j'ai fait de même.

Une légère brise chatouille ma nuque. J'enfourche mon vélo et je rentre chez moi, les cheveux au vent. Je revois la scène comme un rêve récurrent : les images changent chaque fois, mais les couleurs restent les mêmes. En cet instant précis, je suis heureuse car j'y crois : un jour, je retournerai à l'école, je passerai mon bac, je recommencerai à me nourrir et je mettrai un terme à cette fuite en avant. Cela m'arrive rarement, mais là, j'en mettrais ma main au feu, j'ai foi en l'avenir.

Je longe un square où je jouais quand j'étais petite, puis je tourne au coin de la rue et m'arrête au pied de l'immeuble de mes parents, où je suis retournée vivre après avoir quitté le foyer. Je me sens mieux dans une vraie chambre, où je peux faire plus de deux pas sans me cogner contre un mur. Et j'essaie de me convaincre, au prix d'efforts surhumains, que mes parents m'aiment vraiment. Sans succès. Mais, au moins, j'arrive à prendre un bain sans céder à la tentation de la noyade. Que demander de plus ?

Alors que je gare mon vélo, j'aperçois un jeune homme attacher le sien à un arbre, se diriger vers mon immeuble et sonner à l'un des interphones. Me voyant approcher, il me sourit. J'ouvre la porte et il m'emboîte le pas. Avec le professeur de solfège au premier étage et le cabinet d'avocats au deuxième, de nombreux inconnus vont et viennent, et j'ai pour habitude de leur tenir la porte. Simple question de courtoisie.

Sauf que ce jour-là, sentant que l'homme me suit de trop près, je ressens au plus profond de mes tripes comme un besoin vital de courir.

Or, mes jambes ne m'obéissent plus. J'essaie de crier, mais aucun son ne sort de ma bouche. J'essaie de respirer, mais l'oxygène ne parvient plus jusqu'à mes poumons. Je préférerais encore être un poisson rouge flottant en pleine mer dans un bocal vide.

Et là, elle apparaît devant moi. La fillette fragile aux longues tresses brunes, vêtue d'une robe blanche à pois rouges. Je donnerais n'importe quoi pour la voir sourire, mais elle se contente de me regarder tristement.

— Qu'est-ce que tu as fait ? Comment as-tu pu laisser une chose pareille arriver ? me demande-t-elle sans remuer les lèvres.

Je reviens quelques secondes en arrière : je suis dans la rue, je regarde autour de moi, et là, tandis que mon agresseur me cravate, je le revois appuyer son vélo contre l'arbre, mais sans fixer l'antivol. Eh oui, il doit se dépêcher, me devancer pour que je le voie sonner, ou du moins, faire semblant de sonner à l'un des interphones, et que je le laisse passer sans aucune méfiance.

— Qu'est-ce que tu as fait ? répète la fillette.

Nous nous regardons en silence.

— On peut s'en aller ? Je t'en supplie...

Puis elle disparaît, à l'instant même où je sens une grosse main calleuse m'entraîner en arrière. Il me tire par les cheveux de façon que je me retrouve face à lui, me tord le cou et plaque sa main contre ma bouche. Bien des années plus tard, je me souviens précisément de ce qu'il a dit. J'ai les jambes en coton et les bras qui tremblent. Alors que j'essaie de le repousser, de lui donner des coups, de mordre sa main, il éclate de rire et me gifle.

— J'éviterais, à ta place. Tu ne veux pas que je me fâche, hein, ma belle ?

Je garde le silence, puisque la réponse va de soi. Autant me demander de compter jusqu'à cent, en me précisant que je n'ai plus que sept secondes à vivre.

— Je t'ai posé une question, petite salope ! Bouge ta jolie petite tête, que je voie si tu as pigé !

Après que j'ai acquiescé, l'homme me serre contre lui et m'embrasse de force.

— Je préfère ça, mon trésor.

Depuis, quand un homme m'appelle ainsi, j'en déduis qu'il ne désire qu'une chose : m'agresser dans un escalier. Et celui qui me tend la main m'infligera les mêmes blessures.

L'homme caresse mon visage d'une main lourde puis me traîne jusqu'au sous-sol. J'ouvre la bouche avec l'intention de crier ; je me dis que quelqu'un dans l'immeuble m'entendra, que l'homme prendra peur, qu'il me lâchera et que je m'en sortirai indemne.

Voilà qui suffirait amplement à mon bonheur.

Mais je ne parviens à émettre qu'un tout petit gémissement, avant de m'entendre balbutier :

— Je vous en prie, non... Je vous en prie, je vous en prie...

Comment puis-je me rabaisser ainsi ? Je me déteste de ne rien trouver de mieux que de le supplier. Je crois même qu'à sa place, je n'aurais pas non plus lâché prise.

Le vocabulaire étendu dont je dispose habituellement ne m'est d'aucune utilité.

Cependant, que peuvent les mots, dans un tel contexte de viol ?

« Je vous en prie » sont les derniers mots que je prononce ; curieusement, je suis presque soulagée de me taire. Quant à lui, il passe des insultes aux « petit trésor » qu'il susurre au creux de mon oreille.

J'essaie de me protéger en croisant les bras, mais il me rit au nez, me jette à terre comme une poupée de chiffon et me frappe. Au moment où il commence à m'étrangler, je réussis à tourner la tête vers la porte.

La fuite. La liberté. S'en sortir.

— N'y pense même pas !

Il m'assène un coup de poing au visage et le goût du sang envahit ma bouche. Je sens alors quelque chose frôler ma main droite : c'est la robe de la petite fille, qui me contourne en longeant le mur, pour aller finalement se cacher entre deux bennes à ordures.

Elle doit certainement se boucher les oreilles et chanter une chanson dans sa tête, en attendant le départ de mon agresseur. Alors, elle ouvrira la porte et s'enfuira loin, très loin. Et elle rira. Pour moi.

J'essaie de me raccrocher à cette idée, mais je sais très bien à quoi m'en tenir.

Comme cette fillette est morte et que je suis tout ce qui reste d'elle, je vais devoir ouvrir cette porte moi-même, sous peine de vivre dans le noir jusqu'à la fin de mes jours.

Je me concentre sur le goût métallique et salé du sang dans ma bouche, les yeux rivés sur le plafond, tandis que l'homme glisse sa main entre mes cuisses.

J'ai peur de mourir sous ses coups. J'espère mourir sous ses coups. Je pleure à l'idée de mourir sous ses coups.

Puis vient l'obscurité.

Je me réveille sans pouvoir affirmer si je suis morte ou vivante. Je me relève, pose machinalement un pied devant l'autre, comme un robot téléguidé, titube jusqu'à mon appartement et m'écroule dans la baignoire, toute habillée.

Là, je m'imagine roulée en boule sur un radeau. Vaguement consciente du roulis des vagues, je fixe l'horizon de mes yeux vides. Peu importe la direction vers laquelle je dérive : partir, c'est tout ce qui compte.

Mais non, je suis en train de prendre un bain dont l'eau rougit autour de moi, avec l'évacuation de la baignoire pour seul horizon.

— Tu l'as laissé entrer, chuchote le radeau, avant de disparaître dans un léger gargouillis.

— Oui.

— Tout est si rouge, ajoute-t-il depuis le siphon.

— C'est moi.

— Toi... Toi, tu n'es rien.

— J'ai honte.

— Tu peux.

91

Et là, je me souviens que les radeaux ne parlent pas. Dommage, ça m'a fait du bien.

Le silence s'installe. Un silence assourdissant. Et douloureux.

Mon bain étant brûlant, je laisse couler de l'eau glacée jusqu'à ce que le vert de mes ecchymoses disparaisse sous des marbrures bleutées, causées par le froid.

Je parie que si je me regardais dans le miroir j'y verrais le reflet d'une inconnue. Et ma voix, a-t-elle changé ? J'ouvre la bouche afin d'en avoir le cœur net.

— Pourquoi ?

Se taire. Se concentrer sur l'eau qui coule. Sur le clapotis. Sur le froid.

Le sang que je crache disparaît à l'horizon, dans le sillage du radeau.

Je me palpe, sans toutefois sentir le contact de mes mains sur ma peau. J'effleure alors quelque chose sur la face interne de ma cuisse gauche, mais mes doigts trop gourds ne parviennent pas à identifier ce que c'est. Il faut donc que je vérifie de visu.

J'ai des zébrures et des écorchures tout le long de la cuisse, dont certaines saignent encore. Je me le répète une deuxième fois, puis une troisième. Comme un écho de plus en plus lointain. Je demanderais volontiers des explications au radeau, mais il est désormais trop loin pour me répondre.

Au moment où, éblouie par la lumière de la salle de bains, je décide de fermer les yeux, quelque chose frôle ma main. La fillette se tient devant moi, immobile.

— Encore toi ?

Au lieu de répondre, elle m'observe en silence, pensive.

— Quoi ? Tu veux que je remonte le temps, que j'enfonce la porte de son appartement, que je le repousse, que je te prenne dans mes bras et que je te porte jusqu'ici ? Tu veux que je caresse tes cheveux, que je te rassure? Tu veux m'entendre dire que ça ne se reproduira plus, que tout va s'arranger et que tu deviendras une jeune femme géniale, pas une nana paumée qui s'imaginera en train de parler à un putain de radeau?

La petite fille penche la tête sur le côté, l'air de peser le pour et le contre. Elle est peut-être trop jeune pour comprendre le sarcasme, à moins que je ne sois déjà trop morte pour m'exprimer correctement. Puis, elle hoche imperceptiblement la tête, avant de disparaître.

Je voudrais lui demander où elle va, mais j'ai les lèvres trop sèches, trop gelées, trop gercées, trop ensanglantées pour pouvoir prononcer un mot. Et, de toute façon, je connais la réponse. Elle redescend au premier étage et elle y restera, jusqu'à ce que je trouve la formule magique qui la libérera.

INTERLUDE

I

Eriko, avec son grand sourire, ses yeux marron foncé ou noirs, selon la lumière, sa légère bedaine et sa voix douce, légèrement cassée, n'a rien du proxénète patibulaire que j'avais imaginé. Je peux soutenir son regard sans m'évanouir, et pourtant, c'est un homme. On peut dire qu'il y a du progrès !

— Tu me confirmes que tu es bien majeure ? me demande-t-il lors de notre premier rendez-vous. Dix-sept ans et six mois, ça ne compte pas.

— J'en ai vingt et un.

Mais Eriko me croit seulement après avoir vu ma carte.

— Je t'en donnais quinze.

En réalité, j'ai traversé tellement d'épreuves que je pourrais être centenaire, mais on continue à me prendre pour une adolescente. Peut-être parce que je ne me maquille jamais et que je suis restée coincée dans une sorte de faille temporelle, suite au traumatisme vécu durant mon enfance. Enfin, peu importe, du moment que j'ai des papiers prouvant ce que j'avance.

La lumière tamisée du salon se pose sur moi avec la douceur d'un bas de soie. Eriko, dans ses habits de ville, ressemble à M. Tout-le-monde, et moi, à une prostituée, avec mes porte-jarretelles noirs et mon haut blanc. Les autres filles portent le plus souvent de la lingerie fine et des vêtements transparents.

Il règne dans les différentes pièces du Passion un calme et une sérénité difficiles à dépeindre. Je m'y sens à l'abri, ce qui est assez ironique. Décidément, quelque chose ne tourne pas rond.

Eriko ne regarde ni mes jambes ni mon décolleté, et je suis touchée par le respect dont il fait spontanément preuve à mon égard. Non content de me poser des questions, comme lors d'un entretien d'embauche classique, il m'écoute parler un peu de moi. Car je parle, je parle, je parle... Alors que j'ai plutôt pour habitude de m'enfermer dans le silence. J'aurais peut-être dû entamer cette démarche plus tôt, au lieu de consulter toute une flopée de psys.

— Ça doit être génial de travailler avec des enfants, constate Eriko. Quant à l'écriture... Franchement, chapeau ! Moi, je n'aurais pas la patience.

Il réfléchit quelques instants.

— Mais ce n'est pas certain que tu te plaises ici. Je sais que tu peux très bien trouver un autre moyen de gagner ta vie.

— Je sais, mais j'ai envie d'essayer.

— OK, c'est toi qui vois. Et rappelle-toi : tu arrêtes quand tu veux.

Je hoche la tête.

Eriko m'explique la marche à suivre : une fois le client dans la chambre, je prends une serviette de bain, des draps propres et quelques préservatifs, je le rejoins, négocie les tarifs en fonction des prestations demandées, puis je dépose l'argent à l'accueil et retourne dans la chambre.

— Ne te force jamais à faire un truc que tu n'aimes pas, insiste Eriko. Peu importe ce qui figure sur la fiche que tu as mise en ligne : non, c'est non, point à la ligne. Va aussi loin que tu le souhaites avec un client, mais pas plus. Et si tu te sens mal à l'aise, tu laisses tomber. Tu es ici chez toi, les clients sont tes invités ; donc, à toi de fixer les règles. En cas de besoin, je suis joignable vingt-quatre heures sur vingt-quatre. Donc, n'hésite pas à m'appeler si tu as besoin d'une aspirine, si un client t'effraie, si tu as des questions ou s'il te faut de l'argent. Aucun problème, du moment que tu es ponctuelle.

La gentillesse d'Eriko me fait oublier que je suis en sous-vêtements. Je me sens à la fois valorisée et troublée. Moi qui m'imagine toujours les plus terribles des scénarios, logiquement, je devrais me lever, récupérer mes vêtements et retourner d'où je viens. D'un autre côté, je me dis que ce qui m'attend ne sera jamais pire qu'un viol.

J'espère qu'ici on prendra soin de moi. Et peut-être qu'à mon tour j'y arriverai. Un jour. À prendre soin de moi.

Dans ce grand salon, je m'attends à en croiser, des femmes à la dérive, maltraitées, trop crédules, des proxénètes gentils du moment qu'on joue le jeu, des clients sympas, des clients désagréables, des clients répugnants.

— Bon, je crois qu'on a fait le tour, conclut Eriko. Et, encore une fois, si tu as des questions, viens me voir ou demande aux autres filles. Elles sont gentilles comme tout, tu verras.

— Merci.

— Je t'en prie.

Je me lève. J'hésite une dernière fois. Et, finalement, je décide de commencer une nouvelle vie teintée de rouge.

2

Chase, mon meilleur ami, est fasciné par la transgression, comme il le dit à qui veut l'entendre, tout comme aux personnes qui ne lui ont rien demandé, d'ailleurs. Et ce, quelle que soit la désapprobation que son comportement peut engendrer.

— Les nanas m'excitent, mais pas plus que la coke, finalement. Combien de fois j'ai pu croiser un canon en me disant : « Putain, il me la faut ! » ? On couche ensemble, c'est torride, mais le lendemain, je me dis qu'il y a plein d'autres femmes sur Terre que je mettrais bien dans mon lit. Du coup, je me rhabille, je m'en vais, et voilà, c'est fini. À la limite, je peux la revoir une deuxième fois mais, tôt ou tard, je passe à autre chose. Ou alors, on fonde une famille, on se fait construire une grande maison au milieu d'un beau terrain, mais pareil, ça ne dure pas. Donc, mieux vaut zapper ça et se concentrer sur la transgression.

Là, je devrais peut-être préciser que ce que Chase appelle « transgression », c'est le moment où deux êtres humains comprennent qu'ils vont coucher ensemble. Il lui arrive parfois de me confier ses fantasmes, photos à l'appui.

— Regarde-moi cette lumière, ce jeu d'ombres ! Et ce contraste entre la chatte rose claire, les poils foncés, la langue écarlate et la peau de la Black... Fabuleux ! Voilà ce que j'appelle de l'art !

Chase, en plus d'être un acteur accompli, photographie tout et n'importe quoi, y compris l'urine laissée par le SDF qui squatte dans l'escalier de son immeuble. Au naturel, il fait preuve d'une énergie débordante, d'où ma perplexité quant à son besoin de sniffer des quantités astronomiques de cocaïne. Non content de s'enthousiasmer pour un oui ou pour un non, il trouve même le moyen de déceler de l'intelligence dans le regard des actrices pornos. D'ailleurs, il hésite parfois à devenir producteur de films X, ne serait-ce que pour pouvoir parler cinéma avec toutes ces femmes aussi plantureuses que talentueuses.

Mais revenons-en à la transgression. Chase m'a dit qu'il me tuerait si je n'y consacrais pas au moins un chapitre. Comme le soir où il m'a traînée à l'une de ses avant-premières.

— Si tu oublies de sourire ne serait-ce qu'une seconde, je te taille en pièces. Et surtout, ne dis rien d'intelligent, tout le monde doit croire que je ne fréquente que des top models écervelées. Dans mon milieu, mieux vaut être sous-estimé et passer pour quelqu'un de superficiel. Donc, gare à toi, et pense à mettre du gloss ! Ah oui : si jamais on te pose la question, réponds qu'on s'est rencontrés à un gala de charité, ou dans une réunion d'accros au sexe, à la limite. Enfin, peu importe, du moment que tu souris !

Et, bien sûr, j'ai souri. Toute la soirée. Mais, au retour, j'ai conseillé à Chase de choisir quelqu'un d'autre à la prochaine occasion. Par exemple, une fille avec qui il pourrait faire bon usage de ses préservatifs.

— Mon petit lapin en sucre, tout le monde joue un rôle, et ça s'arrête là, tu le sais mieux que personne, m'a-t-il répondu avec un petit rictus. Ce soir, comme tous les autres soirs, tu es la seule dont je me souviendrai.

Après m'être démaquillée en silence, je me suis allongée auprès de lui, toujours vêtue de ma robe de cocktail lilas. Les épingles que j'avais utilisées pour maintenir ma chevelure en place ont commencé à me gratter le cuir chevelu, mais j'étais trop fatiguée pour les retirer.

— Tu dors déjà, Chase ?

En l'absence de réponse, je me suis laissée aller à quelques confidences. Jusqu'à ce qu'il se mette à ronfler. Alors, je me suis tournée vers lui et j'ai caressé son visage, tout en chuchotant :

— Pour lire entre les lignes, il faut déjà savoir distinguer ses propres mots parmi ceux des autres.

Puis j'ai sombré dans un cauchemar oppressant.

Le genre de rêves dont il vaudrait mieux ne jamais se réveiller, sous peine de perdre la tête, face à la noirceur de ses propres pensées. Jusqu'aux premières lueurs du jour. Jusqu'au réveil.

Chase adore m'exposer ses théories. Tout comme j'adore dessiner de jolis diagrammes illustrant ma perte de poids.

— Découvrir une nouvelle nana, c'est comme ouvrir un paquet cadeau. Une fois passée l'excitation du déballage, je joue avec et je m'en lasse au bout de cinq minutes. Il faut savoir se réserver pour d'autres expériences. Il n'y a pas plus torride que la transgression ! Impossible de détacher le regard du cul de cette nana, dans son jean super sexy, tandis qu'elle me dévore des yeux. Elle passe sa main dans ses cheveux, dévoile sa nuque, et moi, je n'ai qu'une envie, c'est de mordre dedans. Crois-moi, Lilly, sentir le désir monter, c'est se sentir vivant !

Pendant ce temps, je regarde les quelques bleus que j'ai sur les jambes. Je suis très douée pour me cogner contre les arbres et les coins de table, et encore plus pour confondre les hommes avec des arbres et des coins de table. Peut-être parce que mon corps m'est étranger. Exactement le genre d'affirmation qui rendrait Chase fou de rage. Pour lui, un corps appartient à la personne qui l'habite ; dans le doute, il faut se battre pour se l'approprier.

— Tu sais, Lilly, on a raison de dire que les hommes convoitent toujours l'inaccessible. Les femmes, c'est un peu comme un écran plasma. Enfin, en moins plat...

Chase pose les yeux sur ma poitrine inexistante et se reprend.

— Oh, pardon, je ne te visais pas. Mais tu vois, moi, j'aime bien les gros seins. C'est à cause de ma mère, ça. J'en étais où, déjà ? Dès que j'y pense, je perds le fil. Bref, une fois qu'on a un *Home Cinema* avec son *Dolby Surround* et tout le bordel, on se rend vite compte qu'en fait c'était une sorte de caprice. Hum, minute, formulé comme ça, on pourrait croire qu'on peut se passer des femmes. Ah, merde, je me suis mal exprimé. Ce que je veux dire, c'est que ce genre d'objet paraît d'autant plus indispensable qu'on n'a pas les moyens de l'acheter. Si on arrive quand même à trouver le budget, on en vient rapidement à se dire que oui, d'accord, c'est sympa de mater des films, mais qu'on pourrait aussi bien profiter de son temps libre pour apprendre à naviguer, par exemple. Moi, la transgression, je ne m'en lasserai jamais. Je suis sûr que dans vingt ans je continuerai à me demander de quelle couleur sont les tétons de la nana que je viens de croiser dans la rue.

— Moi, je trouve ça plutôt triste.

Tout en prononçant ces mots, je me dis que je devrais éviter les jugements de valeur, moi qui suis incapable de boire du jus d'orange sans vomir.

— C'est pas faux, répond Chase en se resservant un verre de vin rouge. Enfin, toi, tu es une femme, tu t'en fiches des Mercedes ; tu préfères quatre jours de romance, ou même un beau mariage.

— Mais bien sûr. Dans ce cas, explique-moi ce qu'il y a entre nous et pourquoi tu aimes passer du temps en ma compagnie.

En effet, il y a fort longtemps, Chase et moi avons couché ensemble. Ou plutôt, mon corps et lui ont couché ensemble. Moi, je ne couche avec personne.

Ce soir-là, il avait un peu forcé sur la cocaïne et a eu cette phrase charmante :

— Et voilà une bonne chose de faite.

Puis, il s'est endormi en fredonnant un air qui ressemblait à un générique de *soap opera*. Au cours de la nuit, il m'a piqué trois fois la couverture. Mais peu importe : en bonne anorexique, je maltraite volontiers mon corps, donc j'aime avoir froid.

— Hum, tu n'es pas une fille facile, répond Chase après un temps de réflexion. Enfin, si, tu te prostitues, tu baises avec des centaines d'hommes, mais je sais pas... Bizarrement, je n'imagine pas un mec te ramener chez lui juste pour le sexe. Et ce n'est pas une question de physique, hein. Si tu avais un peu plus de poitrine, tu serais la femme de mes rêves. Ce qui me plaît chez toi, c'est ta façon de t'exprimer, tu dis des trucs magnifiques. Il y a plein de femmes qui font des trucs géniaux avec leur bouche – surtout si elles ont les lèvres siliconées et qu'elles savent se servir de leur langue –, mais qu'est-ce qu'elles racontent comme conneries ! Remarque, nous, les mecs, on n'est guère mieux, mais je m'en fous, je suis pas homo. La seule fois où on a couché ensemble, c'était fantastique, même si tu as simulé. Sérieux, je n'arrivais pas à savoir si tu gémissais de douleur ou de plaisir. Moi, je recommencerais sans problème si ça pouvait te rendre heureuse. En tout cas, sache que tu resteras ma transgression préférée. Tu me balances des phrases que je n'ai jamais entendues avant et que je n'entendrai jamais dans la bouche de quelqu'un d'autre. Tu te rends compte à quel point c'est sexy ? Je pourrais passer des journées entières à te contempler.

— Tu te drogues trop, je crois, dis-je à Chase alors qu'il s'approche de moi.

— Ça, ma chérie, on en parlera une prochaine fois.

Il se penche au-dessus de la table et sniffe un rail de coke, dans un geste qui n'a rien de viril ni de branché. Mais je préfère me taire.

Après tout, qui suis-je pour lui donner des leçons de morale ?

Chase me fascine depuis notre toute première rencontre au jardin d'enfants. Je nous revois assis l'un à côté de l'autre dans le bac à sable, en train de regarder les autres jouer. J'hésite à les rejoindre, mais Chase me déclare :

— Aujourd'hui, on ne fait que regarder, comme Dieu, même s'Il n'existe pas.

Je ne comprends pas, sur le moment, mais j'apprécie déjà la compagnie de ce garçon, qui reste le plus souvent à l'écart. En effet, il tient sans arrêt des propos apparemment sans queue ni tête et rejette presque tous ceux qui lui proposent de venir de jouer avec eux. Je suis la seule qu'il tolère.

Nous avons trois ans d'écart et, alors que j'apprends à marcher, Chase cite déjà Kafka, à la grande frayeur de Mélanie, l'animatrice.

Quand tu es devant moi et que tu me regardes, que sais-tu de mes souffrances et que sais-je des tiennes ? Et quand je me jetterais à tes pieds en pleurant et en te parlant, saurais-tu plus de choses de moi que de l'enfer, quand quelqu'un te raconte qu'il est chaud et terrible ? Ne serait-ce que pour cela, nous devrions, nous autres hommes, nous tenir les uns

devant les autres avec autant de respect, autant de gravité et
autant d'amour que devant les portes de l'enfer.

Mélanie le regarde, médusée. Elle s'apprête à lui faire une remarque, puis se ravise, nous sert le petit déjeuner, puis appelle sa mère. Une femme qui, persuadée d'avoir toujours raison, n'est pas du genre à recevoir des leçons d'éducation sans broncher. Elle est également la seule à venir chercher son enfant en minijupe et talons hauts.

Chase est capable de déclarer, en m'arrachant des mains la Bible pour enfant que je suis en train de lire :

— Ce truc a été écrit par des adultes, pour des adultes, car ils veulent toujours tout justifier. Mais toi et moi, Lilly, on est libres, on se joue du temps ! Viens, on va creuser une grotte.

Et, bien sûr, je lui emboîte le pas.

Les autres enfants lui cassent souvent du sucre sur le dos, et certains ont même peur de lui.

Et puis, il y a ces histoires horribles que les puéricultrices nous racontent pour qu'on ne fasse pas de bêtises. Par exemple, qu'on risque de s'étouffer si on se met un sac en plastique sur la tête. Du coup, tout enfant veut tester, aussi bien pour braver l'interdit que pour vérifier si son instinct de survie est suffisamment développé pour lui dicter de déchirer le sac. Mais, finalement, seul l'enfant hyperactif passera à l'acte. En l'occurrence, Stephan. Durant l'incident, seul Chase continue à jouer avec son chevalier Playmobil en affirmant, blasé :

— Tant pis si tu t'étouffes, on aura du rab de gâteau au chocolat.

— On ne plaisante pas avec ces choses-là ! s'exclame Mélanie après avoir sauvé Stephan.

Chase, toujours imperturbable, installe son chevalier et sa monture sous un arbre en plastique, de façon qu'ils soient protégés de la pluie.

— J'étais très sérieux, répond-il. Comment je pourrais plaisanter avec la mort alors que je ne sais pas ce que c'est?

Mélanie, qui va de surprise en surprise, le fixe un long moment, puis, après avoir envoyé Stephan à la sieste pour le punir, se précipite sur le téléphone pour appeler sa mère une nouvelle fois.

— Tu vas avoir des ennuis, chuchotent les autres enfants.

— Au moins, moi, je n'ai pas besoin de me mettre un sac sur la tête pour attirer l'attention, rétorque-t-il.

Cet enfant est également très déterminé. Un jour, il va jusqu'à sauter du toit d'une cabane pour échapper à une promenade en forêt. Il s'en sort avec une légère foulure et une visite chez le médecin. Lorsque sa mère vient le chercher, elle le serre fort dans ses bras et lui déclare :

— Mon courageux petit Chase... Mais pourquoi tu es monté tout là-haut? Tu sais bien que tu n'as pas besoin de ça pour être au sommet.

Elle lui caresse le visage en le contemplant comme un objet précieux, avant d'ajouter :

— Quand on aura vu le médecin, on ira manger une bonne glace. Je prends ma journée !

Son fils passe ses bras autour de son cou, sourit et me dit au revoir d'un signe de la main. Il doit déjà se douter que, plus tard, les femmes se prosterneront devant lui et que ce ne sera pas facile de garder les pieds sur terre.

Encore aujourd'hui, je me demande ce qui pousse Chase à me considérer – et ce, depuis le premier jour – comme la clé d'un vieux coffre poussiéreux renfermant le secret le mieux gardé du monde.

Moi aussi, je me confie à lui. Je lui parle de la pièce aux murs immaculés dans laquelle j'ai l'impression de vivre, baignée d'une lumière blafarde qui repose, tel un voile, sur ma peau diaphane. Sans mes veines apparentes, on me prendrait pour une poupée de porcelaine. Je lui dis que je reste assise derrière la porte à regarder, l'œil collé au trou de la serrure, la lumière provenant du dehors. Il m'est impossible de sortir, à moins d'endosser le rôle que j'écris jour après jour, de prononcer des mots qui ne sont pas les miens, de rire à des choses qui, en réalité, ne me font même pas sourire.

— Je suis heureuse d'avoir grandi, mais c'est plus fort que moi, il faut que je me gratte jusqu'au sang, que je ressasse ce qui s'est passé quand j'avais six ans. J'aurai beau me laver, vomir, me priver de nourriture, me saigner à blanc, ça n'y changera rien. Il est en moi et il y restera.

Chase dort à poings fermés. C'est dans ces moments-là que je me confie à lui, parfois en pleurant. Peut-être rêve-t-il qu'il pleut quand je pose ma joue trempée de larmes sur son bras.

Je tire doucement la couverture vers moi. Mon ami, légèrement réveillé, m'embrasse sur le front en murmurant des mots que je ne peux pas comprendre, que je ne dois pas comprendre. Car je sais qu'ils renferment de la tendresse.

Tendresse. Ces petites attentions à la fois touchantes... et angoissantes.

Je ferme les yeux tandis que Chase se rendort et que mes dernières larmes sèchent. Je lutte pour réussir à m'allonger auprès d'un homme. Je lutte pour réussir à m'allonger de mon plein gré auprès d'un homme.

Mais le combat que je mène pour réussir à m'allonger auprès du même homme deux soirs d'affilée surpasse tous les autres.

3

Alors que je travaille depuis deux semaines au Passion, un sentiment vaguement familier m'envahit, que je peine à identifier.

Ah oui, le bonheur! Qui me pique comme des milliers de fourmis rouges.

Je me chuchote que je suis heureuse. Et je le répète un peu plus fort, afin de m'en convaincre.

Je me berce d'illusions, c'est évident. Comment une suicidaire comme moi pourrait-elle se prostituer du jour au lendemain et se sentir aussi bien qu'un requin qui, après avoir gobé une demi-planche de surf, deux plongeurs et deux hameçons rouillés, tomberait sur un phoque bien dodu? Trop facile.

Cependant, mes angoisses ont diminué, je n'ai plus cette impression de foncer droit dans le mur. Quant à mes veines et mes poumons, ils fonctionnent parfaitement.

Je tape «pute» sur mon clavier. Puis «prostituée». «Fille de joie.» «Concubine.» «Professionnelle.» «Compagne.» «Travailleuse du sexe.» Autant de mots qui me regardent, comme si ce n'étaient pas les miens.

Je change radicalement de rythme : le temps semble désormais s'écouler pour de vrai, au lieu de se traîner comme un escargot. Il court, sautille ; peut-être même esquisse-t-il quelques petits pas de danse.

Une semaine passe, puis une deuxième. L'air que je respire n'est plus vicié, alors que je pensais suffoquer jusqu'à la fin de mes jours.

Seul le temps qu'on a encore devant soi a de la valeur. Ce qui ne m'empêche pas d'en accorder une, marchande celle-ci, à mon corps.

Je n'oublierai jamais le regard ni le sourire de mon premier client. Il ne parle que sept mots d'anglais et pas un seul d'allemand, mais je finis par comprendre : il veut simplement sentir ma peau contre la sienne. Lorsque je m'allonge à côté de lui et qu'il m'enlace, j'entends son cœur battre la chamade, aussi distinctement que s'il s'agissait du mien.

— Ça arrive souvent, m'explique ensuite Brittany. Ils sont incroyables, ces mecs ! Ils ont eu le feu au cul mais, au fond, ils recherchent juste un peu d'attention.

— Oui, tous ne viennent pas forcément pour coucher, renchérit Marla. Certains recherchent surtout de la compagnie. Quand ils t'engagent comme escort, c'est souvent pour discuter, aller boire un verre ou dîner au restaurant. Parfois, tu couches, parfois non. Avec un peu de chance, tu t'en tires avec un massage.

— Tu es belle comme un ange, me félicite Dasha. Tu auras sûrement beaucoup d'habitués qui viendront, rien que pour le plaisir de te voir sourire. Et pour peu que tu les embrasses, ils tomberont comme des mouches.

Je m'habitue rapidement à déambuler en sous-vêtements, à embrasser des inconnus, à manier les préservatifs, et j'en suis la première surprise.

Au Passion, je porte un pseudonyme : Felia. J'apprivoise mon corps et, surtout, je m'autorise à me trouver belle sans rien sur le dos.

Depuis que je connais Ana, celle-ci ne cesse de me répéter que je ne suis qu'un gros tas, et moi, je ne remets jamais sa parole en doute. Mais, au Passion, elle me laisse parfois tranquille, même si je ressens son mépris pour les hommes qui osent m'admirer et me complimenter. Elle n'est pas près de disparaître et continue à rôder, mais, au bordel, elle cède un peu de terrain.

En revanche, je parais encore plus blême que d'habitude, à côté des autres filles bronzées aux UV.

— On dirait une poupée, ou une bouteille de lait, constate Marla en passant un bras autour de ma taille.

Puis, elle éclate de rire et me tend un paquet de sablés aux amandes.

— Il faut que tu manges, Felia ! Sinon, tu vas encore t'évanouir, et nous, on sera tristes.

Pour ne pas la vexer, je prends un biscuit et j'en croque une minuscule bouchée que je mâche pendant plusieurs minutes. Avant d'avaler. D'avaler la vie.

Parfois, je me surprends à vérifier que mes hanches et mes côtes ne me transpercent pas encore la peau. Quant à mes seins, ils sont tellement minuscules que je n'ai plus besoin de porter de soutien-gorge.

Les autres filles ne connaissent ni l'anorexie ni la boulimie. Au contraire, elles sont parfaites avec leur maquillage, leur gloss, leur corps poudré et leurs dessous décorés de strass. Au début, j'angoisse, moi qui ne porte même pas de talons aiguilles ; je me dis que les clients préféreront les faux cils et les poitrines siliconées.

Mais j'ai beau être différente et marcher pieds nus, je rencontre un certain succès. Mes clients sont souvent surpris de rencontrer une fille comme moi au Passion, et je partage leur sentiment.

Felia. Lilly. Felia.

Sur le site Internet du Passion, j'apparais le visage flouté, à l'image de mon âme. J'incarne la femme parfaite, magnifique, anonyme, sexy, douce, sensuelle, inconnue. Je scrute ce corps censé m'appartenir et j'en estime le poids.

Même la légèreté peut s'avérer pesante.

C'est le plein été, et chaque soir les orages menacent. Comme je dors en nuisette et sans couverture, j'ai l'impression d'avoir encore maigri. Je travaille depuis trois mois au Passion. Au bout de cinq jours à peine, j'ai arrêté de compter le nombre de clients, et en une semaine, le goût du latex est devenu partie intégrante de mon quotidien.

Je sais désormais comment simuler le plaisir et procurer un orgasme à un homme rien qu'avec ma langue.

Que s'est-il passé ? Avant, j'avais la phobie du sexe. Dès que j'autorisais un homme à me toucher, la fillette apparaissait et me fixait de ses grands yeux. J'aurais voulu lui expliquer que le sexe n'était pas toujours synonyme de violence, mais son regard lourd de reproches me paralysait. Je savais qu'elle ne me laisserait jamais avoir du plaisir avec qui que ce soit, qu'elle serait toujours là pour me rappeler ce que j'avais vécu, enfant. L'automutilation était mon unique exutoire.

Et voilà que j'arpente les couloirs du Passion à moitié nue, que je retire ma minijupe en me dandinant, que je caresse ma poitrine et que je couche avec de parfaits inconnus.

Évidemment, je me doute bien que ce cessez-le-feu est provisoire, que les prédateurs n'ont pas disparu comme par enchantement. Je me sens en danger, comme avant, mais je persévère.

À moins que j'arrête.

Arrêter quoi?

Tout ça.

Et après?

Les autres filles du Passion sont vraiment adorables. Quand j'arrive, elles me sourient, me soufflent un baiser ou m'embrassent sur la bouche. Dans un mélange d'allemand, de russe, d'anglais et de bulgare, elles papotent, se moquent gentiment des clients un peu bizarres, se coiffent les unes les autres, fouillent dans une pile de strings, s'échangent leurs vêtements, se postent à la fenêtre, font signe aux curieux de monter, discutent au téléphone avec des ex jaloux, me montrent des photos de famille ou se reposent dans l'une des chambres.

Minny a une voix de lolita, un rire qui s'entend dans tout le Passion et de longs cheveux blonds, en réalité des extensions discrètes. Comme elle sort quasiment tous les soirs, elle n'arrive qu'en début d'après-midi. Nous avons le même âge et nous entendons bien, mais je pense que si nous nous étions croisées ailleurs qu'au Passion, nous ne nous serions jamais adressé la parole. Son corps harmonieux, tout en courbes, ses petits seins bien fermes, ses fesses rebondies et son joli minois lui valent de nombreux clients réguliers.

Valesca, trente-cinq ans, cultive un look de New-Yorkaise chic avec ses vêtements de créateurs, ses lunettes de soleil et son maquillage toujours impeccable. De longues extensions noires lui arrivent presque jusqu'à la taille, mais elle voudrait prochainement passer au blond. Les implants en silicone et les rajouts sont monnaie courante parmi les filles du Passion.

— Les hommes préfèrent les cheveux longs, explique Marla. Regarde Valesca, elle les a tous à ses pieds.

Celle-ci éclate de rire, fait la moue et passe sa langue sur ses lèvres avec application.

— *Delicious cherry lips*, répond-elle en m'adressant un clin d'œil. *Men are so easy to get.*[1]

Je ne sais pas grand-chose de Dasha, qui m'apporte parfois des pâtisseries maison, mis à part qu'elle est bulgare et vit à Berlin depuis dix ans. Elle approche de la quarantaine, mais elle paraît bien plus jeune. Souvent, elle ne vient que lorsqu'un client la réserve à l'avance, et elle repart aussitôt son rendez-vous terminé.

— J'ai un fils de treize ans, me confie-t-elle un jour. J'angoisse à l'idée qu'il découvre comment je gagne ma vie, mais mon salaire de femme de ménage ne me suffit pas pour rentrer en Bulgarie une fois par an, voir mes parents et gâter ma famille.

Je ne vois pas souvent Monique, une Russe qui travaille aussi dans des clubs de strip-tease avec cabines privées, où elle a au moins six clients par jour. Mais elle a du mal à tenir le rythme et vient au Passion quand elle a besoin d'un peu de calme.

— Il y a trop d'alcool, m'explique-t-elle. Je dois sans arrêt boire avec les clients. Du coup, je suis malade presque tous les soirs. Et puis le tabac, la drogue, c'est pas bien. À ta place, je n'essaierais pas, on s'y habitue vite, et le jour où on prend conscience de son état, c'est souvent trop tard. Je me plais mieux ici, mais quand même, ce n'est pas très

---

1. « De belles lèvres rouge cerise. C'est tellement facile de séduire un homme. » *(N.d.T.)*

fréquenté. Dans les clubs, je gagne beaucoup d'argent, mais une fois rentrée chez moi, je ne bouge plus de mon lit tellement je suis lessivée.

Comme la plupart des autres filles, Monique s'est retrouvée en Allemagne à cause d'un homme. Son mari, après lui avoir interdit de sortir, a commencé à la frapper. Le jour où il lui a cassé les deux bras, elle a enfin trouvé le courage de le quitter

— Je m'en veux d'être tombée amoureuse de lui. Je ne connaissais personne d'autre ici, j'étais incapable de me débrouiller seule. Si je te racontais les crises de jalousie qu'il a pu piquer, tu ne me croirais pas. Je n'avais même pas le droit de sortir pour faire les courses. Qu'est-ce que j'ai pu pleurer ! Heureusement, j'ai réussi à le quitter, mais ça a été très dur, au début. Maintenant, tout va bien, j'ai mon propre appartement, et même un petit chien. Un jour, je viendrai avec lui pour que tu le voies.

Marla, vingt-deux ans et enceinte de six mois, tient l'accueil. Je la trouve particulièrement sexy, avec son ventre qui s'arrondit chaque jour un peu plus et ses énormes seins. Elle ne prend aucun rendez-vous pour l'instant, de peur qu'il n'arrive quelque chose au bébé, mais certains clients insistent tout de même pour la voir. L'un d'eux se traîne même à ses pieds pendant des semaines pour qu'elle le masse, moyennant un tarif très intéressant. De guerre lasse, elle finit par accepter et nous raconte la suite autour d'une tasse de thé.

— Il a caressé tout doucement mon ventre en disant qu'il n'avait jamais rien vu d'aussi beau. Il aimerait devenir père, lui aussi, mais quand il en parle à sa femme, elle répond qu'elle n'a pas envie de grossir, ni de s'encombrer d'un bébé qui braille, et qu'il lui cause déjà bien assez de soucis. Le pauvre ! Il devrait peut-être se trouver quelqu'un d'autre.

Marla est mariée à un homme beaucoup plus âgé qu'elle, mais ils sont séparés depuis deux ans.

— Il était ivre dès le matin, il ne buvait que de la bière et du vin. Le jour où je lui ai proposé un verre d'eau, pour changer, il m'a répondu : « De l'eau ? C'est quoi ? Connais pas. » Alors, j'ai décidé de partir. Parfois, il délire au téléphone. « Marla, reviens, je ne peux pas vivre sans toi... Marla, tu es toujours ma femme, tu m'appartiens, reviens, je vais mourir... Oh, Marla, mon petit ange... » Mais je ne l'écoute même plus. Il refuse catégoriquement de se faire soigner, donc il peut toujours courir pour qu'on se réconcilie !

Benji, son nouveau compagnon, est très gentil. Ils ne se disputent quasiment jamais, même s'il n'est pas ravi que Marla travaille dans un bordel. Mais tant qu'elle ne s'occupe que de l'accueil, il ferme les yeux. Il nous rend même visite de temps en temps, s'assied avec nous et colorie des mandalas. Ce qui n'a rien d'une pratique sexuelle, soit dit en passant. En effet, pour tuer le temps, quand je n'ai pas de clients ou que les autres filles se reposent, j'apporte un cahier de mandalas à colorier, ainsi que quelques feutres. La première fois, tout le monde s'est esclaffé en voyant ça.

— Oh, Felia, comme c'est mignon ! s'est exclamée Dasha.

— Vodka pour nous, cahier de coloriage pour Lilly, a renchéri Marla.

Elle riait tellement qu'elle a dû se cramponner à sa chaise pour ne pas tomber.

Mais, bien évidemment, elles ont fini par se prendre au jeu. Même Eriko, après s'être longtemps fait prier, en colorie quelques-uns.

Brittany, la seule autre Allemande du Passion, n'a que dix-neuf ans, mais se prostitue depuis déjà trois ans dans différents clubs. Les proxénètes vérifient rarement l'âge de leurs employées. Pour eux, l'essentiel est qu'elles aient deux, voire trois trous de disponibles. C'est aussi simple que ça : même pas la peine d'avoir le bac, du moment que souplesse et bonne condition physique sont au rendez-vous.

Elle est brune avec quelques extensions blondes, plantureuse, élancée et dotée d'une poitrine dix fois plus grosse que la mienne, mais cent pour cent naturelle, ainsi que de fesses bien rebondies et d'un joli bronzage. Sa particularité est de savoir simuler dix orgasmes de suite avec toujours la même conviction. Parfois, elle court rejoindre son client dans la chambre, arrache son haut alors qu'elle est encore sur le seuil de la porte et crie : « Allez, prends-moi, mon salaud ! »

Je pèse quinze kilos de moins, et pourtant, je me sens énorme à côté d'elle. En réalité, j'ai tellement maigri que je ne peux plus marcher sans voir des étoiles danser devant mes yeux.

À ma grande surprise, nombreux sont ceux qui m'admirent. Moi, j'ai surtout l'impression d'être une poupée gonflable qui attire les hommes en manque de tendresse. J'en conclus soit qu'ils sont déviants, soit que mon jeu d'actrice est on ne peut mieux rodé.

Enfin, peu m'importe, du moment que je ne revis pas mes six ans.

Souvent, j'arrive au Passion dès midi : en règle générale, les clients qui viennent en journée sont plus sympathiques. Bon nombre d'entre eux travaillent dans le quartier et profitent de leur pause-déjeuner pour venir nous rendre une petite visite.

Mais aujourd'hui, cela s'annonce calme, aucun coup de fil depuis deux heures. Je suis allongée à côté de Minny qui dort profondément, comme souvent après une longue nuit de fête, en marmonnant de temps à autre dans son sommeil.

Marla s'affaire, renouvelle les stocks de préservatifs, appelle Eriko pour qu'il nous rapporte à boire et vérifie qu'on ne manque pas de shampoing ni de gel douche.

Mon regard se pose tour à tour sur l'écran de mon ordinateur portable, le miroir en pied, Minny, la fenêtre, une bouteille de vodka qui traîne, puis de nouveau sur ma page Word, toujours vierge. Finalement, je choisis de disserter sur le sexe.

En un flot continu de mots.

Jusqu'à l'arrivée de Brittany et Valesca, dans la soirée. Elles parlent tellement fort qu'elles réveillent Minny et m'arrachent à mes mots.

— On n'a pas loupé grand-chose, à ce que je vois ! s'exclame la première en consultant le registre de Marla. Quelle ambiance, on se croirait dans une maison hantée ! C'est toujours pareil : soit personne ne se pointe, soit on a droit à tous les tarés de la ville. Les clients normaux débarquent tous en même temps, toutes les chambres sont occupées et on est obligées de les refouler.

— À qui le dis-tu, répond Marla. Au téléphone, même topo, que des pervers.

Sur ce, Valesca nous présente Slavenka, une jeune femme brune d'une quarantaine d'années, petite et un peu ronde, qui regarde furtivement autour d'elle, intimidée.

— Je te fais visiter ? lui proposé-je en désignant les autres chambres.

— Visiter ? Oui, OK, répond Slavenka en hochant la tête.

Après que je lui ai montré les différentes pièces du Passion, elle s'allonge sur un lit et sort un classeur de son sac.

— Qu'est-ce que c'est ?

— Allemand. Je prendre cours pour progrès. Liste vocabulaire pour demain.

— Tu veux que je t'aide ?

— Merci, toi gentille. Moi peur venir ici.

Je lui fais réviser pendant une heure ses leçons de grammaire et de vocabulaire, jusqu'à ce que Marla passe la tête dans l'embrasure de la porte, un menu à la main.

— Vous voulez commander ? Comme il n'y a pas beaucoup de clients, aujourd'hui, on pourrait en profiter pour dîner toutes ensemble.

Nous troquons, non sans un certain soulagement, le livre d'allemand contre le menu, et Marla s'assied à côté de nous pour traduire les noms des plats à Slavenka.

Au menu, ce soir : rouleaux de printemps, beignets à la vapeur, nouilles, riz et différents assaisonnements. Alors que j'essaie d'avaler tant bien que mal quelques grains de riz, Marla grignote pêle-mêle cornichons à la moutarde, canard laqué, chocolat et compote de pommes.

— Heureusement que je ne suis pas enceinte, constate Minny en secouant la tête. J'ai mal au cœur rien qu'à te regarder manger, Marla !

Valesca entame à peine son deuxième nem que quelqu'un sonne à la porte.

— Je vous l'avais dit, grogne Brittany. On parie combien qu'un deuxième client rapplique dans cinq minutes ?

Elle a vu juste.

Très vite, c'est le début d'un ballet incessant entre les chambres et les salles de bains, dont les portes claquent les unes après les autres. Quant à moi, j'ai affaire à un homme visiblement perturbé, qui fait deux ou trois fois le tour du lit en courant, trébuche, se relève, enfile un préservatif, jouit au bout de trois secondes et disparaît dans la salle de bains.

Il est minuit passé lorsque nous nous retrouvons enfin au salon, et tant pis pour le dîner, froid depuis longtemps. Brittany nous raconte que son client a voulu l'initier à un jeu de rôles un peu bizarre, pour finalement s'arrêter en pleine action, s'excuser une dizaine de fois et détaler, après avoir laissé deux cents euros de pourboire. Apparemment, il culpabilisait car sa femme l'attendait à la maison.

Valesca est celle avec qui je m'entends le mieux. Nous attendons souvent ensemble, nous occupons en jouant sur mon ordinateur ou en nous coiffant mutuellement. À Berlin depuis quelques mois, elle partage un appartement avec Minny et son frère, mais elle n'arrive pas à trouver de travail, malgré une formation d'esthéticienne. Quant à Minny, elle est arrivée en Allemagne six mois avant sa colocataire. Elle a commencé par danser dans des clubs qui ont finalement mis la clé sous la porte, et travaille depuis un an au Passion.

Je suis au bordel depuis à peine une semaine lorsque Valesca, pourtant là avant moi, reçoit son premier client et vient me demander conseil, un peu paniquée.

— Oh là là, j'ai un rendez-vous. Qu'est-ce que je dois faire ?

— Comment ça ?

— Lilly, c'est mon premier client, je ne sais pas du tout comment m'y prendre !

— Viens.

Je la prends par la main et lui montre où se trouvent les préservatifs et les draps, ainsi que les serviettes réservées aux clients.

— La salle de bains du fond est équipée d'un plancher chauffant. Si ton client est sympa, tu l'envoies là-bas. Sinon, tu lui indiques la première, et tant pis pour lui s'il a froid aux pieds.

— OK, j'ai compris.

— Ne t'inquiète pas, la plupart sont corrects. Un peu bizarres, à la limite, mais rarement désagréables ou dangereux.

— Oui, Minny m'a dit la même chose, et c'est pour ça que je me suis laissée convaincre. Mais j'ai peur de passer pour une salope auprès de mes amis.

— Premièrement, ce n'est pas le cas, et deuxièmement, ils n'ont pas à te juger. En plus, on peut se prostituer sans être une salope, et inversement.

— Tu mérites mieux que ça, Lilly. Tu ferais mieux de rentrer chez toi et d'écrire ton livre.

— Un jour. Un jour, je rentrerai chez moi.

Quelques secondes de silence. Un silence teinté de rouge.

— Il faut que je me déshabille tout de suite?

— Non, attends d'être dans la chambre. Certains aiment s'en charger, d'autres préfèrent te regarder faire, et c'est aussi une petite astuce pour gagner du temps. Entre, négocie, donne l'argent à Marla, précise-lui combien de temps le client veut rester et le numéro de la chambre, puis retournes-y. Ça se fera naturellement, tu verras.

Elle m'embrasse sur la joue, puis part rejoindre son client dans la chambre numéro 4. Elle en ressort peu après, une liasse de billets à la main.

— Il ne reste qu'une demi-heure, et j'ai même un pourboire, me chuchote-t-elle. Il prend d'abord une douche en vitesse. Je suis tout excitée!

Quant à moi, je continue à écrire. Valesca réapparaît dix minutes plus tard, nue comme un ver.

— On a déjà terminé, c'était super rapide! Qu'est-ce que je fais, maintenant?

— Propose-lui une boisson ou un massage, tu trouveras de l'huile dans l'armoire. Et s'il préfère s'en aller, aucun souci.

— OK.

Elle disparaît de nouveau dans la chambre numéro 4 et en ressort peu après, le temps d'attraper un Coca et une huile de massage.

Une fois le client reparti, elle revient s'asseoir sur le lit et me serre quelques secondes dans ses bras.

— Moi aussi, j'avais peur, la première fois, chuchoté-je. Et même si j'ai pris le pli, je continue à me dire que tout peut basculer d'un instant à l'autre.

Valesca acquiesce. Au moment où elle pose sa tête sur mon épaule, j'ai l'impression que nos pensées s'entrechoquent. Curieux spectacle que nous offrons là, assises sur ce lit immense qui disparaît sous la lingerie et les boîtes de préservatifs, bercées par les gémissements d'un homme dans la chambre voisine, la musique d'ambiance qui nous parvient depuis le salon, et la voix de Marla, qui indique les tarifs à un client par téléphone.

La prostitution ; un jeu de dupes, un monde impénétrable où règnent perversion et concupiscence. La prostitution, ce compromis insensé entre écorchées vives et parfaits inconnus.

Durant cette demi-heure passée avec Valesca, main dans la main, je me sens un peu moins seule. Nous sommes nombreuses à nous sentir perdues dans ce monde. Nous tenons à rester discrètes. Mais nous nous reconnaissons entre nous.

4

Quelques semaines plus tard, à l'arrivée de l'automne, alors que Brittany danse nue dans le couloir et que Minny est au téléphone, Valesca et moi jouons sur mon ordinateur. Je profite que nous soyons tranquilles pour lui demander si elle assume davantage son nouveau métier.

— Pas vraiment, répond-elle en haussant les épaules. Normalement, je devrais travailler comme esthéticienne, mais je parle trop mal allemand pour trouver un emploi.

— Si tu continues les cours de conversation, je suis sûre que tu finiras par t'en sortir.

— J'espère, en tout cas.

Je contemple le plafond orné de stuc, tandis que Valesca termine sa partie de solitaire.

— J'en ai un peu marre de ce jeu, soupire-t-elle en se blottissant contre moi.

— Pareil.

— Tu penses finir à quelle heure?

— J'aimerais ne pas rentrer trop tard pour pouvoir écrire un peu au calme. Tu as quelque chose de prévu, toi?

— Je pars deux heures plus tôt. Un ami fête son anniversaire demain, et j'ai encore deux, trois trucs à préparer. De toute façon, il n'y a pas foule, aujourd'hui.

Valesca n'est pas très sollicitée, mais elle s'en accommode. Je la sens même un peu soulagée de ne pas être choisie plus souvent.

— Peut-être que les hommes ne me sentent pas vraiment motivée et préfèrent coucher avec quelqu'un d'autre. En plus, j'ai peu de poitrine, encore moins que toi. D'un autre côté, je n'ai pas non plus envie d'accumuler les rendez-vous. Ici, j'ai la désagréable impression d'être une coquille vide, d'être étrangère à mon corps.

Alors que j'acquiesce, la porte s'ouvre sur Marla, venue nous apporter une salade et deux fourchettes.

— Qu'est-ce que vous faites là, toutes seules ? demande-t-elle en s'asseyant sur le lit. Vous devriez nous rejoindre au salon, Brittany est complètement bourrée et se lâche sur son copain. On rigole bien.

— On arrive, répond Valesca.

— Mais dépêchez-vous, elle ne va pas tarder à s'écrouler !

Elle ressort après avoir pris deux taies d'oreiller et une paire de draps dans l'armoire.

Je m'allonge sur le ventre et pioche une rondelle de concombre, tout en priant pour qu'Ana se taise. Je pense également à toutes celles qui m'ont précédée ici. J'ai déjà tout dit sur les autres filles que je côtoie en ce moment. Marla, présente de 11 heures du matin jusqu'à la fermeture. Minny et Valesca, qui sortent quasiment tous les soirs et me proposent toujours de les accompagner. Brittany, qui voudrait rejoindre son copain aux États-Unis, et pourquoi pas l'épouser. Enfin, pour l'instant, car ses histoires de cœur sont difficiles à suivre. Monique et Dasha, que nous voyons rarement. Slavenka, qui fait le déplacement tous les soirs, mais souvent pour rien. Et enfin Olga, qui ne vient que deux heures de temps en temps, maquillée à outrance, vêtue d'une robe léopard et perchée sur des talons de trente centimètres.

Sans oublier celle que nous surnommons Barbie à cause de sa voix suraiguë, une grande dominatrice toute maigre qui ne vient que deux ou trois fois par mois pour utiliser notre chambre SM. Le reste du temps, elle se prostitue dans la rue ou à l'hôtel. Je crois que je serais incapable de la reconnaître sans son épaisse couche de maquillage.

Ce soir-là, comme toujours, elle a quelques anecdotes à nous raconter et commence par se rajouter une bonne dose de rouge à lèvres, tout en arpentant la pièce dans ses cuissardes en vinyle.

— Nom de Dieu, comment vous arrivez à bosser ici ? C'est super intime, vous les embrassez et tout... Beurk ! Vous devriez venir bosser dans la rue. Les mecs n'essaient même pas d'entamer la conversation, ils savent qu'on déteste ça. Et j'ai aucun scrupule à leur faire payer des suppléments, s'ils veulent m'attacher, par exemple. Du coup, je suis sciée chaque fois que je fous les pieds au Passion. Mais, après tout, chacun son truc. Quand je dis que je préfère faire le trottoir, souvent, on pige pas. C'est sûr que certains jours, on se pèle, il pleut, on tombe sur des sales cons, des types en voiture avec un pitt-bull sur le siège passager ou des pédophiles qui cherchent des nanas de moins de seize ans. Sacrés pervers, ceux-là, même pas foutus de bander devant une vraie femme. Mais je m'y sens bien, c'est mon monde, quoi. Enfin, c'est pas si mal, ici. Si vous voyiez ce qui circule dans certains bordels, les filles qui se défoncent à la coke... Et elles sont horribles entre elles ! Si vous laissez traîner votre sac ou vos chaussures, vous pouvez être sûres de jamais les revoir. Vous, vous êtes des filles bien, et vous avez de la chance de bosser pour Eriko. Parce qu'il y a de sacrés salauds parmi les proxénètes! En tout cas, moi, je le ramènerais chez moi sans problème. Oh là là, je papote, je papote, et j'oublie mon client. Je l'ai attaché par les bras à une espèce de poutre bizarre. Il vaudrait mieux que j'y retourne.

Sur ces mots, Barbie, dont le vrai nom est tout simplement Paula, se regarde rapidement dans le miroir, réajuste sa combinaison en vinyle, me lance un clin d'œil et s'enferme dans la chambre SM.

Voilà pour les filles du Passion. Nous en rencontrons parfois de nouvelles, mais qui ne restent que quelques jours. En effet, comme l'établissement pratique des tarifs très élevés, rares sont les clients qui viennent tirer un coup en vitesse, et les filles ont l'impression de perdre leur temps. Elles préfèrent souvent être moins payées, mais avoir plus de clients. C'est en tout cas ce que m'explique Monique, qui connaît le monde de la nuit berlinoise comme sa poche.

Ah, tiens, j'ai failli oublier quelqu'un : moi, l'espèce de zombie décharné.

Si j'arrêtais de bouger et de respirer, on pourrait presque m'oublier. Vivre ou mourir, même angoisse. Mes deux meilleures amies s'appellent Ana et Mia. Celle que j'avais dans la vraie vie est morte.

— Vous vous sentiriez bien mieux si vous remontiez à quarante-sept kilos, me conseille le médecin à chaque consultation. En plus, à partir de quarante-huit ou quarante-neuf, vous aurez de nouveau vos règles. Ce serait une bonne chose, non?

Non. Non, merci. Ce n'est pas ce que j'appelle une « bonne chose ». Je déteste avoir mes règles. Quitte à saigner, autant me rabattre sur des lames de rasoir. De plus, je sais pertinemment qu'Ana ne me laissera jamais atteindre les

126

quarante-neuf kilos, qu'elle n'hésitera pas à me découper en morceaux et à me jeter dans une benne à ordures.

Et le médecin d'insister.

— Vous verrez, Lilly, tout vous paraîtra plus facile, avec quelques kilos supplémentaires.

J'aimerais le croire, mais Ana n'est pas en reste.

— C'est son boulot, pauvre débile! s'exclame-t-elle, furieuse. C'est ce qu'on lui a appris à dire pendant ses cinq années d'études! Ne le crois surtout pas. Grossir ne changera rien, au contraire; tu seras encore mieux avec quelques kilos en moins.

Ana. Mia. Felia. Et Lilly. Elles en ont, des points communs, bien qu'elles ne parlent pas la même langue.

Quand je rentre le soir, épuisée, je me retrouve seule avec moi-même.

Enfin, moi... Ce qu'il en reste. Quelques miettes.

Si je ne finis pas trop tard, je vais parfois rendre visite à mes parents. Il faut impérativement que je porte le bon masque, que j'évite de me trahir si jamais ils me demandent à quoi j'occupe mes journées.

Car ils ne doivent pas savoir ce que je fais. Ni avec qui. Ni pourquoi.

De temps en temps, j'en profite également pour dîner avec Lady ou Chase. Je me force. Je souris. Je mange sept haricots verts, trois bouchées de riz et deux centimètres carrés de saumon.

Chase secoue la tête, las. Lady lève les yeux au ciel. Moi, je repousse mon assiette et je me retire. Entre manger et tout gâcher, mon choix est fait.

5

Alors que la plupart des prostituées préfèrent garder le secret à propos de leur métier, je suis incapable de mentir à mes amis ; aussi l'annoncé-je au bout d'une semaine à Chase, qui en reste bouche bée.

— Putain…, lâche-t-il après un long silence. J'en vois régulièrement, des prostituées, parfois même deux ou trois en même temps, mais elles ne t'arrivent pas à la cheville. Il faut appeler où, pour prendre rendez-vous avec toi ?

— Très drôle, Chase.

— Je suis très sérieux !

— T'as pas les moyens !

— Ah, ah.

Après m'avoir longuement observée, il passe son bras autour de mon épaule et me serre contre lui. J'en ai les larmes aux yeux. Je donnerais tout pour un seul geste tendre. Rien qu'un seul.

— Mais pourquoi tu fais ça ? murmure-t-il. Je te connais depuis qu'on est tout petits, et crois-moi, tu te dévalorises. Promets-moi de ne pas te perdre parmi toutes ces capotes usagées et ces hommes en sueur. Et, pour une fois, tiens parole. Je ne suis pas naïf, Lilly, je sais à quel jeu tu joues et j'en connais les règles. Tu n'as pas intérêt à perdre.

Je hoche la tête, mais en restant lucide : comment honorer une promesse à laquelle on ne croit pas soi-même ? Puis j'enfouis mon visage au creux de son épaule.

Heureusement, Chase connaît encore mieux que moi le pouvoir des mots et ne me demande aucune explication. Je sens la chaleur de ses bras sur ma peau gelée. Mais même blottie contre lui, je me sens toujours aussi perdue.

Quant à Lady, je lui annonce la nouvelle alors que nous sommes assises sous un saule pleureur.

— Tu m'apprécies toujours ? lui demandé-je.

Elle ne lève même pas les yeux, trop occupée à rouler un joint.

— Encore plus qu'avant. L'essentiel, c'est que tu saches où tu mets les pieds et que tu prennes soin de toi, car tu le mérites.

— Hum...

— Tu sais quoi ? poursuit-elle en cherchant son briquet. Moi aussi, je suis passée par là. Il m'arrive d'ailleurs de revoir certains clients, et je peux te dire qu'ils me paient bien. C'est aussi ça, la vie. Certaines entrent dans les ordres, d'autres se prostituent. Du moment que ce n'est pas toi qui paies les mecs pour coucher, tout va bien.

— Tu es sérieuse ?

— Oh, pas à cent pour cent. Mais bon, on est jeunes, jolies, et l'une de nous a même des seins magnifiques. Eh non, pas toi. Alors, autant en profiter !

6

En ce début de soirée, une agréable odeur de shampoing flotte dans l'air, la machine à café gargouille et quelques mots sont échangés en russe ou en bulgare, entre deux petits rires discrets, tandis que j'essaie d'écrire, enroulée dans un drap blanc. Je rédige quelques phrases, mais pour les supprimer aussitôt.

Je m'interromps de temps en temps pour discuter avec Slavenka, allongée à mes côtés. Nous sommes devenues amies, même si nous ne nous voyons pas souvent et ne parlons pas la même langue. Je sais que je lui rappelle sa fille, restée en Russie, qui viendra la rejoindre ici une fois que sa mère aura gagné assez d'argent et que les démarches administratives seront réglées. Mais, entre ses enfants qui lui manquent et le peu de clients qui la sollicitent, Slavenka a parfois des passages à vide.

Souvent, les hommes la trouvent trop ronde. Dès que quelqu'un sonne à la porte et que nous nous présentons, je prie pour qu'elle soit choisie par un client sympa et géné- reux. Car, de nous toutes, c'est elle qui a le plus de mal à joindre les deux bouts. Je sais qu'elle a besoin d'argent, j'hésite même à lui proposer de lui en prêter, mais je n'ai aucune envie de lui donner l'impression que j'ai pitié d'elle.

La porte-fenêtre donnant sur le balcon est ouverte, pour aérer un peu, et les rideaux rouge orangé flottent dans la brise. Alors que Slavenka et moi nous blottissons sous deux draps et une couverture, Marla passe la tête par l'embrasure de la porte.

— Felia, ça te dit, une escort?

Je réponds par l'affirmative. On nous contacte rarement pour ce genre de prestation, et je suis d'autant plus surprise d'être choisie que sur le site Internet du Passion mon visage est flouté.

— C'est un habitué qui nous appelle de temps en temps, quand il a besoin de compagnie pour quelques heures. Je suis allée chez lui une fois, il est vraiment charmant. Vous allez boire un peu de champagne, discuter, vous masser mutuellement... Il est doué, d'ailleurs. Et tu peux coucher avec lui si tu veux, mais rien ne t'y oblige. Il a une grande villa dans le quartier de Schmargendorf, pas très loin d'ici. Eriko n'est pas disponible pour t'y conduire, mais je peux appeler un taxi.

— OK. J'y vais tout de suite?

— Non, tu partiras d'ici une heure. Je vais prévenir Dasha que tu acceptes le rendez-vous. Le client est un de ses amis.

Tandis que Marla sort pour téléphoner, je griffonne un dessin rapide pour expliquer en quoi va consister mon rendez-vous à Slavenka, qui éclate de rire en voyant mon chef-d'œuvre. Mais, en entendant mon estomac gargouiller, probablement parce que je n'ai rien mangé de la journée, à part un chewing-gum, un demi-gressin et un corn-flake sans sucre, elle bondit et crie une phrase en russe que je ne comprends pas, avant d'enchaîner:

— Toi manger! Toi maigre! Mal au ventre!

Elle fouille dans son sac à main et me tend un petit pain.

— Merci. Merci beaucoup.

Slavenka en prend un, elle aussi, et se rallonge à mes côtés, après que j'ai étalé mon pull entre nous deux afin de pas laisser de miettes sur le matelas.

— J'aime bien le pain, avoué-je après un long silence.

Encore un mensonge.

— Moi aussi, répond mon amie. Boulanger pas cher près métro. Petit pain, huit centimes.

Je suis mal à l'aise. Comme je préfère ne pas vomir au Passion, je suis obligée de garder dans mon ventre tout ce que j'ingurgite. Il m'arrive d'ailleurs de ne rien manger du tout, les jours où Ana me réprimande pour avoir caressé l'idée saugrenue de m'alimenter. Mais, depuis que je travaille ici, je réussis parfois à grignoter un petit quelque chose sans pour autant me précipiter aux toilettes dans la foulée. J'assume mieux mon corps, parmi toutes ces femmes magnifiques qui déambulent en minijupe ou en string.

Quand, l'espace d'une seconde, j'oublie qu'Ana est toute ma vie et que je lui ai juré fidélité, me voilà libre de manger des pâtes ou une part de pizza.

Mais tandis que Slavenka me montre des photos de ses enfants, je culpabilise d'avoir accepté ce petit pain, car je sais à quel point elle doit surveiller ses dépenses. Marla m'a raconté que mon amie envoyait en Russie la quasi-totalité de l'argent gagné au Passion, ainsi que les deux cents euros que lui rapportent ses quelques heures de ménage.

Alors, je lui caresse le bras et je lui déclare, en articulant soigneusement pour qu'elle me comprenne :

— J'espère que tu auras beaucoup de clients, aujourd'hui. Tu comprends ? Et j'espère aussi que tes enfants ne tarderont pas à te rejoindre.

— Oui, je manquer enfants. Moi triste, et difficile gagner beaucoup. Hommes Russie aimer grosses, mais hommes Allemagne préférer minces. Je pas beaucoup clients.

Pendant ce temps, Brittany est au téléphone avec son fiancé, qu'elle abreuve d'insultes. Après avoir raccroché, elle entre dans la pièce et, folle de rage, jette son portable sur le lit. Au moment où l'appareil disparaît sous une montagne de chaussures, à l'opposé de la pièce, j'entends Marla qui m'appelle.

— Feeeliaa ! Tu peux venir deux minutes ?

Je me lève pour la rejoindre au salon.

— Dasha veut t'expliquer deux, trois petites choses, précise-t-elle en me tendant le téléphone.

— Comment ça va, Felia ? me demande Dasha d'une voix enjouée.

— Bien, et toi ?

— Très bien, sauf qu'il y a des travaux dans mon immeuble. J'ai un peu mal au crâne à cause du bruit, mais ça commence à se calmer. Bref, je voulais juste te rassurer, je connais bien ce client et tu ne risques rien. Il aime les filles naturelles, donc contente-toi d'un jean et d'un joli haut, j'imagine que tu as ce qu'il faut. Tu feras l'aller-retour en taxi, Marla s'en occupe. Elle te donnera aussi un papier avec le nom du client et son adresse. Il habite au troisième.

— OK, je trouverai. Je vais juste passer chez moi me changer.

— Ça marche, j'appelle le client pour confirmer. Nous nous verrons la semaine prochaine.

— Merci, Dasha, et bonne soirée.

— Toi aussi, Felia. Je t'embrasse.

Après avoir raccroché, je vais voir Marla, en train d'arroser les fleurs du salon.

—Je reviens tout de suite. Tu as besoin de quelque chose ?

—Je veux bien une glace, ce bébé a tout le temps faim !

Arrivée chez moi, force est de constater que quasiment tous mes pantalons, à présent trop grands, baillent au niveau des hanches. Heureusement, mon jean préféré me va toujours comme un gant ; je trouve même qu'il me dessine de belles fesses, du moins, ce qu'il en reste. Puis, j'enfile un T-shirt blanc et un pull rose, je me recoiffe en vitesse, me regarde une dernière fois dans la glace, m'estime satisfaite de ce que j'y vois – enfin, autant qu'Ana m'y autorise – et retourne au Passion. En chemin, j'achète six esquimaux que les filles se partagent. Marla, elle, a droit à deux glaces.

Il commence à pleuvoir juste au moment où je monte dans le taxi qui m'attend en bas du Passion. J'ai le trac comme une adolescente avant son premier rendez-vous galant.

Une vive douleur me transperce car je me rappelle mon ignorance en matière d'amour, de confiance, de consentement. Certes, je suis une professionnelle du sexe, mais en dehors des rapports tarifés, je ne connais rien à rien. Tout m'échappe.

J'ai beau endosser le rôle de Felia sans me poser de questions, quand un client me demande comment je m'appelle et ce que je fais dans la « vraie vie », je finis presque toujours par dire la vérité.

Bien sûr, j'ai déjà essayé de mentir.

—Je m'appelle Caitlin, je suis en deuxième année de droit, j'ai une grande sœur, Hannah, qui travaille comme chef dans un restaurant, et j'ai grandi non loin d'un lac et d'une aire de jeux. Je m'intéresse à la photo, j'adore le clafoutis et je suis nulle en informatique. Mon anniversaire est au printemps, à l'arrivée des beaux jours, contrairement à Lilly, ma meilleure amie, qui fête le sien à l'automne. Lilly n'est pas comme moi, elle n'a jamais mis les pieds dans un bordel.

Le jour où j'ai raconté ce mensonge, le pire qui soit, j'ai attendu que mon client reparte pour fondre en larmes dans la salle de bains.

La fois suivante, j'ai répondu que je doublais des séries télé à l'eau de rose et que j'avais un chien malade, Groby, dont le traitement coûtait très cher. Ce client-là qui, un an auparavant, avait perdu son compagnon à quatre pattes d'un cancer, m'a laissé cent cinquante euros de pourboire.

Depuis, j'arrête de mentir à la seconde où je franchis le seuil du Passion. L'excitation du mensonge s'est envolée. Comme Caitlin.

Cependant, quand je n'ai pas envie de gâcher la vérité en la racontant à un client qui m'insupporte, je prétends être entrée au bordel dans le cadre d'un programme de protection des témoins. Sur les conseils de la police criminelle, j'essaie de me fondre dans le paysage, ce qui implique de coucher avec le maximum de clients. Et certains tombent dans le panneau.

Pire, ils croient qu'on peut se prostituer sans en payer un prix qui s'avère toujours plus élevé que prévu.

Monique me met d'ailleurs en garde à plusieurs reprises.

— Fais attention quand tu te confies à un client, même s'il a l'air sympa. Crois-moi, quand il est question de sexe, les hommes peuvent vite devenir dangereux. Donc, n'en dis pas trop sur toi, et surtout, ne donne jamais ton adresse.

Je suis bien placée pour savoir qu'elle a raison, bien placée pour connaître le danger que peuvent représenter les hommes.

Mais même si je n'ai aucune envie de figurer dans la rubrique Faits divers, il m'arrive parfois de dévoiler ma véritable identité à certains de mes clients. Je me dis que j'aurai beau prendre toutes les précautions nécessaires, si l'un d'eux a l'intention de me faire du mal, il y arrivera. Je connais les prédateurs, ils sont capables de guetter leur proie pendant des jours jusqu'à ce qu'elle se montre.

Lors de sa troisième visite, Jonas, l'un de mes tout premiers clients, me donne une bombe lacrymogène.

— Tiens, au cas où, et promets-moi de rester vigilante, insiste-t-il en me caressant la joue. Tu n'es pas faite pour le monde de la nuit, Felia.

Je me contente de le serrer dans mes bras, sans répondre. Comme tous les hommes, Jonas aime mon étreinte squelettique.

— Avec toi, j'ai l'impression de faire l'amour, pas de baiser, ajoute-t-il alors. J'en oublie jusqu'au temps qui passe.

Des mots qui me donnent envie de me pendre. Je n'ai pas la moindre idée de ce dont il parle, mais je donnerais n'importe quoi pour ressentir la même chose.

J'ai peur de rester seule jusqu'à mon dernier souffle. La souffrance me ronge. Sans que je sache si cela cessera un jour.

Durant le trajet, j'aperçois entre deux belles villas l'un des foyers où j'ai vécu. Je colle mon front à la vitre pour mieux voir. Bien qu'aucune fenêtre ne soit éclairée, je sais que derrière, des enfants et des adolescents, allongés sur leur lit, attendent de pouvoir croire en quelque chose de réalisable.

— Je vous souhaite bonne chance, murmuré-je. J'espère que vous aurez un bel avenir et qu'on vous laissera recommencer autant de fois que nécessaire.

Après un dernier rond-point, le taxi s'arrête devant une maison en grès. Le portail est déjà ouvert, mais j'hésite. Il serait peut-être plus poli de sonner afin de prévenir de mon arrivée. J'appuie donc sur la sonnette où figure la lettre S, puis j'emprunte l'allée de marbre menant à la villa, joliment éclairée. Après avoir passé la deuxième porte, je commence à gravir l'escalier, les jambes un peu tremblantes.

J'espère que je vais lui plaire, me dis-je en admirant la décoration : moquette pourpre, tableaux anciens, rampe lustrée, bonzaï sur chaque palier. Au troisième étage, la porte s'ouvre sur un homme souriant à la silhouette athlétique. Je note surtout son charisme. Il semble posé et sûr de lui.

Ses meilleures amies ne s'appellent certainement pas Ana et Mia. Je l'envie.

— Bonjour, je m'appelle Thomas, m'accueille-t-il en me tendant poliment la main.

— Enchantée. Moi, c'est Felia.

Il me laisse passer, me débarrasse de ma veste et me fait visiter son appartement, décoré avec goût. Puis nous nous installons au salon, où se trouvent un immense canapé et une table basse.

— Tu veux boire quelque chose ? Je peux te proposer une coupe de champagne, à moins que tu ne préfères de l'eau ou un jus de fruits. Dasha m'a dit que tu ne buvais pas d'alcool.

— De l'eau, ce sera parfait. Merci beaucoup.

Les filles du Passion me poussent sans arrêt à boire des cocktails ou de la vodka, mais quand on verse facilement, comme moi, dans l'autodestruction, mieux vaut éviter les paradis artificiels.

Je n'ai pas encore complètement perdu la raison.

Thomas se rend dans la cuisine et en ressort quelques instants plus tard avec une bouteille de champagne, une carafe d'eau et une coupelle de fraises bien mûres coupées en morceaux.

— Merci.

— Je t'en prie. Santé, Felia, et merci d'être venue ! J'espère que tu aimeras ces fraises, j'ai suivi les conseils de Dasha. Comme elle m'a aussi donné le nom de ton parfum préféré, je me suis permis de t'en acheter un flacon. Il ne faudra pas l'oublier en partant.

— En voilà une jolie surprise !

— La plus belle surprise de la soirée, c'est toi.

Il me sourit et me tend une fraise, que je croque tout en guettant la voix perçante et l'étreinte glacée d'Ana. Mais rien.

Peu habituée à son absence, je continue à grignoter quelques fraises en sirotant mon verre d'eau, comme si de rien n'était.

Thomas est encore plus galant que ce que j'avais imaginé d'après le récit des autres filles. Nous prenons notre temps, nous discutons, il me raconte ses dernières vacances en Australie, me montre des photos de ses deux chatons noirs et me laisse fureter dans son immense bibliothèque.

— N'hésite pas à prendre les livres qui t'intéressent. Je les accumule, alors que je suis sûr de ne pas les relire.

Il en choisit quelques-uns qu'il pose dans mes mains.

— Tiens, je te conseille vivement ceux-là. Tout à l'heure, pense à me demander un sac, ce sera plus facile à transporter.

— Merci. Merci beaucoup.

— Je t'en prie.

Lorsque nous nous rasseyons sur le canapé, c'est à mon tour de parler un peu de moi. J'évoque même le foyer qui se trouve au coin de la rue. Thomas m'écoute attentivement et n'intervient que de temps en temps, pour me tendre la coupelle de fraises.

Constatant qu'Ana ne se manifeste toujours pas, je me ressers avec plaisir.

Mais au moment où Thomas me propose de prendre un bain avec lui, mon cœur commence à s'emballer. Je suis obligée d'accepter, car je m'appelle Felia, mais j'angoisse à l'idée de devoir dévoiler ce corps dont j'ai tellement honte dans la lumière blafarde d'une salle de bains.

Je me sens un peu rassurée par la lumière tamisée provenant d'un halogène jaune orangé, ainsi que d'une bougie près du lavabo. Un bain moussant parfumé m'attend.

— C'est super joli ! Je vois que tu as tout prévu.

Quand Thomas m'enlace et commence à m'embrasser tendrement, je me dis que c'est certainement cela, «les petits plaisirs de la vie».

Il dégrafe mon soutien-gorge avec autant de délicatesse que s'il déballait un objet précieux. «Précieux.» Je ne sais même pas comment prononcer ce mot. Puis, il me tend la main et m'aide à le rejoindre dans la baignoire. La température de l'eau est idéale, j'en oublie presque combien je hais mon corps et que c'est Felia qui a été invitée, pas moi.

Ana murmure quelque chose. Avant de couler à pic, tandis que la mousse crépite autour de moi.

Je m'approche de Thomas et l'embrasse. Lui passe une éponge de bain sur ma poitrine, puis ferme les yeux, alors que ma main descend de plus en plus bas.

— Tu as la peau si douce, un corps si merveilleux..., murmure-t-il en me serrant tout contre lui. Je me sens pris à la gorge, quand je te regarde. Tu te rends compte?

Je secoue la tête. Comment le saurais-je? Bon, admettons. Admettons qu'un jour, mes cicatrices disparaissent.

Ce jour-là, le respect dont on fera preuve à mon égard recouvrira ma peau d'une sorte de film protecteur et pansera mes plaies.

Après quelques caresses, Thomas m'aide à sortir de la baignoire, m'enveloppe dans une grande serviette bleue et m'emmène dans la chambre, baignant elle aussi dans une jolie lumière tamisée.

Lorsqu'il me propose un massage, j'accepte et m'allonge sur le drap blanc qui recouvre le matelas. Là, Thomas enduit mon dos, mes épaules et mes jambes d'huile d'amande douce. Durant quatre-vingt-dix secondes, je ne fais plus qu'un avec mon corps.

Il semble ravi que son massage me plaise. Lorsqu'il s'allonge à mes côtés, ses baisers et ses caresses deviennent de plus en plus poussés. Quant à moi, je n'irai pas jusqu'à dire que je suis excitée, mais je dois admettre qu'il m'attire plus qu'aucun autre de mes clients.

— Regarde-moi, chuchote-t-il tandis que je le masturbe.

Au moment où je plonge mes yeux dans les siens, j'y perçois quelque chose de tellement beau que je manque de fondre en larmes.

Nous restons un long moment allongés l'un à côté de l'autre. Mon esprit, apaisé, se livre à des réflexions que je ne cerne pas moi-même. Au lieu de chercher à comprendre, j'écoute le cœur de cet homme se calmer, peu à peu.

Puis nous repassons au salon, où il me ressert un verre d'eau ainsi que quelques fraises.

— Qu'est-ce que tu fous, Lilly? me demande Ana dans un murmure.

Un murmure tellement discret que je l'écoute à peine. Mais je sais que, tôt ou tard, elle viendra me réclamer une réponse.

— J'ai passé un très bon moment en ta compagnie, déclare Thomas.

— Moi aussi.

Je ne mens pas, pour une fois.

Alors que je m'apprête à partir, il me tend un grand sac dans lequel il dépose une pile de livres, ainsi que le flacon de parfum.

— J'espère que ces romans te plairont. Tu accepterais de revenir ?

— Bien sûr.

Il appelle un taxi, me donne une enveloppe remplie d'argent et glisse un billet de cinquante euros dans la poche de mon jean.

— Alors, à bientôt, dit-il en m'embrassant.

— Oui, à bientôt. Bonne nuit.

Je repars le cœur plus léger. Une fois arrivée au portail, je me retourne une dernière fois vers la villa avant de monter dans le taxi. Là, j'envoie un SMS à Marla pour la prévenir que je suis sur le chemin du retour, puis je ferme les yeux.

Lorsque je les rouvre, je suis presque arrivée à la maison.

7

Aujourd'hui, c'est la sainte Barbie! En d'autres termes, le jour où la dominatrice vient profiter de la chambre SM et, par la même occasion, mettre un peu d'animation. Son client ayant un peu de retard, Barbie discute avec nous dans le salon, juchée sur vingt-cinq centimètres de talons, en consultant sa montre rose bonbon toutes les dix secondes.

— À tous les coups, il le fait exprès pour que je l'engueule!

Alors qu'elle râle en sirotant son café, la sonnerie de son portable retentit. Par je ne sais quel miracle, elle parvient à appuyer sur la bonne touche, malgré ses ongles gigantesques.

— Tu peux me dire ce qui se passe? s'exclame-t-elle de sa voix de crécelle. On avait dit 20 heures, il est 20 h 06! Tu crois que j'ai que ça à foutre de t'attendre, sale petit merdeux?

Elle me sourit, tout en levant les yeux au ciel.

— Ah bon, tu es en bas? Sonne, alors! Tu sais pas lire?... Hé, tu la fermes quand je te parle! Tu te fous de moi ou quoi?... Non, me dis pas que tu as la trouille de croiser ta

142

femme! Dis donc, j'ai pas tout mon temps, alors tu sais quoi? Tu ramènes ton gros cul jusqu'ici, tu files le fric à la gentille dame de l'accueil et tu m'attends à genoux dans la chambre, pigé? Je peux difficilement être plus claire, et compte pas sur moi pour répéter. Tu te crois chez les Bisounours version porno ou quoi?

À peine a-t-elle rangé son portable et repris une gorgée de café que quelqu'un sonne à la porte. Marla se lève pour aller ouvrir, tout sourire.

— Tu veux que je l'enferme directement dans la cage?

— Oui, merci.

Alors que Barbie s'éclipse, le temps de rajouter encore une couche de fond de teint et de rouge à lèvres, le téléphone sonne. Marla étant occupée, je vais répondre.

— C'est combien, la passe?

— Deux cents euros.

— Putain, c'est super cher!

Les coups de fil obscènes se succèdent.

— J'ai envie de ton cul.

— T'avales?

— Combien pour mater tes seins?

— Je veux une pute, n'importe laquelle.

Lorsque Marla revient dans le salon, je suis bien contente de lui passer le relais.

— Ils se sont passé le mot, on dirait.

— Eh oui. En tout cas, merci d'avoir répondu. Il fallait que j'aille aux toilettes, le bébé a la bougeotte, aujourd'hui!

Trois brefs coups de sonnette retentissent, indiquant qu'il s'agit de l'une des filles et non d'un client. Les livreurs, eux, sonnent deux fois, et certains clients passent quinze fois devant la porte ou reprennent l'ascenseur pour un dernier aller-retour, avant de se lancer.

— J'y vais ! crie Barbie depuis la chambre SM. Je suis dispo pour un moment, je viens d'attacher mon client à une poutre.

Valesca entre avec une énorme salade de pommes de terre et un plat de boulettes de viande.

— Vous avez intérêt à finir ! s'exclame-t-elle.

— C'est de la concurrence déloyale, rétorque Brittany. Tu veux nous faire grossir, avoue !

— Tu as tout compris.

Elle l'embrasse sur la joue et lui tend le plat.

— On a un peu de moutarde au frais, je vais la chercher, s'exclame Minny.

Comme les autres filles réclament qui des mandarines, qui de la vodka, je me lève pour aider Minny, tout en demandant à la cantonade si Slavenka vient aujourd'hui.

— Non, mais elle m'a demandé de te passer le bonjour, répond Valesca. D'ailleurs, on ne la verra plus ici : elle a été engagée dans un salon de massage où elle gagnera une cinquantaine d'euros par jour. Tant mieux, vu le peu de clients qu'elle avait ici.

— C'est quand même dommage, je réponds, un peu triste. Tu la salueras de ma part, la prochaine fois que tu la verras ?

— Évidemment, Felia-Lilly ! Et maintenant, mange, ça ne peut te faire que du bien. Sinon, tu vas glisser entre deux lattes de plancher.

— Elle a raison, tu as la peau sur les os, approuve Minny.

— Rien ne vaut une femme avec des gros seins ! renchérit Brittany.

— Ou des grosses lèvres, ajoute Valesca.

— Ou un cerveau bien rempli, comme Lilly, intervient Marla en m'adressant un clin d'œil. Elle n'a qu'à prononcer quelques phrases pour qu'ils tombent tous amoureux d'elle.

Pourtant, ce n'est pas mon but. Je ne veux inspirer ni amour, ni pitié. J'aurais plutôt besoin qu'on me dise : «Je ne t'ai jamais considérée comme une victime, quoi que tu aies subi.»

Mais cela est une autre histoire. La mienne n'a rien d'un conte de fées.

Durant le dîner, Brittany, Minny, Valesca, Marla et moi prenons soin de parler assez fort pour couvrir les gémissements qui proviennent de la chambre SM. Quand le téléphone sonne, Brittany se charge d'y répondre avec une voix torride.

— Allô, ouiii ? Les magnifiques filles du Passion t'attendent. Tu viens nous rendre une petite visite ?

Quant à Barbie, elle s'interrompt entre deux insultes ou deux coups de fouet, le temps de manger un morceau et de fumer une cigarette au calme.

Moi, je repense aux semaines qui viennent de s'écouler. Je n'en reviens pas d'être aussi jeune alors que j'ai l'impression d'avoir tant vécu, ni d'être toujours en vie. Au point de sortir parfois dans la rue et de demander l'heure à un passant, juste pour vérifier que je ne rêve pas. Il n'y a pas si longtemps, je ne pensais même pas atteindre la majorité.

Comme j'ai toujours senti la mort rôder tout près, aux côtés d'Ana et de Mia, l'idée de ne pas vivre éternellement ne m'angoisse pas plus que ça. Cela dit, si on me donnait la chance de repartir de zéro, je la saisirais. Mais le temps passe inexorablement. Impossible de revenir en arrière ni de changer le passé.

Ça, ce n'est pas trop difficile à comprendre. Les choses se corsent quand on commence à se dire : *Je ne veux pas mourir, et surtout pas comme ça.* Et encore plus si on ajoute : *J'ai encore tant de choses à vivre. Je veux avoir des enfants, je veux manger du chocolat, je veux pouvoir dire je t'aime au moins une fois et le penser vraiment.*

Tant de phrases commençant par «je veux».

Je devrais pouvoir affirmer: «Je vivrai. Je recommencerai à me nourrir. Je prendrai soin de moi. Je rayerai Ana et Mia de ma vie. Ce métier où je concilie sexe, travail et argent en fait sourire certains. À moi de leur montrer que j'ai aussi un cerveau. À moi de prouver au monde entier ce que je vaux.»

Mais, pour l'instant, j'en suis incapable. Alors, je me lève de table, je m'enferme dans une chambre, j'observe en silence mon reflet dans le miroir et je mords ma lèvre inférieure jusqu'au sang.

— Dis-le! Dis-le rien qu'une fois! pensé-je, désespérée.

Mais je me terre dans le mutisme. Comme tous les enfants victimes de viol.

Brittany entre, s'affale sur le lit en soupirant et commence à échanger des SMS d'insultes avec son petit copain du moment. Tandis qu'elle peste dans son coin, je plonge dans mes pensées, où je déniche parfois des conseils intéressants en matière de gestion des conflits.

Tout en haut de la liste figure celui-ci: «La clé de la réussite se trouve dans les calories. Celles auxquelles tu renonces, pas celles que tu ingères.»

Je suis immonde, en ce moment, avec mes quarante-quatre kilos et deux cents grammes. C'est pourquoi je décide de poursuivre mon régime à base de kiwis pendant encore quelques semaines.

Ana, toujours aussi dévouée, m'apporte aussitôt tout son soutien.

— Lilly, tu te souviens comme on se sentait légères et libres à trente-sept kilos? me chuchote-t-elle au creux de l'oreille.

Bien sûr que oui, je m'en souviens. D'accord, je ne me suis jamais sentie aussi faible et isolée qu'en compagnie d'Ana, mais c'est également grâce à elle que j'exerce un contrôle total sur mon corps.

— À la vie, à la mort, ajoute-t-elle en me prenant par la taille. Tu me l'as promis.

— Oui. Chose promise, chose due.

Mais imaginons que je meure demain : comment réagiront mes parents quand ils ne trouveront chez moi que des liasses de billets et des préservatifs ?

Si j'accepte d'emprunter le chemin que m'indique Ana, je crèverai de faim et, surtout, j'aurai couché avec une centaine d'hommes pour rien. Quel gâchis !

Mon gâchis.

Enfin, avec un peu de chance, on ne m'enterrera pas trop jeune. Qui sait, peut-être que je tiendrai encore une quinzaine d'années, que j'aurai de beaux cheveux soyeux qui tomberont sur mes épaules, de la poitrine, et au moins dix soutiens-gorge différents dans ma commode. Peut-être que je vivrai dans un loft lumineux et mansardé, avec du parquet et des plantes vertes. Peut-être que je jouirai d'une magnifique vue sur Berlin et que je n'aurai pas peur de prendre l'escalier, si l'ascenseur tombe en panne.

Peut-être que j'aurai un mari aimant et compréhensif, malgré mon amour de la balance et ma haine des réfrigérateurs, les nuits passées dans la salle de bains, les muffins émiettés, les légumes coupés en minuscules morceaux, les biscottes sans matière grasse, les danses sur le rebord de la fenêtre, les coups dans les murs... Il ne m'en trouvera pas moins fantastique, et sera là quand je ressortirai de la salle de bains après m'y être mutilée.

Peut-être qu'il cuisinera pour moi, mais ne m'en voudra pas si la moitié de mon assiette finit à la poubelle. Peut-être qu'il passera outre le fait que je ne l'écoute que d'une oreille, trop occupée que je serai à me disputer avec Mia ou à me justifier auprès d'Ana.

Peut-être que j'aurai le métier idéal, le mari idéal et l'appartement idéal. Sans oublier mes parents, qui me rendront visite tous les jours pour me dire combien ils m'aiment et sont fiers de moi.

Peut-être même qu'un jour, Caitlin se réveillera et que nous préparerons ensemble des gâteaux décorés de petites fleurs en pâte d'amande. Alors, je serai la plus heureuse au monde. Je comprendrai qu'il y a plus important dans la vie que des côtes saillantes. J'oserai enfin mettre un terme à l'emprise d'Ana et de Mia, et je reprendrai du poids. Car ces affreux kilos auront beau me dégoûter, je saurai qu'ils ont toute leur place dans ce monde.

Voilà pour la version de moi, toujours en vie, dans un peu plus de dix ans. Mais l'autre est encore du domaine du vraisemblable. Dans cette deuxième version, soit je meurs, soit je deviens toxicomane ou alcoolique, soit je continue à me prostituer.

Pour l'instant, une chose est sûre : cette nuit, comme toutes les nuits, la migraine et les crampes d'estomac m'empêcheront tout d'abord de trouver le sommeil. Puis, je finirai par sombrer dans une sorte d'état comateux jusqu'à 10 heures du matin, heure à laquelle je devrai me lever pour aller travailler au bordel où, entourée de filles à demi nues et d'illusions bien payées, je ne chercherai pas à clamer mon innocence.

— Comment tu définirais le désespoir ? me demande Chase au téléphone, le lendemain.

— Aucune idée. Le mien est chronique et se manifeste sous une centaine de formes différentes. C'est peut-être comprendre que tout est éphémère, que tout finit un jour par se briser, tomber en ruine, brûler, rouiller. Mais je crois que ce qui me désespère le plus, c'est de me dire qu'il n'y a pas un seul endroit sur cette planète où les gens ne pensent pas au sexe.

— Moi, je dirais que c'est quand on se retrouve dans une situation inextricable et qu'on découvre sa véritable nature.

— Un jour, Lady a comparé le désespoir à de la mauvaise herbe qui ne cesse de proliférer.

—Ah, pas mal. Ou une poupée gonflable qu'on baise avec des capotes extrafines. En tout cas, moi, j'ai une bonne définition de la cocaïne.

— Un jeu impliquant trop d'argent et trop d'inconnus ?

— Non. La coke, c'est un moyen de manipuler le temps, de façon à sortir pile la phrase qu'il faut avant même que ton cerveau l'ait formulée.

Nous nous taisons quelques instants. Chase aborde rarement ce sujet.

— Le désespoir, c'est comme perdre connaissance tout en restant debout, finis-je par répondre.

— S'évanouir tout en restant lucide.

— Entendre un écho qui deviendrait de plus en plus fort.

— Emprunter un escalator sans fin qui nous emmène dans la mauvaise direction.

— On se voit bientôt, Chase ?

— Bien sûr, je te rappellerai.

Et il raccroche.

À moins que ce ne soit le moment où on craque pour une broutille, comme des fesses trop plates, un bassin trop large, une peau trop blême.

La prostitution, elle, pourrait se résumer en quelques mots : baiser avec l'énergie du désespoir. Les rapports tarifés permettent d'établir des limites très claires. Aucune prostituée ne parlera de « faire l'amour ».

Tout comme aucune de nous n'est dupe quand un client affirme : « C'est la toute première fois que je couche avec une pute, et je te jure que dorénavant je ne viendrai plus que pour toi. Euh... le truc à mon doigt, là ? Mais non, ce n'est pas une alliance ! Qu'est-ce que tu vas imaginer ? » Au pire, nous nous en rendons compte lorsque Brittany s'exclame : « Hé, mais je le connais, le client qui vient de partir ! Quel pauvre type, il prétendait que j'étais la femme de sa vie. Un jour, sa femme l'a appelé. Il s'est précipité pour décrocher alors qu'il bandait. »

L'expérience. Je devine qu'un client me donne un faux nom rien qu'au son de sa voix ou à l'expression de son visage. Et s'il porte une alliance, je m'arrange pour ne jamais la toucher. En revanche, j'ai toujours une oreille attentive pour les clients sincères. Ceux-là me donnent à réfléchir quand ils me disent : « Te voir entrer et sourire, rien que ça, ça vaut le déplacement. Comment tu fais pour mettre autant de tendresse dans chacun de tes gestes ? »

Je suis bien incapable de répondre à cette question.

S'il y a une chose que je sais, c'est que vendre son corps est on ne peut plus dégradant. Une prostituée est considérée comme un produit, une marchandise sélectionnée, retouchée, réduite, acquise et testée. Il faut savoir jongler entre arrangements louches et transactions honnêtes, contrefaçons et garanties bidons. Des cautions sont versées pour réparer d'éventuels dégâts, mais aucune sanction n'est prévue.

Des bonnes journées, des mauvaises journées, des journées correctes. C'est tellement facile de cacher ses problèmes derrière un sexe d'homme... Le repousser quand on est enfant s'avère déjà plus compliqué.

Et, au bout du compte, il est toujours là.

8

— Tu avances dans ton bouquin ?

Lady ayant le don de hurler au téléphone, j'éloigne le combiné de mon oreille.

— J'en suis à deux cents pages, environ.

À ces mots, Lady éclate de rire.

— Qu'est-ce qu'il y a de drôle ?

— Si tu continues à ce rythme, ton autobiographie sera plus épaisse que toi.

— C'est hilarant.

— En plus, je suis sûre que quand tu tapes une page tu brûles plus de calories que tu n'en assimiles en une semaine.

— Arrête.

— Et que dirais-tu de passer de deux cent quatre-vingt-dix à, mettons... quatre cent quatre-vingt-dix-sept calories par jour ?

Là, Ana répond à ma place.

— Je ne rentrerais plus dans mes jeans.

— Oui, mais tu pourras te racheter des soutiens-gorge. Si tu as oublié ce que c'est, tu peux chercher dans le dictionnaire.

Ana m'arrache le téléphone des mains, raccroche et tente de le jeter par la fenêtre. Heureusement, je le rattrape juste à temps et rappelle Lady.

— Désolée, je n'avais plus de réseau.

— Comme ça, tout à coup ?

— Ben oui !

Elle s'adoucit.

— Lilly, un jour, tu comprendras que le sexe peut aussi procurer du plaisir. En attendant, il faut que tu arrêtes de te maltraiter ainsi. Tu ne peux pas continuer comme ça. Tu ne peux pas coucher avec le premier venu sous prétexte qu'il a une capote.

Ce soir, Monique, Marla et moi, attablées dans le salon autour d'une énorme salade de riz, attendons l'appel de Dasha, partie en rendez-vous chez un client. Minny et Valesca ont décidé d'aller en boîte de nuit. Quant à Brittany, elle voit l'un de ses nombreux et riches amants.

Alors que minuit vient de sonner, la sonnette retentit. Monique regarde sa montre.

— Encore un client ?

— Non, *deux* clients ! Un jeune couple qui voudrait passer une heure avec Felia, répond Marla, de retour de l'accueil. Ils ont commandé une bouteille de champagne.

En voyant ma mine déconfite, Monique éclate de rire et se ressert un verre de vodka.

— Quelle soirée ! D'abord, mon client qui insiste pour enfiler mes dessous, mais sans y arriver, puisqu'ils sont trop petits pour lui, évidemment, et maintenant, premier plan à trois pour notre petite Felia ! Bon, un dernier verre et je m'en vais, la journée a été longue.

— Ça te fait envie ? me demande Marla.

Moi et l'envie… L'envie !

— Surtout, ne te force pas, ajoute-t-elle. Je peux toujours leur dire que tu ne reçois pas les couples.

Mais je suis une grande fille. Si je couche avec des hommes, je devrais pouvoir y arriver avec des femmes. Donc, en poussant le raisonnement un peu plus loin, pourquoi pas avec des hommes *et* des femmes ? C'est mathématique.

Helena et John, ainsi qu'ils se présentent, me traitent dès le départ non pas comme une simple prostituée, mais comme une partenaire à part entière.

Alors que je caresse la peau satinée d'Helena, pour la première fois de ma vie j'arrive à concevoir ce qui peut pousser un homme à désirer une femme. Il y a entre elle et John une tension sexuelle si palpable que j'en viens presque à lâcher prise, peu habituée que je suis à voir une femme donner et recevoir avec autant de plaisir.

L'orgasme d'Helena est, pour moi, un moment à la fois merveilleux et infiniment triste. Car je ne serai jamais comme elle.

Le sexe est un jeu réservé aux vainqueurs, alors que moi, à six ans, j'ai tout perdu. Depuis, c'est une *prestation* que je fournis, afin d'essayer de comprendre. Et il en sera ainsi tant qu'Ana me tiendra sous sa coupe.

9

Il est 16 heures lorsque je me réveille, le lendemain. Je me lève, fatiguée, je m'évanouis, me relève, m'évanouis de nouveau, me relève une troisième fois et arrive enfin à atteindre la salle de bains.

Je ne sais même plus quel jour on est. Le temps me joue des tours, secondé en cela par Ana. Il faut reconnaître que je leur facilite la tâche, avec ma fascination morbide pour les lames de rasoir.

La nuit, je baigne dans une lumière rouge sang. Au réveil, mon cerveau est un champ de bataille.

Je me rends tout de même au Passion. Après tout, je ne suis pas là pour pleurer, mais pour sourire. Tous les jours. Et à tous les clients que je reçois.

Je suis à peine arrivée, les cheveux mouillés par une légère bruine, que la sonnette retentit. Je troque en vitesse mon jean contre une robe bustier violette qui, à en croire un client qui avait trop bu, me donne des airs de Victoria Beckham.

Après m'être présentée aux trois nouveaux venus, je regagne la chambre des filles et m'allonge aux côtés de Minny, qui fredonne une chanson en bulgare.

—Felia, chambre numéro 3, vient m'annoncer Marla. Brittany, chambre numéro 4, et pense à prendre une bouteille de Dom Pérignon. Le type pas très dégourdi de la 2 préfère réfléchir encore un peu, mais il vise un peu haut, je crois.

Brittany éclate de rire et saisit un plateau sur lequel elle pose deux flûtes, tandis que je rejoins mon client, un homme assez jeune, vingt-sept ou vingt-huit ans tout au plus, et plutôt agréable à regarder, avec ses cheveux brun foncé et sa carrure athlétique. Il me demande avec un grand sourire si j'accepte de passer une heure en sa compagnie.

—Bien sûr.

Mieux vaut ne pas lui dire qu'à choisir je préfèrerais me transformer en canard pour voguer tranquillement au gré des vagues. Car personne n'a envie de s'entendre répondre ce genre de chose.

Je donne l'argent à Marla, prends une paire de draps propres et retourne dans la chambre.

Entrer quelque part. Ça, c'est à ma portée. Même si je sais que je vais devoir coucher avec quelqu'un. Je pourrais tourner les talons et prendre le large.

Dis-moi que je pourrais le faire ! Jure-le-moi, Ana. Jure-le-moi, Mia.

Et toi, Lilly, tu peux me le jurer aussi ?

Je ne peux pas me permettre de répondre par la négative. Cela signifierait que je me prostitue en vain.

Au moment où Max, mon client, commence à m'embrasser, mes sens sont en éveil, et pas seulement à cause de son parfum. Je lui retire sa chemise et déboutonne son pantalon d'une main experte, tout en me frottant contre lui, tandis que sa respiration s'accélère. Puis, il me soulève et me dépose sur le lit.

Alors que nous continuons à nous embrasser, je prends un préservatif et le déroule d'une seule main sur son sexe, que je ne tarde pas à sentir en moi.

Étrange comme j'oscille entre indifférence et émotion. La prostitution ne paie pas, elle ne paiera jamais. Mais elle existe.

— Tu es magnifique, chuchote Max.

Je garde les yeux fermés. Ainsi, il est plus facile de s'évader. Puis Max s'arrête et s'allonge à mes côtés.

Lorsqu'il me demande ce que je fais, le reste du temps, j'hésite à lui répondre que j'étudie la biologie, que je monte à cheval tous les week-ends et que j'adore par-dessus tout cuisiner chinois avec mes deux meilleures amies, Klara et Nathalie. La vérité étant parfois aussi incohérente que le mensonge, on peut la trahir sans trop de scrupules.

Finalement, j'évoque les enfants que je continue d'enca-drer de temps à autre, l'impression d'être cernée de mots quand je regarde l'écran de mon ordinateur, les heures passées à écrire sans lever les yeux, parfois toute la nuit, mon obsession pour le mot juste. Je lui explique ce que c'est que d'écrire sur l'espoir sans pour autant verser dans le sentimentalisme, de dépeindre un coucher de soleil sans employer les adjectifs jaune et rouge, de parler d'une larme sans la résumer au fait qu'elle soit salée, de relater un événement qui ne surviendra pas deux fois, ou qui n'a même jamais eu lieu.

Max me contemple comme si j'étais la huitième merveille du monde. Une merveille, moi ? La bonne blague.

Je repense au jour où je suis passée la voir alors que j'avais le bras bandé. Elle m'a proposé une part de gâteau mais je n'ai accepté qu'un café.

— Chérie, tu ne mérites pas ce genre de mauvais traitements, m'a-t-elle dit en désignant mon pansement. D'accord, tu n'y peux pas grand-chose si les autres peuvent se montrer violents. En revanche, toi seule peux décider du regard que tu porteras sur toi-même. Alors, ne gâche pas tout.

— Felia, Lilly, qui que tu sois, tu n'as rien à faire ici, et je ne suis certainement pas le premier à te le dire, m'affirme Max. J'aurais tellement voulu te rencontrer ailleurs. Avec toi, j'ai l'impression de renaître. Ton sourire, ton regard... Je voudrais passer le reste de ma vie à tes côtés.

Cet homme est très gentil, je passe un agréable moment, allongée auprès de lui à l'écouter parler, mais je ne suis pas à la recherche d'une relation stable. Je ne peux rien lui apporter.

La musique s'arrête, indiquant que l'heure est écoulée. Lorsqu'il me demande si j'accepte de prolonger le rendez-vous, je hoche la tête et l'embrasse avant d'être prise de remords. En fait, il ne me paie que pour discuter. Je refuse de profiter de sa gentillesse, sans compter qu'il n'a même pas eu d'orgasme. Mais cela ne semble pas le déranger. Alors qu'il écarte une mèche de cheveux de mon visage, quelqu'un frappe doucement à la porte.

— Felia ? C'est Marla.

— Tout va bien, on passe une deuxième heure ensemble.

— OK.

J'entends mon amie s'éloigner, puis revenir sur ses pas.

— Tu es sûre que ça va ?

— Oui, je sors dans deux secondes.

— Prends ton temps, je voulais juste avoir confirmation.

Max me tend une liasse de billets, tout sourire.

— Va la rassurer ! Sinon, elle risque de me prendre pour un tueur en série.

J'enfile un peignoir en vitesse et rejoins Marla à l'accueil.

— Merci, tu es un amour, lui déclaré-je.

Elle pose le magazine qu'elle était en train de feuilleter, se lève et me serre quelques instants dans ses bras.

— Comme c'est la première fois que je vois ce client, j'ai préféré vérifier. Dis donc, tu as l'air contente. Ça se passe bien ?

— Oui, très bien.

Après lui avoir donné l'argent, je regagne la chambre. Cette deuxième heure passe encore plus vite que la première. D'ailleurs, c'est toujours le cas quand je ne suis pas obligée de coucher.

La théorie de la relativité revue et corrigée par mes soins.

Max me parle de ses prochaines vacances ainsi que de sa ville natale, Cologne, qu'il a quittée récemment. Puis il m'embrasse une dernière fois. Un baiser que je trouve agréable et, paradoxalement, vain. Une sorte d'écho interminable, un retentissement silencieux.

En partant, il me tend cent euros de pourboire. Je refuse, mais il insiste.

— Je suppose que tu ne me donneras pas ton numéro, ajoute-t-il.

— Non, désolée, mais sache que j'ai passé un super moment.

— Moi aussi. Bonne continuation, Lilly. Je ne t'oublierai jamais.

Je pourrais lui mentir et répondre « moi non plus ». Mais, pour être franche, si je le croisais dans la rue dans une semaine, je ne le reconnaîtrais certainement pas.

158

Je ne veux pas devenir un bourreau des cœurs. Surtout pas. Je n'ai pas non plus l'intention de m'engager tant que je ne suis pas capable de parler de ce qui m'est arrivé sans bafouiller, baisser les yeux et enchaîner les mensonges.

Il y a de bons moments, qui me font l'effet d'une légère brise venue ébouriffer mes cheveux et caresser doucement mon visage, alors que je n'en avais plus connu depuis l'enfance. Je sais qu'ils ont existé, même si je ne m'en souviens pas précisément.

Mais, parfois, tout bascule. Je me retrouve dans l'immeuble de mes parents, mais pas n'importe où. Au sous-sol.

Ces sautes d'humeur sont tellement brutales que moi-même je n'arrive pas à suivre, comme si je jouais dans un film au scénario sans queue ni tête. Alors que je me sens calme et sereine, je tombe soudain dans un gigantesque puits sans fond. Puis, je me vois à un passage piéton. Là, je n'ai qu'une hâte, que le bonhomme passe au vert, pour enfin pouvoir prendre la fuite. Dans un flux de voitures et de sperme.

Heureusement, il m'arrive d'être plus posée, de m'accommoder d'une vie qui n'est pas fabuleuse, certes, mais pas abominable non plus. Rien n'est pire que de tanguer au rythme de ses émotions, au point d'en avoir le mal de mer.

Je voudrais expliquer à mes proches qui je suis, non pas pour me justifier, mais tout simplement pour qu'ils saisissent ce que moi-même, je n'arrive pas à comprendre. Chase et Lady sont les seuls à me connaître, moi et mes fêlures, et seule Caitlin parvenait à deviner, par un simple regard, des secrets que je n'aurais jamais pu lui confier. Elle me donnait des réponses sans que je pose de questions, elle restait assise près de moi et me disait tout ce que je voulais entendre, le tout dans un silence éloquent.

Aujourd'hui, un canard et une petite balle en plastique flottent au pied de sa tombe. Moi, je suis seule.

On croit souvent que le temps atténue le chagrin, mais je continue à attendre le jour où Caitlin sonnera à ma porte et s'exclamera :

— Je t'ai bien eue, Lilly, je ne suis pas morte ! Bon, on va au lac ?

Je lui tendrais la main et me laisserais emporter. Je la suivrais jusqu'au bout du monde.

Quand la solitude devient franchement insupportable, je me roule en boule sous un drap et me blottis contre le gros ours en peluche laissé à Passion par l'une des filles qui m'y a précédée. Puis, je ferme les yeux, aussi fort que possible, dans l'espoir de devenir aveugle.

J'ai beau savoir que ça ne suffira pas, je persévère. Encore et toujours.

10

Ce samedi, Dasha, Valesca et moi tuons le temps autour d'un jeu de société lorsque Lady m'appelle sur mon portable.

— Tu veux qu'on dîne ensemble, ce soir? me propose-t-elle sans même me saluer.

J'hésite quelques secondes. Manger me fatigue tellement...

— Tu peux te contenter de quelques feuilles de salade à peine assaisonnées, une rondelle de concombre, deux ou trois tranches d'oignon et trois grains de maïs, je m'en fiche. Si je devais me prendre la tête comme toi sur la nourriture, il me faudrait deux fois plus de temps et de cellules grises!

— Pas la peine de hausser le ton! Je finis dans une heure.

— OK, je passe te prendre. Au fait, je t'ai menti: j'exige que tu manges au moins deux assiettes de tapas. Oui, je sais ce que tu vas me répondre: tu n'aimes pas le poisson, tu préfères largement boire la tasse. Mais tu viens quand même. À tout à l'heure!

Après que Lady a raccroché, je m'isole dans une des chambres.

Là, devant le miroir, je rentre le ventre jusqu'à en avoir mal aux côtes, tout en énumérant les clients de la semaine ; du moins, ceux que je n'ai pas encore oubliés. Mais Brittany déboule et commence à me parler de son nouveau copain, m'interrompant dans cette tentative d'expiation par la faim et le sexe sans lendemain.

Une heure et demie plus tard, Lady et moi sommes attablées dans un restaurant espagnol où trois ex-amants de mon amie travaillent, jouant des coudes pour avoir le privilège de la servir. Lorsqu'elle commande des tapas pour deux personnes, je la fusille du regard. Elle préfère m'ignorer et allume deux cigarettes, comme à son habitude. Elle aime en effet en regarder une se consumer et porter l'autre à ses lèvres, comme une star de cinéma. Elle prétend qu'ainsi elle fume deux fois moins. J'ai toujours hésité à la croire, mais finalement, peu importe : quand Lady est convaincue de quelque chose, elle l'est pour deux.

— Ma princesse, je parie qu'aujourd'hui tu as passé cinq bonnes minutes devant le miroir à te demander si ta beauté et ta minceur actuelles t'autorisent à manger, déclare-t-elle en me tendant la corbeille de pain. Je suis prête à te le répéter dix fois : tu n'es ni belle ni mince, mais magnifique et décharnée. Enfin, pourquoi est-ce que je m'obstine, puisque tu refuses de l'admettre ? En tout cas, je vais te dire une chose : la beauté, c'est s'accepter telle qu'on est et arrêter de viser toujours plus haut. Alors, prends un morceau de pain, tu peux toujours laisser la partie la plus calorique de côté.

Je soupire.

L'odeur des tapas me rappelle le jour où ma mère et moi sommes allées nous promener sur la plage, malgré une pluie battante. J'étais encore une enfant, et elle, une femme souriante. Ce souvenir me submerge. Ma mère me manque. Un sentiment de plus à apprivoiser. Je me demande pourquoi mon amour pour elle s'accompagne d'une telle souffrance. Pourquoi j'ai besoin d'elle, alors qu'elle excelle dans l'art de me blesser.

Quant à Lady, elle approche tellement la corbeille que celle-ci toucherait mes seins, si j'en avais, puis souffle un nuage de fumée en forme de loup. De loup-garou. J'ai peur.

Pas du loup. De l'assiette de tapas. Et de la corbeille de pain.

Ce soir, je ne mange pas grand-chose, mais déjà plus que d'habitude pour faire plaisir à Lady. Car, après tout, il s'agit de ma meilleure amie. Tout comme Caitlin, qui n'est plus là.

Alors que je mâche avec application, elle me demande avec détachement à quoi ressemble la mort.

— Aucune idée, je suis encore en vie.

— Je sais, merci, rétorque-t-elle en me soufflant un deuxième loup-garou au visage.

— En revanche, je peux te dire ce que ça fait de frôler la mort.

— Je suis tout ouïe.

Elle s'installe bien confortablement, tandis que j'essaie de me souvenir. On raconte qu'au moment de mourir la vie défile en accéléré. Mais moi, lors de mon overdose de médicaments à dix-sept ans, je n'ai revu qu'un seul épisode marquant : les vacances passées au bord de la mer Baltique. J'avais onze ans et, comme chaque année à Pâques et en été, Caitlin et moi partions en colonie de vacances. Mais ce séjour-là m'avait particulièrement marquée car nous étions devenues vraiment inséparables. Peut-être parce que nous étions plus seules que nous ne voulions l'admettre.

Toutes les nuits j'allais m'asseoir en cachette sur la plage pour écouter le bruit des vagues. Plus d'une fois, j'ai voulu m'enfuir à la nage et ne plus jamais revenir. Finalement, je me suis contentée d'écrire deux fois par jour à mes parents pour leur dire que je les aimais, qu'ils me manquaient et que j'espérais leur manquer un peu aussi. Bien sûr, je n'ai jamais envoyé ces lettres. Et, bien sûr, je m'en suis voulu de m'être abaissée à tant de mièvrerie.

Quant à Caitlin, pas un jour ne passait sans qu'elle pleure. En effet, au tout début des vacances, sa mère lui avait envoyé une carte postale disant :

« Ma chérie, je suis désolée de te l'annoncer ainsi, mais le plus tôt sera le mieux : ton père et moi allons divorcer. »

— Une carte postale ! s'est-elle écriée. Ils attendent que je sois partie pour m'envoyer une carte postale pourrie avec un chien débile ! Comment ont-ils pu, Lilly ? Je déteste les chiens, j'y suis allergique ! Ils n'auraient pas pu faire l'effort de m'écrire une lettre, au moins ? Mais dans quel monde on vit ? Plus rien ne sera jamais comme avant.

Caitlin, ma meilleure amie, la plus belle chose qui me soit arrivée. Je me suis assise à côté d'elle et l'ai serrée contre moi.

L'avant-dernier soir, elle a reçu une deuxième carte de sa mère où figurait cette fois un écureuil.

— Qu'est-ce qu'elle te dit ?

— Je vais devoir vivre avec mon père.

En la prenant dans mes bras, j'ai senti qu'elle était gelée, malgré la température encore agréable de cette fin de journée. Elle semblait complètement perdue. Son père était du genre austère et inflexible. Pour lui, tous les moyens étaient bons pour imposer son point de vue, si bien que j'ai toujours vu mon amie couverte de bleus. Sa mère l'avait épousé pour son argent et ne devait plus avoir grand-chose à gagner en restant avec lui.

— Quand on aura dix-huit ans, on partira vivre très loin de nos parents, ai-je fini par dire à Caitlin.

Cette dernière a posé la tête sur mon épaule, en murmurant quelque chose que je n'ai pas compris. Je n'ai pas osé lui demander de répéter.

Après le restaurant, Lady me raccompagne en voiture. Elle emprunte un chemin que je ne connais pas, mais nous arrivons finalement à destination. Avant que je descende, elle me tend un petit paquet.

— Merci, dis-je, surprise. Qu'est-ce que c'est ?

— Tu devras patienter jusqu'à ton anniversaire pour l'ouvrir.

Je suis perplexe car ce fameux jour n'est pas pour bientôt.

— Tu pars en vacances ?

— Non, je pars retrouver ma fille.

Cette fois-ci, je reste bouche bée pendant plusieurs secondes.

— Tu es maman ?

— À ton avis, pourquoi je fume autant ?

— Parce que tu as une fille ?

— Parce que je ne l'ai pas, justement.

— Et donc là, tu vas la revoir ?

— Oui, je pars demain matin.

— Ça m'a l'air bien compliqué.

— Non, c'est très simple, en fait. Quand mon ex-mari, un type formidable, est parti vivre en Suède, il a insisté pour récupérer la garde d'Hailie. Mais maintenant, il veut qu'elle grandisse en Allemagne. Il se comporte comme un vrai gosse, il se roule par terre pour avoir un jouet, il s'amuse avec pendant quelques jours, pour ensuite le laisser prendre la poussière dans un coin. Enfin, là, il ne s'est lassé qu'au bout de plusieurs années.

— Mais comment a-t-il pu partir avec Hailie?

— Mes avocats n'étaient pas aussi doués que les siens.

— Nom de Dieu... Pourquoi tu ne m'as jamais parlé de ta fille?

— Parce qu'on m'en a privée. Je n'ai même pas obtenu de droit de visite.

Je crois n'avoir jamais vu Lady aussi épuisée.

— Tu vas me manquer, je lui avoue en la prenant dans mes bras.

— Il faut que j'y aille, je dois préparer mes valises.

— Appelle-moi quand tu veux.

— Je te téléphone à notre retour.

Elle bute légèrement sur ce «notre», comme s'il s'agissait d'un mot étranger dont elle ne connaît pas le sens.

— Bonne chance et à bientôt.

Trop tard, elle vient de démarrer en trombe. Je suis son cabriolet noir des yeux, jusqu'à ce qu'il disparaisse au coin de la rue.

— On finit toujours par être abandonné, m'a déclaré Lady lors de notre première rencontre. Soit les autres meurent avant toi, soit ils te quittent avant que tu en aies eu l'occasion.

Oui, je suis au courant. Rien ni personne n'est éternel. Et le jour où on comprend que la solitude est inhérente à la condition humaine, la vie nous apparaît sous un angle radicalement différent. Je la conçois comme une immense salle pouvant accueillir des centaines, voire des milliers de personnes, mais qui se vide au lever du soleil, une fois la fête terminée.

Je ne sais pas pourquoi, de fil en aiguille, j'ai commencé ce jour-là à lui parler de Caitlin et de mes parents. Nous étions assises sur le même banc, au bord du lac. Comme moi, Lady contemplait les canards en train de faire la sieste. Je m'étais teint les cheveux en noir, sachant que cela n'empêcherait pas ma copine de me reconnaître, si jamais elle venait à ressusciter. Peut-être espérais-je également que mon existence s'en trouverait transformée.

— Laisse-moi deviner, trésor, m'a-t-elle demandé de but en blanc. Tu as l'impression d'être enfermée dans une cave et tu cherches à tâtons des lunettes qui ne sont pas à ta vue. Du coup, tu désespères, tu penses ne plus jamais revoir la lumière du jour. Je suis déjà passée par là et je pense qu'un petit joint pourrait t'aider. Ou une bonne partie de jambes en l'air.

— Caitlin, ma meilleure amie, repose sous une pierre tombale hideuse, alors que moi, je ne suis pas foutue de profiter de la vie. Tu n'imagines pas les projets morbides que j'échafaude en ce moment. En plus, la semaine prochaine, c'est son anniversaire, et je n'ai aucune idée de cadeau.

— Qu'est-ce que tu dirais d'un sourire ?

Je n'ai pas souri mais n'ai pas non plus fondu en larmes.

Sur ce, les canards, sortis de leur torpeur, sont allés se baigner dans un concert de caquètements.

Voilà comment Lady et moi sommes devenues amies.

Elle me pousse à écrire sur des sujets que je n'aurais jamais abordés et m'inspire avec ses réflexions comme « ce n'est pas en passant une semaine au garage que tu deviendras une voiture », ou encore : « Ferme les yeux et repense au pire moment que tu as vécu avec Fabian, à une phrase qu'il a prononcée ou à un geste qu'il a eu et qui t'ont blessée au point de voir rouge. Tu sens la colère, la soif de vengeance, la rancœur t'envahir ? Oui ? Alors, c'est le moment de t'installer devant ton ordinateur et d'écrire sur les hommes. Pas la peine d'être sincère, tu peux aligner les mensonges si ça te chante. Mais, surtout, interdiction de regretter un seul mot. »

Je m'exécute, et voilà le résultat.

Même si la fin du monde était prévue dans quelques jours et que je décidais de profiter à fond de mes dernières heures, jamais je ne pourrais tomber amoureuse de qui que ce soit. À quoi bon? Avec tous les hommes, tout n'est que vains compromis et perte de temps. Il faut se méfier autant de ceux qui posent trop de questions que de ceux qui s'écoutent parler sans arrêt. Quant à l'homme trop amoureux, il doit être quitté au bout de deux mois. J'en trouve un qui a tout compris? Parfait, mais il n'en reste pas moins dangereux. La confiance, c'est bien beau, mais elle peut coûter cher. Garder le contrôle sur quelqu'un, c'est ça, la toute-puissance. Même l'homme le plus merveilleux du monde ne convoite qu'une chose: la fillette qui est en moi. Si la situation dégénère, je remonte dans ma tour d'ivoire et je le regarde s'enfuir loin, très loin. Il se rabattra sur une autre paire de seins.

Mais je ne suis pas comme Lady.

Je regrette ces phrases au moment même où elles apparaissent à l'écran. Peut-être parce que, malgré tout, je continue à croire en l'amour.

Lady. Je l'appelle pour lui souhaiter bon voyage, mais son portable est éteint. À tous les coups, elle ne le rallumera qu'à son retour.

Parfois, les gens reviennent. Avant de repartir définitivement. Il n'y a rien de plus silencieux que les adieux. Je sais, Lady ne part que quelque temps. Mais je croyais aussi que Caitlin et moi continuerions à grandir ensemble.

Pour ce que ça m'a servi...

11

Je continue à me prostituer sans savoir ce qu'il en résultera. Une chose est sûre : grâce à mes clients, adorables pour la plupart, je ne vois pas le temps passer. Et sous la douche je me sens bien moins honteuse qu'autrefois. Mes seins ne plaisent pas à tout le monde, mais certains sont prêts à payer cinquante euros rien que pour les voir et, franchement, une telle somme pour dix secondes de travail, c'est plus que rentable.

Le plus curieux, c'est qu'à peine rentrée chez moi le Passion et son ambiance feutrée me manquent. Si on m'avait dit, il y a quelques mois, que je deviendrais une prostituée appréciée, je pense que j'aurais violemment démenti.

Voilà où j'en suis. C'est ma vie.

Certes, je ne suis pas vraiment heureuse, ni même en bonne santé, mais je constate une amélioration. Je n'angoisse plus systématiquement à l'idée de coucher avec quelqu'un, je peux me retrouver face à un homme nu sans avoir envie de me cloîtrer dans la salle de bains et je déteste un peu moins mon corps. Quant aux voix qui me tourmentent, je parviens à en faire plus ou moins abstraction.

Sans oublier l'aspect financier. En effet, la prostitution, c'est le seul secteur où, à dix-huit ans, on peut se permettre de rêver à sa future maison. Ou comment passer de l'insoutenable légèreté de l'être à la légèreté de la pute.

Ma vie n'a pas non plus radicalement changé; ces rapports tarifés par centaines ne m'ont pas métamorphosée. Je garde les mêmes valeurs, les mêmes priorités. Comme avant, je n'ai qu'un seul fantasme : coucher un jour avec un homme sans m'y sentir forcée. Je veux connaître l'orgasme qui me donnera l'impression que le monde s'arrête de tourner. Je veux prendre conscience de mon identité, de mon corps, et les réconcilier.

Pour l'instant, le sexe demeure quelque chose d'obscur. En effet certains hommes refusent tout contact physique, ils se contentent de me regarder me caresser les seins et jouissent au bout de deux minutes. Autant qu'ils restent chez eux devant un porno, ils gagneraient du temps et de l'argent. Qu'est-ce qui leur plaît tant? À leur place, je ne paierais pas pour le simple plaisir de passer un moment en ma compagnie. Au contraire, je crois même que je paierais pour écourter le rendez-vous.

Parfois, j'ai beau passer la moitié de la journée à baiser, l'angoisse me dévore. Je gémis, bats des cils, glisse langoureusement sur le lit, j'embrasse passionnément, mais je reste un fantasme usurpé. Il m'arrive de ressentir quelques frissons, mais sans plus.

Même étendre le linge me paraît plus excitant.

— Tu incarnes la parfaite prostituée, déclare un de mes clients. Attention, je ne dis pas ça pour te rabaisser. Tu vends tout ce que les hommes recherchent, tu dégages quelque chose qu'on ne s'attend pas à découvrir dans un bordel, tu dis exactement ce qu'on veut entendre, tout en paraissant sincère, tu as des gestes tellement tendres que tu donnerais l'impression aux types les plus complexés d'être désirables. Tu ne te contentes pas d'être un super coup, tu nous écoutes. On pourrait passer des heures à te confier les secrets les plus intimes.

Je rumine.

Comment puis-je, jour après jour, parvenir à endosser le rôle de Felia la séductrice, cette inconnue à qui on dit : « Non seulement tu es belle, mais aussi intelligente, posée, attentionnée, en un mot : adorable. Tu me rends heureux ! » ?

Quelle phrase incongrue ! Je l'ai entendue au foyer. Et maintenant, au bordel. Drôle de cheminement.

Le temps file à toute vitesse. Cela fait six mois que je travaille au Passion, que les hommes apparaissent dans ma vie pour en ressortir aussitôt. Alors que l'automne touche à sa fin, je déménage à quelques pâtés de maison, dans un appartement plus grand où j'aurai tout loisir de me perdre. Cependant, je continue à passer le plus clair de mon temps soit au Passion soit au parc, à trembler de froid sur un banc.

La pluie vient de cesser lorsqu'un couple arrive au Passion. Alors que le mari choisit de s'isoler avec Brittany, la femme me demande si j'accepterais de la suivre dans une deuxième chambre. Je préférerais refuser, mais me sens obligée de répondre par l'affirmative.

Une fois la porte refermée, ma cliente se présente sous le nom de Pia. Elle est nettement plus jeune que son mari, et ce dernier n'a pas l'air particulièrement sympathique. L'a-t-elle accompagné simplement pour lui faire plaisir ? L'a-t-elle épousé pour son argent ?

Nous nous asseyons sur le lit, un peu gênées, et commençons à parler de la pluie, du beau temps, de littérature, de ce qui nous passe par la tête.

— En fait, je m'appelle Lilly, finis-je par dire spontanément.

Sans doute parce que j'ai envie de lui offrir quelque chose. Quelque chose de beau. La vérité, par exemple.

— Pia, c'est mon vrai prénom, répond-elle.

Nous échangeons un premier baiser timide.

— C'est la première fois que j'embrasse une femme, chuchote-t-elle.

Tandis que je commence à la caresser, je la sens lâcher prise. Sa langue cherche doucement la mienne. Puis, une fois la lumière baissée, Pia, tout sourire, commence à déboutonner mon chemisier. Je l'enlace, l'attire tout contre moi et glisse lentement ma main entre ses jambes.

Au moment où elle se met à pleurer, je prends peur, pensant que j'ai fait quelque chose de mal. Normal : comment pourrais-je reconnaître un orgasme féminin, puisque je n'en ai jamais eu ? Mais en voyant Pia sourire entre deux sanglots, je comprends qu'elle vient de jouir. Et surtout, je comprends que prendre du plaisir peut être beau. Magnifique, même.

Au petit matin, me voilà chez moi, assise par terre, les yeux rivés sur le mur. Le sol est jonché de billets de banque qui me paraissent étrangement factices. Je me remémore ce que m'a dit un client plutôt frimeur :

— L'argent en soi n'a aucune utilité si tu n'as pas d'amis devant qui l'étaler !

Un type plein aux as, insignifiant, marié cinq fois sans jamais être aimé. Et il affirmait cela avec le plus grand sérieux, car son monde fonctionnait ainsi. Je sais qu'il restera seul jusqu'à la fin de ses jours.

Cependant, moi aussi, je me retrouve seule.

Le soleil ne va pas tarder à se lever alors que je viens de rentrer du Passion, vidée. J'y passe tellement de temps que je néglige ma famille et mes amis. J'ai l'impression qu'une partie de ma vie est en train de m'échapper. Avec Fabian, nous sortions dîner ou nous promener en ville, nous discutions, nous regardions un bon film... Autant de petits plaisirs qui me manquent cruellement. À présent, je passe mes soirées dans les bras d'inconnus. Certaines rencontres en valent la peine, mais je redoute de me perdre dans le monde de la nuit.

Je me suis toujours promis de ne pas me laisser aveugler par les néons rouges, de rester fidèle à moi-même, malgré le chaos. Mais je travaille au bordel depuis trop longtemps, comme en témoigne le répertoire de mon téléphone portable : Eriko, les autres filles du Passion, trois amies, Chase, Lady, trois autres amies, la sœur de Caitlin, mes parents et ma messagerie.

Ma faiblesse physique ne me permet plus d'encadrer des enfants. De plus, quand leurs pères viennent les chercher, il m'est impossible de les regarder dans les yeux sans me demander quel genre de prostituées ils fréquentent. Je croyais avoir trouvé ma voie, mais finalement, je me rends compte que ce métier-là ne me manque presque pas.

Ce n'est qu'une tranche de vie. Oui, la vie peut trancher dans le vif. Et une seule décision suffit à bouleverser le cours des choses.

12

J'erre, je titube dans un appartement tellement propre et bien rangé qu'il mériterait de figurer dans un magazine de décoration intérieure. J'ai les mains glacées, marbrées de bleu, malgré mon gros pull et le grand soleil d'automne.

Comme je viens de monter l'escalier, j'ai le cœur qui tambourine et les orteils complètement engourdis. Impossible de me rappeler à quand remonte mon dernier repas un tant soit peu consistant – plusieurs jours, en tout cas. Je sais seulement que ma meilleure amie s'appelle Ana. Je suis éblouie, avec un cerveau tellement embrumé que je crois voir régulièrement le plafond m'écraser. Et, curieusement, une fois la lumière allumée dans le salon, je me retrouve perdue dans un monde en noir et blanc.

Je mène un combat absurde contre un corps sans défense.

J'ai même du mal à garder les yeux ouverts. Faute de pouvoir porter plus longtemps mon propre poids, je me laisse doucement glisser le long du mur. Au moins, je ne tomberai pas plus bas.

J'hésite à manger un morceau, quitte à vomir ensuite. Je pèse longuement le pour et le contre, mais il ne me vient même pas à l'esprit que, vu mon état, je devrais peut-être garder dans l'estomac ce que j'arrive à ingurgiter.

Comme on est dimanche, jour de fermeture du Passion, je me sens désœuvrée, avec l'impression que ma vie n'a plus de sens. Je donnerais tout pour retrouver *mon* bordel et sa lumière tamisée, m'allonger sur le lit à baldaquin, entendre Minny rire dans la chambre d'à côté, discuter de tout et de rien avec Brittany, attendre le prochain client, et surtout, ne plus penser à la nourriture.

Personne sur cette planète ne peut imaginer à quel point l'angoisse me ronge.

Par exemple, admettons qu'un jour, je rencontre l'homme de ma vie. Comment lui expliquer ce qui m'a poussée à me prostituer? Comment lui faire comprendre que ce métier m'a permis de retrouver une part de moi que je m'étais jusqu'alors employée à nier? Cela suffira-t-il si je lui dis: «Avant, je considérais mon corps comme l'enfer et le sexe comme le diable?» Comment lui expliquer que les rapports tarifés m'apportent plus que tout ce que j'ai pu connaître avant? Qu'ils me meurtrissent autant qu'ils me réconfortent? Personne ne comprendrait.

Et personne ne m'en aimera davantage.

Si, un jour, le monde devient aussi tordu que moi, on trouvera sans doute normal d'inscrire, sur les pierres tombales, le nombre de partenaires des défunts. Auquel cas, il m'en faudra deux, voire trois. Placées côte à côte. Et phalliques, de préférence.

— Combien tu pèses? me demande un client.
— Trente-neuf kilos.
— Ah! Je t'en aurais donné trente-sept.

Cette remarque me flatte, signe que je suis vraiment malade. En phase terminale.

Si les prostituées étaient payées au poids, je serais certainement la moins chère de tout Berlin. Peut-être même que je serais gratuite.

Ma poitrine a disparu, comme Lady aime à me le rappeler régulièrement, même si elle m'a toujours connue ainsi. Soit je suis complètement engourdie, soit je tremble de la tête aux pieds, et cela fait des années que je n'ai plus mes règles.

On oublie que le moindre petit mouvement n'est pas censé donner lieu à une lutte sans merci.

Certains jours, j'aimerais décider une bonne fois pour toutes de ne plus m'affamer, de ne plus vomir cette souffrance qui me vrille l'estomac, de m'alléger encore et encore. J'aimerais croire que l'issue sera positive, que je finirai par me pardonner et être fière de moi.

Je veux oublier que certains hommes sont assez pervers pour exiger que je chante une comptine tandis qu'ils m'arrachent mes vêtements. Je ne veux plus jamais sentir le goût amer du sperme ni avoir à chasser un salaud qui essaie de retirer son préservatif.

Je n'imagine pas mon avenir autrement que fragile comme du cristal. Un mouvement un peu trop brutal, une simple secousse suffiront à le réduire en miettes.

J'adore ma vie. Quand je ne la déteste pas.

Autour de moi, les filles croulent sous les billets de banque. Leurs placards dégueulent de lingerie, mais cela ne leur suffit pas : elles continuent à se déshabiller pour pouvoir acheter encore d'autres placards qu'elles rempliront de nouveaux dessous. Un seul écran plat ? Ce n'est pas assez, il leur en faut trois, minimum. Sans oublier une cafetière expresso, une fontaine à chocolat, un *Home Cinema Dolby Surround*, un micro-ondes ultra sophistiqué, deux lecteurs

DVD, une collection de films digne d'un vidéoclub, des jeux vidéo toujours sous cellophane, trois ordinateurs portables, un ordinateur de bureau, une corbeille à pain design ressemblant comme deux gouttes d'eau à une corbeille à pain classique, un coffre-fort rempli de bijoux, une imprimante, sept téléphones portables, des dizaines de flacons de parfum et des chocolats à la pelle. Et surtout, surtout, un phallus doré sur la table basse du salon.

Moi aussi, j'accumule les vêtements de créateurs, cadeaux de mes clients. Moi aussi, je peux acheter tout ce que je désire ; par exemple, la maison de poupée dont je rêvais étant enfant, ainsi qu'un gigantesque crocodile en peluche qui prend tout le lit. Et encore, je suppose que ce n'est rien à côté de ce que s'offrent les prostituées de longue date au carnet d'adresses bien rempli. Mais pour moi, c'est à la fois trop et pas assez.

Car, devinez quoi ? Le bonheur n'est toujours pas au rendez-vous. Certes, je n'ai aucun problème financier, mais la folie me gagne chaque jour un peu plus. La vie confortable que je mène ne tourne qu'autour d'Ana, de Mia et de la fillette. La nuit, je rêve de poulet rôti, de riz au curry, d'îles flottantes et de milk-shakes. Au matin, je me réveille avec des débuts d'escarre.

Travailler au Passion quatre ou cinq jours par semaine ne me suffit plus ; je m'y déplace tous les jours, que ce soit pour recevoir des clients ou simplement passer du temps avec les autres filles. Je pourrais rester toute une semaine allongée sur un lit à écouter des inconnus gémir. En revanche, je lutte pour rentrer chez moi, tant je redoute le néant.

Mes activités ne me laissant quasiment plus de temps libre, j'essaie de me rattraper le dimanche, seul jour de fermeture du Passion. Je prends un café sans lait ni sucre avec Chase, puis je déjeune en famille, vais vomir dans la salle de bains, ouvre les robinets en grand, ressors avec les cheveux légèrement humides – pour faire croire à mes parents que j'ai pris une douche. Je rentre chez moi, range mon appartement, j'assemble quelques étagères, j'en profite pour m'assommer contre le mur, je retrouve deux amies pour prendre un café que je ne boirai pas, dispose mes livres sur mes étagères, passe voir Brittany dans son bar préféré, et, enfin, je rentre chez moi pour vomir mon cocktail sans alcool et m'écrouler.

Je gagne beaucoup plus d'argent que je ne peux en dépenser. Le dimanche, la plupart des magasins sont fermés, et les rares fois où je m'accorde une pause-déjeuner dans la semaine, je me sens tellement faible que je rebrousse chemin très rapidement. Je ne sais pas comment j'arrive encore à satisfaire mes clients, alors qu'essayer un vêtement ou même ouvrir la porte d'une cabine d'essayage relève de l'exploit. Désormais, je suis non seulement anorexique et boulimique, mais également accro au travail et au sexe. Des addictions qui monopolisent tout mon temps. Chercher à épuiser les réserves mondiales de nourriture ou, au contraire, les regarder avec dédain, est un véritable sacerdoce.

Faute de savoir comment m'y prendre pour arrêter de me vendre et retrouver un semblant d'équilibre, je m'emmitoufle sous une couverture et m'endors, espérant ainsi oublier la faim qui me tenaille.

Hélas, c'est à ce moment-là que les cauchemars ressurgissent. Je vois une fillette tapie dans le coin le plus reculé de sa chambre, derrière une armoire. Immobile, les bras autour des genoux, elle prie pour échapper au pire.

Une prière qui ne sera pas entendue.

13

Il est 4 heures du matin lorsque Chase sonne à la porte et me réveille.

— Habille-toi, on sort manger une pizza.

— Sans façon, j'ai sommeil.

J'essaie de refermer la porte, mais il la bloque avec son pied puis l'ouvre en grand, s'approche, me soulève avec une facilité déconcertante et plaque sa bouche contre la mienne, si bien que je n'arrive plus à respirer.

— Bon, tu viens ou pas ? me demande-t-il après m'avoir reposée à terre.

Il a décidé de me prendre par les sentiments.

Incapable de lui refuser quoi que ce soit, j'enfile des collants noirs, une tunique violette trop grande, des bottes et une veste.

— Tu es super belle.

— D'habitude, j'entends ça quand je me désape, pas quand je m'habille.

— Ils sont cons, tes clients. Tu es belle aussi sans rien, mais te voir disparaître sous cette tunique violette, je sais pas, je trouve ça à la fois bizarre et excitant.

— Merci, Chase.

— Ne jamais remercier quelqu'un qui dit la vérité.

Peu après, nous voilà attablés dans une pizzeria. J'ai mal au ventre avant même d'avoir commencé à manger ; à moins que ce ne soit parce que je n'ai rien avalé depuis plusieurs jours.

— Lilly, au lieu de piquer du nez, raconte-moi quelque chose que j'ignore sur toi. Après, ce sera mon tour.

Comme je suis morte de fatigue, je n'y mets pas beaucoup de bonne volonté.

— Tu peux me parler de toi ou de n'importe qui d'autre, j'en ai rien à foutre, marmonné-je.

Chase sourit, comme toujours. Est-il heureux ou défoncé ? Difficile à dire. Lorsque sa pizza arrive, il en découpe une part qu'il dépose sur mon assiette et sourit de plus belle. À croire que ce petit jeu l'amuse.

— Tu sais que des voix m'interdisent de manger, et c'est tout ce que tu trouves à faire ?

— Une fois que tu auras raclé la mozzarella et découpé ta part en dix-sept morceaux, ça devrait aller, non ?

— Pardon ?

— J'ai acheté un livre sur une anorexique qui trie ses aliments par couleur. Puis, elle les découpe en petits morceaux, pour finalement n'en manger que le tiers. Tu devrais peut-être essayer.

— Tu as perdu la tête ?

— Non, pourquoi ? C'est plutôt marrant. Enfin, toujours plus marrant que de crever de faim.

Il pousse l'assiette vers moi et m'observe, plein d'espoir.

— Et après, on pourra s'envoyer en l'air, histoire que tu brûles toutes ces calories, ajoute-t-il avec un clin d'œil.

Mon regard se pose sur la part de pizza, puis sur les biceps de mon ami. J'aime les bras musclés, car ils peuvent faire mal. J'aime tout ce qui est susceptible de m'infliger une souffrance quelconque : lames de rasoir, couteaux, cigarettes, pare-chocs, portes, pierres. Si Chase m'étranglait, je trouverais enfin la paix. Finies, les pizzas. Mais je doute qu'il me rende un tel service. Il est trop doux, hormis quand il force sur l'alcool ou la drogue. Parfois, quand il me prend par le bras, il serre tellement fort qu'une heure après je vois des marques apparaître. Le lendemain, il semble avoir oublié. Bien sûr, j'évite de lui dire la vérité.

Sa voix me ramène à la réalité. Ou plutôt, à la pizza.

— Je te préviens, on ne bougera pas d'ici tant que tu n'auras pas mangé au moins sept morceaux.

— Un.

— Sept. Je ne marchande pas avec les gens qui pèsent moitié moins que moi.

— Et si je décide de ne pas t'obéir ?

Chase croise les bras, arrête de sourire et répond d'une voix qui me prend aux tripes.

— Ma chérie, sache que je ne vais pas te rouer de coups, te séquestrer, te torturer, ni te gueuler dessus. Mais, maintenant, sois gentille et mange. Tu n'as rien avalé depuis plusieurs jours et ça me fait trop mal de te voir comme ça !

Il s'arrête, le souffle court.

J'ai envie de pleurer. En principe, je ne pleure que quand je suis seule car rien n'est censé m'atteindre. Personne n'est censé pouvoir me déstabiliser. J'aime quand Chase m'appelle « ma chérie », même s'il le dit probablement à toutes les femmes de la planète pour les mettre dans son lit.

Après que j'ai finalement mangé six morceaux et demi de pizza, en prenant soin de choisir ceux qui étaient les moins garnis, mon ami retrouve le sourire et caresse ma joue si tendrement que je dois me mordre la lèvre pour ne pas crier.

Le jour se lève déjà lorsque je rentre chez moi, exténuée. Je m'assieds par terre et ferme les yeux, imaginant que quelqu'un me prend dans ses bras. Quelqu'un de plus fort, de plus sage, de plus patient, de plus sincère, de plus stable que moi.

Je me berce d'illusions. Je joue avec moi-même, et je sais que je vais perdre. J'espère en finir bientôt, et pourtant, je continue à m'accrocher. Je sais que je vais mourir si je tarde trop à me libérer de l'emprise d'Ana et de Mia. Je vais mourir si elles ne se réconcilient pas bientôt autour d'un sandwich ou d'une part de gâteau.

Au moment de nous séparer, Chase me serre fort contre lui, comme s'il se disait que nous nous voyons peut-être pour la dernière fois. Je refuse de le laisser croire une chose pareille. Je veux encore être là demain.

Et je suis là. Certes, je me réveille à 14 heures, faible, fatiguée, mais vivante.

Après un bain chaud, j'essaie pour la centième fois de joindre Lady, sans succès. Une fois habillée, je me mets en route pour le Passion. Le vent d'automne me transperce, malgré mes deux pulls et ma grosse doudoune. L'anorexie m'a fait découvrir un froid différent de celui que l'on ressent quand c'est l'hiver, qu'on mange une glace, qu'on se lave à l'eau fraîche ou qu'on essuie une averse. Un froid mordant, vif, qui semble provenir non pas de l'extérieur mais de la moelle. Je souffre dans ma chair, au sens propre.

Le chemin me paraît interminable. Pourtant, j'essaie de marcher le plus vite possible pour me réchauffer. Je me dis que, d'une seconde à l'autre, je vais perdre soit l'équilibre, soit la raison.

J'arrive enfin devant la porte du Passion, le souffle court et les jambes en coton, mais accompagnée d'Ana, toujours aussi ravissante. J'ai l'impression d'avoir marché une heure, pas dix minutes. Minny m'ouvre, tout sourire, et me serre dans ses bras. La voix de Brittany, qui se dispute au téléphone avec son petit ami du moment, me parvient depuis le salon. Ma collègue m'explique qu'elle l'abreuve d'insultes depuis une heure, puis part se préparer pour son prochain rendez-vous.

Je pose mon sac dans une des chambres, croise Eriko, à la recherche de son pull bleu préféré, puis Marla, qui pratique quelques exercices de respiration en vue de l'accouchement.

J'ai apporté un paquet de biscuits pour les autres filles. Moi, je n'en mangerai pas. La faim est toute ma vie, mais signera également mon arrêt de mort. Je continuerai à rentrer le ventre, même morte et enterrée. Pour paraître plus mince.

Voilà à quoi je pense, tout en enfilant une jolie robe. À peine me suis-je enfouie sous une couverture que Brittany fait irruption dans la pièce, en hurlant dans son portable :

— Je ne te mens pas, qu'est-ce que tu vas chercher là ? Je ne travaille plus au Passion, je te dis ! Je suis chez une copine, tu veux lui parler ? Sérieux ? Attends.

Elle me tend le téléphone.

— Hum. Bonjour, Lilly à l'appareil.

— Qui ça ? demande un homme à l'autre bout du fil.

— Lilly. Euh... Désolée de vous interrompre en pleine scène de ménage, mais... demain, c'est l'anniversaire de ma sœur, et Saskia (le vrai prénom de Brittany) m'a proposé son aide pour lui trouver un cadeau. On ne va pas tarder à y aller, d'ailleurs.

— Je vois.

Mon interlocuteur se montre déjà plus aimable. Il n'a pas l'air bien malin, mais Brittany s'en accommode parfaitement.

— Ce qui compte, c'est la taille de leur portefeuille et de leur bite, a-t-elle déclaré un jour. L'intelligence, ça passe après, et j'ai ce qu'il faut de ce côté-là.

Je lui rends le téléphone.

— Alors, t'es content? Bon, on se voit plus tard. Je vais d'abord faire les boutiques avec Lilly.

Tout sourire, elle raccroche, me lance un clin d'œil et file dans la salle de bains se préparer pour l'un de ses clients réguliers. Quant à moi, je reprends ma place sous la couverture et essaie de m'imaginer au bord de la mer, sous un soleil de plomb. Mais sans succès. J'ai toujours aussi froid.

Puis vient le tsunami. Un tsunami d'hommes.

14

Le dimanche, il n'est pas rare d'apercevoir de la lumière derrière les rideaux rouges du Passion car Eriko autorise les filles n'ayant pas de logement à y habiter provisoirement.

En ce moment, c'est le cas de Dasha et d'une nouvelle venue, Amy. L'appartement de la première est en travaux, tandis que la seconde, chassée par sa belle-mère, se retrouve à la rue.

Pour ma part, quand je m'ennuie ou que je suis trop angoissée pour me consacrer à une activité bien précise, je marche dans les rues désertes jusqu'à la porte du Passion. J'hésite un peu, puis, faute de trouver une meilleure idée, je finis par sonner.

Quelques minutes plus tard, me voilà installée dans le salon avec Dasha et Amy. Je grignote du bout des dents quelques noisettes ou quelques bonbons, je ris, je me sens bien, réconfortée de ne plus être la fille tellement isolée qu'elle pourrait disparaître du jour au lendemain sans que personne ne s'en aperçoive. Je suis entourée, même si les personnes que je fréquente marchent elles aussi sur la corde raide.

Je redoute la solitude et, paradoxalement, je la recherche. En effet, rien n'est à la fois plus sincère et plus hypocrite que l'introspection. Et rester seule chez moi requiert beaucoup moins d'énergie que de côtoyer des personnes qui mangent, boivent et rient. Les voir ainsi profiter de la vie me fait trop souffrir.

Les choses sont différentes au Passion, car je m'y sens en lieu sûr, comme dans un cocon, parmi ces corps magnifiques, cette légèreté feinte et ce concert de voix claires.

Je me retrouve. Il m'arrive même de laisser Ana à l'appartement. Je ris plus franchement, je dors mieux, me sens plus reposée. Parfois, je vais jusqu'à m'attabler avec mes amies et manger une part de gâteau – en entier, sans renoncer.

J'adore cette grande famille que nous formons. Tandis que les plats circulent, nous bavardons et rions des déboires de nos clients. Je n'avais jamais connu une telle ambiance, une telle convivialité. Chez mes parents, c'était le silence qui prévalait. À la clinique, la monotonie. Au foyer, la violence et la brutalité. Alors qu'au Passion j'arrive à me tenir droite sur ma chaise et à canaliser mes angoisses pendant quelques minutes.

Cependant, les dernières semaines ont été plus laborieuses. Dès qu'Ana se manifeste, toute-puissante, j'ai beau lutter, elle finit toujours par l'emporter, par exemple en pulvérisant un sandwich par la simple force de son regard.

Et moi avec.

Mais, ce dimanche, je profite d'être sortie sans Ana pour partager avec Amy une part de crumble et un verre d'orangeade. Quel événement! Impossible de me rappeler à quand remonte ma dernière boisson sucrée.

C'est alors que la sonnerie de mon portable vient m'arracher à mes rêveries acidulées. Au bout du fil, Fabian, mon ex.

— Sale pute! Tu m'as rejeté pendant des années, et voilà que tu couches avec n'importe qui! Je te hais! Je ne te pardonnerai jamais de m'avoir quitté pour te prostituer! Espèce de salope, j'espère que tu crèveras seule!

Il raccroche. Et moi, j'encaisse sans ciller.

Car j'ai pris conscience de mon isolement à quatre ans, le jour où ma mère m'a craché au visage qu'elle me détestait. À cinq ans, quand mon père a commencé à s'absenter de plus en plus. À six ans, quand je me suis tue de peur et de honte. À quinze ans, quand j'ai été hospitalisée. À dix-sept ans, quand j'ai été séquestrée. À vingt ans, quand je me suis retrouvée dans un appartement vide. Et aujourd'hui, plus que jamais.

Je n'étais pas la compagne idéale pour Fabian, mais je l'avais prévenu dès le départ.

— Tu ferais mieux de te trouver quelqu'un d'autre, je ne suis pas facile à vivre, loin de là.

— Aucune importance. C'est toi que je veux, telle que tu es.

Il n'avait rien compris.

Les hommes sont démonstratifs face à la poitrine généreuse ou à la belle bouche de leur compagne. On finit par se taire, pensant que l'amour viendra à bout de tous les problèmes, et on s'étonne que rien ne change. On dit «je t'aime» alors que ces mots sont désormais vides de sens. Je vois des clients appeler leur femme avant même d'avoir retiré leur préservatif.

— Chérie, j'ai encore du travail, je rentre dans une heure... Oui, mon ange, je me dépêche... Tu m'attends pour le dîner? Comme c'est gentil! Je t'aime.

Je t'aime.

Et, après avoir raccroché, ils ont le culot de vouloir remettre ça.

Mais ce n'est pas mon problème, j'ai déjà fort à faire de mon côté. Je ne promets rien à qui que ce soit, j'embrasse des milliers de crapauds baveux sans jamais espérer que l'un d'eux se transformera en prince.

La vie m'ayant appris à vivre seule, mourir seule devrait être à ma portée. Il est désormais inutile de pleurer à cause de mes parents ou de mon ex. Je ne me considère pas comme fragile, puisque je suis déjà brisée. Les mots peuvent blesser, mais pas autant qu'un pédophile.

Le lendemain matin, je trouve un mot collé sur la porte de mon appartement.

«Je te hais! Tu as foutu trois ans de ma vie en l'air, sale pute!»

Je manque de fondre en larmes, avant de me ressaisir. Je n'ai aucune raison d'être triste, il doit s'agir d'une erreur, l'homme avec qui j'ai vécu ne m'insulterait jamais ainsi. Celui-ci qui a déposé ce billet a dû se tromper, il était pour quelqu'un d'autre.

Bref, je me voile la face.

Je plie la lettre en forme d'avion, la lance au dehors et regarde le vent faire son œuvre. Puis je prends un bonbon sans sucre et repense aux bons moments passés avec Fabian, à ces trois belles années qui m'ont permis de gagner en maturité.

Or, justement, là est mon erreur. Je crois avoir gagné alors que j'ai déjà perdu depuis longtemps.

15

J'ai toujours cru que je ne dépasserais pas les vingt et un ans, et voilà que je vais fêter mon vingt-deuxième anniversaire dans quelques minutes. Soit vingt-deux ans de descentes en piqué, de loopings ratés et de mensonges.

Je suis encore dans l'ombre ; le soleil ne réchauffe toujours pas ma peau. Mais, au cours des derniers mois, j'ai évolué, à la fois par rapport à moi-même et par rapport aux autres. Avant, j'oscillais entre colère, tristesse et désarroi, j'étais comme perdue dans une forêt de sexes. Et voilà qu'aujourd'hui, je me prends à espérer que cet anniversaire ne sera pas le dernier. J'ai envie d'y croire.

Mourir. Mourir ? Non. Pas aujourd'hui. Rester en vie ! Tituber, chanceler, mais continuer à avancer.

Comme mon réfrigérateur est vide, je dois me contenter d'un verre d'eau et d'une biscotte. J'irais bien me coucher afin de rêver plus à mon aise. Mais rêver, c'est désirer, espérer. Que du superflu pour Ana. Elle préfère envisager le suicide. Et puiser dans mes dernières forces vitales. Je suis la seule à me battre. J'ai la belle vie. Je le sais. Mais pas toujours.

Dans deux minutes, j'aurai vingt-deux ans. Je procède au compte à rebours. Dans ma tête, bien sûr, pour ne pas rompre le silence.

Trois.

Deux.

Un.

— Joyeux anniversaire, Lilly, murmuré-je.

Je retiens mon souffle. Le temps ne s'est pas arrêté. Mon cœur bat toujours. Je suis en vie. J'inspire très lentement, je sens mes poumons se remplir d'oxygène et je souris. L'heure est venue d'ouvrir le cadeau de Lady. Je décolle le ruban adhésif et soulève délicatement le papier de soie rouge, comme si je m'apprêtais à découvrir le code qui effacera le viol de ma mémoire.

Il s'agit d'un carnet à couverture bleue. Entre les dernières pages, je trouve une feuille de papier rose où Lady a griffonné ces mots :

« Le livre que tu es en train d'écrire ne comportera jamais autant de pages que toi, Lilly. »

16

Quelques jours plus tard, l'automne est bien là : il pleut des cordes, les rues sont désertes et une brise fraîche me parvient par la fenêtre entrouverte. Il y a peu de clients, aujourd'hui. Depuis le salon, j'entends les rires de Valesca et Minny en train de se saouler à la vodka ; à l'accueil, Brittany danse en dessous roses à fleurs, Marla feuillette un catalogue de vêtements pour bébé, et Amy dort dans la chambre numéro 4, roulée en boule sur le lit à baldaquin.

De mon côté, je suis affalée sur des draps blancs. Sur l'un, je reconnais le parfum d'Amy, et sur l'autre, une légère odeur de framboise, certainement le shampoing de Brittany. Quand Eriko est là, il râle à la vue du linge de lit jeté négligemment dans la chambre des filles, nous fusille du regard et ressort nous acheter à boire. Moi, j'aime ce désordre de vêtements, de draps, de brosses à cheveux, de sacs à main et de couvertures. Il forme une sorte de cocon dans lequel je me sens en sécurité.

Tandis que je rêvasse en regardant par la fenêtre, la sonnerie retentit trois fois. Marla va ouvrir et, **quelques** minutes plus tard, Monique, les cheveux trempés, passe la tête par l'embrasure de la porte.

— Coucou, ma belle. Ça va?

— Oui, et toi?

Elle hoche la tête, retire son manteau et me tend un sachet en papier.

— J'ai apporté une tarte, tu nous rejoins au salon?

— OK. Tu es un amour.

— Je sais.

Elle ressort, puis j'entends s'entrechoquer des assiettes et des couverts. Mais, alors qu'une odeur de café vient me chatouiller les narines, une grande tristesse m'envahit. Je repense à mon dernier client, venu simplement se faire masser et discuter un peu. Il m'a caressé l'annulaire gauche en disant:

— Un jour, l'homme de ta vie glissera une alliance à ce magnifique doigt. Alors, tu pleureras de joie, tu riras. Puis, tu quitteras définitivement ce milieu et tu nous manqueras terriblement. Qui que ce sera, il aura tiré le gros lot, j'en suis certain.

Cette vie me ronge, mais délicatement, à coups de morsures s'apparentant à des caresses.

Une fois le rendez-vous terminé, tous ces clients rentrent chez eux et retrouvent leur femme, leurs enfants, leur compagne, leur solitude. Qu'adviendra-t-il de moi, si je décrète un jour, après avoir couché avec des milliers d'hommes, que l'heure est venue de me rhabiller? Quelle expression aurai-je sur mon visage? Quel son aura ma voix? Est-il vrai que l'élu de mon cœur comptera toujours deux fois plus que tous les clients que j'ai connus? Je l'espère. Dans le cas contraire, cela signifierait que le monde ne tourne pas rond.

Monique m'appelle.

— Lilly, tu veux de la tarte?

— Oui, j'arrive.

Alors que je cherche mon pull, Ana et sa voix stridente se rappellent à mon bon souvenir.

— Comment oses-tu? Tu as pensé aux calories que contient cette part de tarte?

Heureusement, un client sonne à la porte, m'évitant ainsi une énième dispute. Un acteur, cette fois-ci. Je ne me souviens plus de son nom, mais je l'ai vu dans plusieurs films. Nous passons deux heures ensemble. Il est certes sympathique, mais je reste indifférente.

— Ça te dirait qu'on se revoie en dehors? me propose-t-il, une fois rhabillé. J'ai envie de mieux te connaître, Felia.

— Je ne sors jamais avec les clients, désolée.

Il semble un peu perplexe, mais également amusé.

— D'habitude, les femmes se battent pour me donner leur numéro de téléphone. Pour une fois que je prends l'initiative...

— Je ne voulais pas te blesser.

Mais comment pourrais-je blesser ce qui ne m'appartient pas?

— Pas de souci, je comprends.

Il m'embrasse sur le front et ajoute, en me tendant sa carte de visite:

— Si jamais tu changes d'avis, n'hésite pas à m'appeler. Je serai ravi de te revoir, qu'on recouche ensemble ou non.

Après avoir jeté sa carte de visite dans les toilettes, tiré la chasse d'eau et envoyé bouler Ana, je rejoins les autres filles au salon, où m'attend une part de tarte aux fraises. J'arrive à en manger la moitié. Plongée dans mes pensées, je suis à peine la conversation. Le brouillard dans mon cerveau prend, comme d'habitude, le pas sur la réalité.

J'aimerais me réveiller un matin et comprendre pourquoi un homme en vient à violer une femme ou une enfant. Et pourquoi il est impossible, absolument impossible, quand on est victime de tels agissements, de continuer à vivre comme si de rien n'était.

Chacune de nous espère être la dernière. Et nous nous détestons car nous ne trouvons pas le courage de dénoncer notre agresseur, nous nous méprisons d'être aussi faibles, et nous nous disons : « À partir d'aujourd'hui, toute victime de viol le sera un peu par ta faute. »

D'après les statistiques, on se retrouve plus facilement sous les verrous pour braquage de supérette que pour agression sexuelle. Il est également plus risqué de tricher sur sa déclaration de revenus que d'abuser d'un enfant. Certains se disent peut-être : « Braquer une banque ? Non, trop dangereux, je préfère m'en prendre à ma jolie voisine. Et si elle porte plainte, je dirai qu'elle portait une minijupe et qu'elle était consentante. Au pire, j'écoperai de trois ans avec sursis, je déménagerai et me trouverai une nouvelle proie. »

Je me demande pourquoi je gâche ma vie ainsi, alors que je ne suis nullement responsable de ce qui m'est arrivé. Pourquoi préféré-je me mutiler, me graver une insulte dans le bras avec un cutter que me protéger ? Me pardonner ? Impossible.

Oui, tant de choses m'échappent. Tant de choses que je continuerais à nier, quand bien même on me les expliquerait en long, en large et en travers.

Cependant, j'ai au moins trois certitudes. On est ce qu'on fait. On touche le fond parce qu'on se l'y autorise. Et, pour se projeter dans l'avenir, il faut oser ouvrir les yeux.

Les mots ont l'écho qu'on leur prête.

17

J'ai parfois l'impression d'évoluer sur un tournage de film un peu glauque, entre acteurs repoussants et femmes blasées, fellations et tétons mordillés, dialogues ridicules et billets de banque grossièrement imités.

J'essaye de joindre Lady pour lui faire part de mon ressenti et prendre de ses nouvelles, mais, une fois de plus, je tombe sur le répondeur. Je vide mon sac, ce qui ne me soulage pas, bien au contraire.

Cependant, trois jours plus tard, elle m'envoie une lettre. Sur l'enveloppe en papier recyclé, quelqu'un a dessiné quatre coquelicots et un oiseau au plumage bleu et rouge.

Je la déchire, de peur qu'elle ne disparaisse d'une seconde à l'autre, déplie la feuille de papier et lis :

« Chérie, on n'a qu'une vie, autant ne pas la foutre en l'air ! On se voit bientôt, je t'appelle une fois de retour à Berlin. Et là, je te parlerai des pornos que j'ai tournés et des joints que j'ai fumés, plus jeune. Merci d'exister. Lady. »

Aucune adresse ne figure au dos de l'enveloppe.

J'imagine que c'est une façon diplomatique de dire : « Ne me réponds pas, s'il te plaît. »

Cette semaine, Minny s'est fait poser des prothèses mammaires. Je la trouvais magnifique au naturel, mais elle n'a pas tenu compte de mon avis. Ce que je comprends tout à fait, d'ailleurs. Après tout, j'ignore bien les remarques sur mon physique et ma maigreur.

Je sais à quoi m'en tenir. Tout comme Ana.

Comment une fille belle, riche, intelligente et appréciée comme Minny en vient-elle à croire que des faux seins lui apporteront quelque chose ? Cela dit, venant d'une personne qui passe ses journées à s'affamer et se mutiler... Moi aussi, j'ai tendance à croire que l'autodestruction m'apportera quelque chose. Je préfère donc me taire, bien contente qu'aucune de mes voix ne réclame des implants mammaires, des extensions ou des lèvres en silicone. Je me méprise déjà bien assez de coucher avec des hommes même pas sympathiques ni attirants, qui ont mauvaise haleine, m'embrassent goulûment, se collent à moi, trempés de sueur, pétrissent mes seins et me donnent des ordres, pensant ainsi me dominer. Être traitée comme un morceau de viande n'a rien de gratifiant. Pourtant, je suis entrée de mon plein gré au Passion. Certains jours, je m'y plais ; d'autres, je me demande vraiment ce que je fais là.

Jusqu'à présent, j'ai eu de la chance, concernant mes clients, car ceux que je ne veux plus revoir se comptent sur les doigts d'une main. Il faut dire que je ne reçois pas n'importe qui, et encore moins les hommes pressés de tirer leur coup. Parfois, quand l'une de nous fond en larmes à peine le client parti, les murs du Passion semblent se rapprocher dangereusement, l'atmosphère se charge de honte et de culpabilité. Le moindre coup de sonnette vient troubler une tranquillité à laquelle nous n'avons de toute façon pas droit.

Je suis toujours plus rassurée quand un client prend rendez-vous avec moi et une autre fille. Brittany et ses énormes seins ont beaucoup de succès auprès des hommes, ainsi qu'Amy et sa voix d'enfant, bien qu'elle semble très mal à l'aise et baisse les yeux quand elle parle. Moi, je trouve qu'elle fait plutôt peine à voir. Valesca et moi avons également des rendez-vous en commun, sans doute parce que nous nous ressemblons, tant au niveau de la silhouette que de la chevelure. Enfin, sous les airs candides de Minny se cache une véritable bête de sexe dont les fellations font des ravages.

Ces différents masques mettent du temps à tomber. Nous avons beau potasser nos différents rôles et les interpréter avec conviction, parfois, la situation nous échappe.

C'est le cas aujourd'hui. Alors que je suis en train de sécher mes cheveux, je crois entendre quelqu'un sangloter dans la chambre voisine. Dans le doute, je tends l'oreille. Non, je ne me suis pas trompée. Je frappe à la porte. N'obtenant pas de réponse, je l'entrouvre doucement. Amy est recroquevillée sur elle-même, la tête enfouie sous un oreiller.

— Je peux entrer ?

Lorsque je prends place sur le lit, elle lève la tête, me regarde, renifle puis se retourne vers le mur.

— Qu'est-ce qui se passe ? je lui demande en lui caressant le bras. Un client t'a brutalisée ?

Elle pleure de plus belle tandis que je reste là, les bras ballants. Une fois calmée, elle m'explique qu'Alex, son petit ami, est furieux. Il vient d'apprendre qu'elle travaille au Passion.

— Il veut que j'arrête, mais comment vais-je payer mon loyer ? J'ai déménagé et ai dû verser une caution très élevée pour l'appartement. Il faut aussi que je subvienne aux besoins de ma mère, en Russie. Je voulais travailler ici encore quelques mois, le temps de voir venir. Oh, Lilly, je ne peux pas me permettre de partir maintenant. Tu ferais quoi, à ma place ?

Dasha, venue récupérer sa robe résille dans la pièce, intervient.

— Tu n'as qu'à lui mentir. Demande à Eriko de supprimer tes photos du site Internet, trouve-toi un nouveau pseudo et pose avec une perruque. Ou alors, quitte Alex.

— Tu ne te rends pas compte, il refusera de rompre. Et compte sur lui pour vérifier que je ne travaille plus ici.

— On va t'aider. S'il appelle, Marla lui dira que tu ne viens plus, pareil s'il sonne. Tu n'auras qu'à passer par l'issue de secours, personne ne te remarquera !

Amy hoche timidement la tête et m'interroge du regard. Mais je ne sais pas quoi lui dire, car nous ne partageons pas la même conception des choses.

Je ne pourrais jamais vivre avec quelqu'un qui m'en voudrait de travailler ou d'avoir travaillé dans un bordel. Certes, je survis à chaque jour qui passe en me racontant des histoires, mais en amour et en amitié, rien n'est plus important pour moi que la sincérité. Si mon compagnon n'acceptait pas cette partie de moi, j'en conclurais qu'il ne m'aime pas, prostitution ou non. J'estime que ma valeur ne se résume pas aux nombres d'hommes que j'ai pu connaître.

Bien malgré elle, ma mère m'a appris une chose : traiter les autres comme on voudrait qu'ils nous traitent, ou du moins, essayer. Et il se trouve que si je vivais avec un proxénète, un gigolo, un homme politique, un dentiste... ou un violeur, j'aimerais le savoir. Je veux qu'on m'aime pour ce que je suis, et non pour ce que je représente.

Aussi me contenté-je de hausser les épaules face à Amy, qui, faute de mieux, décide de suivre les conseils de Dasha et d'appeler Eriko. Ce dernier, après avoir un peu râlé, contacte le webmaster, qui supprime les photos d'Amy du site

Pendant deux jours, le Passion est en ébullition, car Alex appelle Amy toutes les heures sur son portable pour savoir où elle se trouve. De plus, je soupçonne certains de nos clients d'avoir été envoyés pour vérifier les dires de ma collègue.

Heureusement, nous ne sommes pas nées de la dernière pluie. Avant que l'une de nous ouvre la porte, Amy regarde par l'œilleton pour s'assurer qu'il ne s'agit pas de son petit ami ou de l'une de ses connaissances ; au téléphone, nous répondons qu'hélas, nous ne la voyons plus.

Ce qui n'est d'ailleurs pas faux, puisqu'Amy se fait dorénavant appeler Nina.

Elle a eu du mal à se reconnaître sur ses nouvelles photos, où elle pose avec une perruque blonde et des porte-jarretelles noirs. Ses clients réguliers ayant été informés de son changement de pseudo, elle a encore pas mal de rendez-vous.

Mais alors qu'elle est censée ne plus travailler au Passion depuis trois jours, Alex l'appelle une quinzaine de fois en quatre heures.

— Qu'est-ce que je dois faire ? nous demande-t-elle, les yeux rivés sur son portable.

Elle ne sait sans doute pas ce qu'elle redoute le plus, entre la rupture et la violence dont Alex peut faire preuve. En effet, j'ai cru comprendre qu'il était beau garçon mais colérique.

— J'ai envie de tout laisser tomber, murmure Amy.

Elle s'assied sur le canapé, à côté de moi, et regarde son téléphone comme une bombe sur le point d'exploser.

— Je n'ai jamais autant menti de toute ma vie, mais il refuse de se mettre à ma place, ajoute-t-elle d'une voix tremblante. Dès qu'il a su pour le Passion, il m'a ordonné d'arrêter, mais j'ai tellement besoin d'argent, Lilly... Il faudrait que je trouve du boulot ailleurs, et en plus, j'ai promis à ma mère de lui rendre visite le mois prochain. Comment je vais payer le billet d'avion pour la Russie? J'avais tellement hâte de...

Elle est interrompue par la sonnerie de son portable.

—Oh non, il va encore me demander où je suis. Qu'est-ce que je vais bien pouvoir lui répondre? Aide-moi, je t'en supplie!

— Dis que tu es chez moi, proposé-je, à court d'idées. Au pire, tu me le passes et je lui parle.

Elle répond d'une voix mal assurée, et son interlocuteur ne semble pas croire un seul mot de ce qu'elle raconte. Cela n'a d'ailleurs rien d'étonnant, étant donné qu'elle se contredit sans cesse d'une phrase à l'autre. Alex insiste pour avoir mon adresse, mais quand Amy la lui donne, je l'entends clairement hurler:

—Tu te fous de ma gueule? C'est juste à côté de ton bordel!

— Mais elle vit dans ce quartier! Je t'ai déjà parlé d'elle, on s'est rencontrées en cours. Tu peux me croire, je ne suis pas au Passion!

Il grommelle quelque chose que je ne saisis pas et raccroche.

— Alors?

— Il sera là dans une demi-heure, répond ma collègue, décomposée. Il va me tuer, Lilly!

— Eh bien, à nous d'être plus rapides que lui!

Nous nous regardons, tout sourire, bien que la situation ne s'y prête guère, puis nous rhabillons en vitesse et déboulons sept minutes plus tard dans mon appartement, à bout de souffle. Amy est encore plus livide que moi, quand je ne mange rien pendant trois jours.

— Bon, j'y retourne, sinon Eriko va s'énerver. Fais comme chez toi et n'hésite pas à m'appeler, si Alex te menace. S'il te demande où je suis, réponds que je suis partie voir des enfants que j'encadre. Tu lui as bien dit que j'étais éducatrice?

Elle hoche la tête et s'affale sur le lit.

— Tu préfères que je reste avec toi?

— Non, non, vas-y. Eriko est déjà de mauvaise humeur, vu que Minny et Dasha ont du retard, et il n'aime pas qu'on file en douce. En plus, tu as rendez-vous avec un client régulier. On se voit plus tard?

— OK. Si tu veux passer la nuit ici, aucun problème.

Je la serre dans mes bras, puis je prends la poudre d'escampette tout en priant pour ne pas croiser son copain.

À mon retour, trois heures plus tard, elle dort, roulée en boule sur le canapé. Je trouve un mot sur la table de la cuisine:

«Merci pour tout, Lilly. Alex et moi avons beaucoup parlé, et je pense qu'il m'a crue. Bonne nuit et à demain!»

Je me déshabille sans bruit et m'allonge, la tête tournée vers la fenêtre. Elle est grande ouverte, j'ai mal à la gorge et je grelotte, mais il m'est impossible de dormir autrement, même en plein hiver.

Je suis mal à l'aise, car je n'ai pas l'habitude d'héberger du monde. Il m'arrive de recevoir, mais l'idée de me réveiller le lendemain alors que quelqu'un d'autre est chez moi suffit à m'angoisser. Ma vie est placée sous le signe de la solitude, au point que je ne m'imagine même pas vivre en couple. Le soir, je regagne mon appartement en sachant que personne ne sera là pour me parler ou me poser des questions. Je n'ai rien à raconter, rien à expliquer, rien à justifier, rien à prouver, rien à manger, rien à cacher.

J'existe, point. Du mieux que je peux. Et j'essaie de prendre soin de moi. Même si je ne sais pas pour qui je le fais.

Le lendemain matin, sentant quelque chose frôler mon visage, je me réveille et me retrouve nez à nez avec Amy, qui me regarde, fatiguée.

— Désolée de te déranger mais, comme je n'arrivais pas à dormir, je suis venue m'allonger à côté de toi, murmure-t-elle. Ça ne te gêne pas ?

Sans répondre, je me rapproche d'elle et glisse un bras autour de ses épaules, tandis qu'elle enlace ma taille.

Finalement, c'est agréable, de ne pas se réveiller seule. Et d'avoir quelque chose à partager, que ce soit positif ou négatif.

18

Un changement semble s'opérer en moi à mesure que l'hiver approche.

Me voilà plantée au beau milieu du salon d'accueil, les yeux rivés sur le lustre, tandis qu'une foule de bruits me parvient : sèche-cheveux, musique d'ambiance, soupirs lointains, rires étouffés, gémissements de plaisir, gargouillis de la cafetière, sonnerie de portable. Mais tout est comme figé. Irréel. Imprécis. Et soudain, je comprends.

Cette vie me paraît normale, à présent. Après l'avoir apprivoisée, je commence à m'en lasser. Comme si je n'avais plus rien à apprendre au Passion. Il n'y a rien de pire que la monotonie et la banalité, qui, un jour ou l'autre, laisseront la part belle au chaos.

Tandis que les gémissements de Minny se mêlent à la musique douce diffusée dans le salon, je me rends à l'évidence : mes jours au Passion sont comptés. Je regagne la chambre des filles, m'installe sur le lit avec mon ordinateur portable et commence à taper sur mon clavier. Seule l'écriture me permet d'y voir plus clair quand mon cerveau s'emballe.

Au bout de deux heures passées à taper des phrases pêle-mêle sur mon clavier, seulement interrompue trois fois par Brittany, venue jeter son portable à l'autre bout de la pièce, je tire la conclusion suivante : l'heure est venue de me rhabiller.

Mais personne n'aime partir. Encore plus pour se retrouver dans des rues aussi anonymes que les violeurs qui y sévissent.

N'ayant aucune envie de rester seule, je décide de passer voir Chase.

— Tiens, Lilly, quelle bonne surprise ! s'exclame-t-il en ouvrant la porte. Pour une fois que ce n'est pas moi qui te réveille en pleine nuit...

— Tu penses que je te manquerai, quand je serai morte ? demandé-je de but en blanc.

— Tu me manques déjà.

Les heures s'égrènent lentement.

Chase dort depuis longtemps, tandis que je tente de réfréner l'angoisse terrible que je ressens vis-à-vis de moi-même, allongée, les yeux écarquillés et une main posée sur le ventre.

— Reconnais que tu ne crois pas un mot de ce que je te dis, chuchoté-je.

Je me tais quelques secondes, le temps de m'assurer qu'il dort profondément. Sa respiration étant toujours aussi régulière, je décide de poursuivre.

— Reconnais que tu ne me crois pas quand tu me demandes si ça va et que je te réponds oui. En réalité, j'ai envie de pleurer, de te dire que je ne sais pas ce que c'est que d'aller bien. Je me raconte des histoires en espérant qu'un jour, tu m'aideras à comprendre la vérité. Pour l'instant, sache que je n'ai pas le choix. Laisse-moi le temps de faire le deuil de mon viol, laisse-moi te sentir auprès de moi et convaincs-moi qu'effectivement tout va bien.

Il marmonne quelques mots dans son sommeil, se tourne, se retourne, grogne et m'enlace.

Je retiens mon souffle. J'écoute le tic-tac de la pendule. Puis, après m'être dégagée de son étreinte, je prends une des couvertures, glisse sur le sol et m'endors, roulée en boule.

Pendant ce temps, Alex attend, garé non loin du Passion. Il attend. Et attend. La patience est la qualité première du psychopathe.

Lorsque Amy en sort, raccompagnée en voiture par Eriko, Alex les suit jusque chez elle et se cache derrière un arbre. Après le départ d'Eriko, il gagne discrètement l'immeuble et sonne chez sa petite amie, sachant pertinemment qu'elle est assez inconsciente pour lui ouvrir.

En effet.

Elle se tient devant lui et affiche un sourire forcé.

— Qu'est-ce que tu fais là? Il est tard, constate-t-elle en l'embrassant sur la joue.

Il ne répond pas. Il a un regard glacial, entre et verrouille la porte derrière lui.

Pour elle, c'est trop tard. Pour lui, l'heure est venue de se faire justice.

Il la plaque au sol et déboutonne son pantalon.

— Espèce de sale pute! Petite salope, tu n'as que ce que tu mérites! Tu couches avec le premier venu, alors, pourquoi tu chiales?

Elle finit par rendre les armes. Il finit par se relever.

— C'est pourtant à ça que tu occupes tes journées, conclut-il.

Il lui crache dessus. Et repart, la laissant à terre.

Le lendemain, Amy arrive peu après moi au Passion, pâle comme un linge et la lèvre inférieure tuméfiée. Elle refuse que je la regarde ou que je la prenne dans mes bras. La voilà devenue comme moi.

Lorsque je lui demande ce qui lui est arrivé, elle garde le silence, les yeux rivés sur le mur, à côté de l'armoire. Finalement, elle me raconte par bribes.

Vient l'heure du déjeuner, puis du goûter. Puis le soir et la nuit.

Amy et moi restons allongées sur le lit de la chambre des filles, qui croule sous les serviettes et les vêtements, à écouter le silence. Je me perds dans la contemplation d'une latte de parquet et lutte contre le sommeil. Car, cette nuit, c'est cauchemars garantis.

— Je veux m'en aller, finit par déclarer Amy.

Ouvrir la porte et s'enfuir en courant. Je la comprends. Je ne la comprends que trop bien.

Quand j'étais petite, je passais mes journées cachée sous le lit à attendre que quelqu'un vienne me proposer de partir vivre là où je pourrais tout recommencer à zéro. Personne n'est jamais venu, mais je n'ai jamais cessé d'attendre. Rencontrer au pied du Passion un homme qui me prendra dans ses bras et m'emmènera en lieu sûr, c'est mon vœu le plus cher.

Pour l'instant, je suis sur le seuil, mais du mauvais côté de la porte, le souffle coupé et le pouls bien trop rapide. Évidemment, j'hésite. Évidemment, je chancelle. Maintenant, c'est tout ou rien. Tout ou rien.

Je l'imagine devant moi, muet. Dans son regard, je lis des choses que je sais depuis des années, mais les voilà devenues réelles, concrètes, palpables. Je suis comme un livre que personne n'ose ouvrir, faute d'en comprendre la langue. Même si je ne me souviens pas d'avoir écrit toutes ces pages.

Douleur et grandes espérances. J'aimerais tellement me purifier de toute cette honte, expliquer pourquoi, comment et depuis quand, décrire les événements que j'ai refoulés, car ils ne collaient pas à la réalité que j'avais inventée.

— Lilly, dit-il simplement. Lilly.

Sa voix m'affranchit. À son ton déterminé, je comprends que je peux partir. Et que je ne m'appellerai plus jamais Felia.

Alors qu'il me prend par le bras avec douceur mais fermeté, je ressens une intimité dont j'ai appris au fil des ans à me passer. Je passe le court trajet en voiture à regarder par la vitre, à observer les autres, à me demander où ils vont et s'ils devineront ce qui m'est arrivé rien qu'en me regardant.

Nous voilà arrivés. Il se gare, ouvre la portière et monte mes valises jusqu'à son appartement. Quant à moi, je suis chargée du fardeau invisible qu'Ana et Mia ne peuvent porter à ma place, malgré leurs nombreuses promesses.

Une fois chez lui, je reste dans le couloir, silencieuse et immobile. J'espère passer inaperçue. Je n'ose bouger, de peur que le moindre mouvement ne m'arrache à ce rêve.

Lui pose doucement sa main sur mon épaule et me fait pivoter vers lui. Puis, il me déshabille et essuie le gloss trop brillant que j'ai sur les lèvres.

Il me prépare un bain moussant, puis me soulève et m'y dépose. Je sens la chaleur de l'eau m'envelopper et exorciser une partie de mes humiliations. Les croûtes recouvrant mes centaines de plaies se dissolvent petit à petit.

Dans cette baignoire-ci, nulle trace de radeau. Devant moi, l'horizon à perte de vue. Cette fois, je ne me noierai pas. Et je ne me réveillerai pas seule.

Quand il m'enveloppe dans une grande serviette toute propre qui m'arrive aux chevilles, je sens mes cheveux mouillés se plaquer contre ma nuque et mon cœur battre paisiblement sous ma peau meurtrie.

Et soudain, l'inconnue sur laquelle j'ai tant écrit, les pièces de puzzle, la coquille vide, le corps étranger et les voix épuisantes disparaissent pour laisser éclore un nouvel être. Ce nouvel être, c'est moi. Moi, Lilly.

Combien de fois me suis-je perdue ? Combien de fois me suis-je allongée pour mieux fuir ? Mais ce jour-là, je décide de rester. Il avance d'un pas. Lui. Un homme. Et ce jour-là, je ne recule pas.

En m'y prenant correctement, je parviendrai peut-être à me pardonner. Et là, je comprends : s'égarer n'a rien de dramatique. Tant que c'est provisoire.

SUITE

I

Chase est le premier à qui je me confie, le jour où, à dix-sept ans, mon corps est réduit à un morceau de viande. Je me dis alors que parler m'évitera peut-être de mourir prématurément, dévorée par la nuit.

Je voudrais que ma mère me réconforte, qu'elle me serre dans ses bras et qu'elle me caresse les cheveux, mais ce serait demander l'impossible. J'ai le choix entre rester enfermée pour toujours au sous-sol, me noyer dans la baignoire ou refuser d'être une victime.

Après avoir choisi la troisième option, je me relève et me rends chez Chase. Mes cheveux, encore mouillés après ce bain de plusieurs heures, pèsent sur mes épaules ; je suis percluse de douleur mais réussis à en faire abstraction grâce au brouillard qui m'enveloppe. Par je ne sais quel miracle, je descends les marches, sors de l'immeuble, parcours des rues peuplées d'inconnus, d'hommes et de monstres, et monte jusqu'à l'appartement de mon ami.

J'appuie de mes doigts tremblants sur sa sonnette, tout en priant pour qu'il soit chez lui. Lorsqu'il m'ouvre, je reste plantée sur le seuil et le regarde. Impossible de bouger ni de prononcer le moindre mot. Comme si le dernier lien me rattachant à la vie venait de céder.

Malgré la fatigue, je me force à garder les yeux ouverts afin de rester lucide, de ne pas partir à la dérive, de ne pas disparaître en fumée. Ils se figent à droite du visage de Chase, sur le cadre de la porte.

Devant son effarement, je me rends compte que je dois avoir une tête à faire peur. Il faut dire que, sur le chemin, j'ai évité soigneusement de regarder mon reflet dans les vitrines des magasins.

— Nom de Dieu, mais qu'est-ce qui t'est arrivé ? me demande-t-il en tournant mon visage vers la lumière.

Seulement, au jeu du silence, je suis imbattable. Et que répondre, de toute façon ? Comment répondre quand on a les lèvres scellées et la gorge réduite à un cri muet ? Éblouie par la lumière dans le couloir, j'essaie plusieurs fois de cligner des yeux, mais ça aussi, c'est au-dessus de mes forces. Chase prononce une phrase. Suivie d'une deuxième. Puis d'une troisième. Enfin, il me tire par le bras. J'entre, toujours passive, comme on me l'a si bien appris. J'assimile vite quand un enseignement est dispensé à coups de couteau.

Il me prend par les épaules et me secoue, dans l'espoir d'obtenir une réaction. En vain, car je suis capable de regarder dans le vide pendant des heures. Mais lorsqu'il me relève une nouvelle fois le menton, je préfère fermer les yeux, de peur qu'il voie le néant qui m'habite.

— Lilly. Lilly, tu m'entends ? Qu'est-ce qui s'est passé ? Qui t'a fait ça ?

Sa voix résonne tellement fort que j'ai mal aux oreilles. Comme je n'arrive pas à lui répondre, j'essaie de verser quelques larmes, pensant qu'elles en diront bien plus que des mots. Mais impossible de pleurer.

Et soudain, un vertige, suivi de l'obscurité. Je tombe et Chase me rattrape dans ses bras à la fois tendres et musclés. Une chute que je pourrais presque qualifier d'agréable. Enfin, un peu de répit.

Alors qu'il me porte vers le canapé, le bruit de ses pas me ramène à la réalité. Au moment où je sens ma tête se poser sur un coussin, je me dis que je ne bougerai plus jamais d'ici, car me voilà en lieu sûr. Il continue à me parler, à me poser des questions dont je ne saisis pas le sens. Je me contente de hocher la tête, comme ça, pour lui faire plaisir.

Il s'absente, puis revient avec un verre d'eau.

— Bois.

J'obtempère en prenant soin de ne pas m'étouffer, toute fière d'avoir réussi à comprendre sans trop de difficulté.

— Je te conduis à l'hôpital.

— Non, non, non...

En entendant cette voix inconnue, humiliée, je manque de prendre les jambes à mon cou. Chase saisit mon bras pour m'aider à me relever.

— Ce n'était pas une question. Il faut te faire examiner par un médecin ! Tu t'es vue ? Tu as de grosses entailles au front, à la lèvre et au cou, et tes poignets sont couverts de bleus.

À ces mots, je fonds en larmes. Et je crie. Croyant peut-être retrouver ma véritable voix.

— Ne me touche pas ! Ne me touche pas ! Hors de question que j'aille à l'hôpital ! Laisse-moi tranquille. Si je suis venue jusqu'ici, ce n'est pas pour repartir. Je ne suis pas blessée !

Et là, impossible de reprendre mon souffle. Je m'étouffe en tentant de ravaler mes sanglots. Chase, comme s'il venait de se brûler à mon contact, lâche mon bras et recule d'un pas, tandis que je me recroqueville dans un coin de la pièce en gémissant.

Au moment où je commence à cracher du sang, je crois ma dernière heure arrivée. *Quel soulagement.* Avant de me rendre compte que ce n'est pas si grave, que je ne vais pas mourir. Et curieusement, là aussi, je me sens soulagée.

Que de revirements.

Chase me tend une serviette blanche que je teins immédiatement en rouge, comme par magie.

— Lilly, écoute, je vais te conduire à l'hôpital. Une fois là-bas, je ne te quitterai pas d'une semelle, d'accord? Les médecins sauront comment t'aider. Tu as peut-être besoin de points de suture au cou, même si la plaie n'a pas l'air trop profonde. Tu comprends? Lilly? Ça va s'arranger. Lilly?

Ça va s'arranger. Ma phrase préférée. Je donnerais n'importe quoi rien que pour pouvoir l'entendre à longueur de journée. Cela dit, «hors de question que j'aille à l'hôpital!» me plaît bien aussi, au point que je la répète trois fois à Chase.

RESPIRER! Respirer. J'ai tellement mal à la poitrine...

— Lilly..., insiste Chase.

— Stop!

— Lilly, répète-t-il plus doucement.

— Chase, personne ne me touchera, personne ne m'examinera!

Voyant qu'il semble plus déterminé que jamais, je pleure de plus belle, prise de panique.

— Je t'en prie, je t'en prie, tout sauf l'hôpital... S'il te plaît, Chase, je veux rester ici. Chase, je t'en prie...

Il hésite. Il a peut-être peur que je devienne incontrôlable, que je suffoque ou que je vomisse du sang partout sur son parquet.

— Entendu, on oublie l'hôpital, répond-il finalement en me tendant une deuxième serviette. C'est bon, Lilly, essaie de te calmer.

Mais alors que je m'empare de la serviette survient une terrible crise de hoquet, provoquant une douleur plus vive encore au niveau de la cage thoracique. Impossible d'arrêter de tousser ou de pleurer, c'est plus fort que moi.

— Il faut que ça s'arrête, Chase ! Je n'en peux plus !

Il m'enlace tout doucement, de façon que je puisse poser la tête sur son épaule. Ayant appris à mes dépends que les hommes sont des monstres de perversité capables de traiter les fillettes comme des poupées gonflables, j'essaie d'abord de le repousser, mais renonce assez rapidement. Une souffrance atroce me submerge à chaque inspiration, impossible de me calmer ; j'ai l'impression que mes propres larmes brûlent mon visage à l'acide. J'essaie de raconter, de dire, d'expliquer, de décrire, d'exprimer, de partager ce qui s'est passé. Mais entre sanglots et suffocations, je ne prononce que quelques bribes de phrases. Sans trouver les mots justes. Comme si ce n'était pas mon histoire. Comme si mon véritable moi se trouvait relégué derrière une vitre opaque.

Après ce qui me semble une éternité, je m'écroule contre Chase, épuisée, la gorge en feu. Mais avant de sombrer dans un sommeil agité, je lui pose une dernière question.

— Je ne saurai jamais quelle vie j'aurais pu mener si rien de tout cela ne m'était arrivé. Pas vrai ?

Je me réveille dans le lit de Chase, allongée sous une immense couette bleue. Lui est assis non loin et m'observe, comme s'il montait la garde. Je serais incapable de décrire l'expression sur son visage. Toujours est-il que son regard me transperce. Encore aujourd'hui, il est le seul homme au monde à pouvoir me prendre dans ses bras et me soulever de terre sans que j'aie envie de m'enfuir en courant. Chase, l'unique témoin de mes souffrances.

J'ai la gorge sèche, le nez bouché, les joues irritées d'avoir tant pleuré, des pansements au cou et au front, ainsi que les poignets enduits de pommade et bandés.

Mes yeux se promènent sur le plafond décoré de stuc. Je me tais, comme Chase. De toute façon, que dire, dans ces moments-là ? Rien. Rien du tout. Le silence permet de bien peser le pour et le contre : recommencer à parler un jour, ou se taire à jamais ?

Au bout d'un moment, Chase se lève, s'assied sur le lit et prend ma main.

— Je ne me suis jamais senti aussi furieux et impuissant, alors que je donnerais n'importe quoi pour alléger ton fardeau. Je me souviens du jour où ta mère, venue te chercher au jardin d'enfants, n'a pas daigné regarder le chat que tu lui avais dessiné. Tu as plissé les yeux très fort pour ne pas fondre en larmes, pour rester forte. Déjà, à cette époque, j'aurais voulu te rassurer, te dire qu'un jour, tu serais adulte et que le manque d'affection de tes parents, leurs paroles dures ne suffiraient pas à te briser. Tu gardes cette étincelle dans les yeux, même quand tu es triste. Tu ne m'as jamais parlé des horreurs que t'infligeait ton voisin, et moi, je n'ai rien vu. Je mettais tout sur le dos de tes parents, je te croyais malheureuse uniquement à cause d'eux, sans me douter qu'il y avait autre chose. J'ai compris bien plus tard, quand tu avais treize ans. Tes copines parlaient de garçons, de baisers, de sexe, et toi, tu regardais dans le vide, comme absente. Tu évitais tout contact avec les autres, même ta démarche était bizarre et, dès que tu passais devant un miroir, je m'attendais à ce que tu le brises en mille morceaux. Et là, j'ai fini par comprendre, Lilly. Je ne pouvais pas t'en parler, j'estimais ne pas avoir le droit de briser ce tabou, il fallait que cela vienne de toi, mais tu n'as jamais abordé le sujet. Hier, en te voyant sur le pas de ma porte, j'ai souffert comme jamais. Quand tu t'es endormie, j'ai failli t'emmener à l'hôpital. Quant à ce salopard, si je l'avais croisé, je l'aurais taillé en pièces. Mais ça n'aurait rien changé, hein? Qu'est-ce que je peux faire, Lilly? Qu'est-ce que je peux te dire?

Je ne connais pas la réponse. Et, le cas échéant, je ne la donnerais à personne. Pas même à Chase.

Ce dernier replonge dans le silence. Un silence de mort.

2

En cette fin d'automne, grisaille et pluie sont au rendez-vous. Je réfléchis, toute grelottante, au balcon du Passion. Après six mois chaotiques, je suis à présent certaine que le moment est venu d'arrêter. Je ne peux pas continuer ainsi, sous peine de perdre la raison, ou du moins ce qu'il m'en reste.

J'observe les passants. Certains lèvent la tête et me sourient, d'autres continuent à marcher tranquillement, sans se douter qu'ils sont en train de longer un bordel. Et c'est là que la réalité me rattrape. Je me rappelle soudain qu'en Allemagne, les mineurs victimes de viol disposent de vingt ans à compter de leur dix-huitième anniversaire pour porter plainte. Au-delà, il y a prescription.

Prescription. Mon nouveau mot préféré.

Le jour de mes trente-huit ans, il y aura donc prescription. Tout sera balayé, oublié, pardonné. Nul et non avenu. Périmé, en quelque sorte. Et je serai guérie.

Ça se passe bien comme ça, hein ? Autrement, ce n'est pas du jeu.

Prescription. La meilleure issue possible. Dans seize ans, quand on me demandera comment je vais, si je continue à avoir peur d'environ un homme sur trois, à retenir mon souffle et à compter les secondes lors de mes rapports sexuels, je pourrai répondre avec détachement : « Oh oui, je vais super bien, merci de vous en inquiéter. La prescription m'a permis de tourner la page. J'arrive même à coucher sans être payée. C'est cool, hein ? Qui l'eût cru ? »

« Cool », une expression bien utile pour simuler la nonchalance et l'enthousiasme.

Mon trente-huitième anniversaire sera le plus important de tous ; encore faut-il tenir jusque-là. Enfin, seize ans, ça ne me paraît pas insurmontable. Qui sait combien de centenaires ont subi ou commis des actes prescrits ? J'ai encore le temps. Le temps de quitter le bordel et ses maudites chambres, le temps de rattraper quelques-unes de mes erreurs.

Mais même si je ne travaille plus au Passion, je ne pourrai m'empêcher de rechercher la compagnie des hommes, de vouloir être admirée. J'ai besoin qu'on me dise : « Je vous vois, toi et ton corps. » J'ai aussi envie de gagner assez pour pouvoir prendre ma retraite à trente-huit ans et savourer tranquillement la prescription.

Je me remémore ce que Lisa, une fille de passage au Passion, m'a dit dès son deuxième soir.

— Lilly, si un jour, tu ne te plais plus ici, appelle-moi, et je te trouverai un joli petit appartement en Suisse où tu pourras travailler à ton compte. Là-bas, les clients sont sympas, moins radins qu'ici, et plutôt doués à l'oral, si tu vois ce que je veux dire.

De l'argent, des clients : deux points pour la Suisse. Sans oublier que là-bas, je suis toujours vierge. Vierge de tout viol. Que demander de plus ?

Je regagne la chambre des filles et téléphone à Lisa. Celle-ci décroche dès la deuxième sonnerie.

— Ah, enfin des nouvelles !

— Oui, j'ai un peu tardé à t'appeler. Ça va, toi ?

Après avoir raconté quelques banalités, en prenant garde toutefois de n'évoquer ni Ana ni Mia, je me lance.

— Dis-moi, tu étais sérieuse pour la Suisse ? Tu pourrais vraiment m'aider à m'établir là-bas ?

Elle éclate de rire.

— Évidemment, Lilly, puisque je te l'ai promis ! Bon, voilà le topo. Le type qui s'en occupe est très sympa, il s'appelle Row et ne travaille qu'avec des filles charmantes et fiables, comme toi et, si je lui dis qu'on se connaît, tu es sûre de décrocher ce travail. Je vais lui en toucher un mot dans la journée, donc il devrait te contacter très rapidement pour t'expliquer la suite autour d'un café. Tu auras un appart magnifique et super discret où tu organiseras tes rendez-vous à ton rythme. Concernant les petites annonces, le billet d'avion et le loyer, c'est Row qui s'en charge. Tu pourras aussi compter sur lui pour t'accompagner à l'aéroport et te ramener. C'est vraiment un mec génial, il n'a rien d'un maquereau. Discutes-en tranquillement avec lui.

— Merci, et à charge de revanche, lui réponds-je, non sans un certain soulagement.

— Et surtout, prends bien soin de toi, Lilly.

— Entendu.

Tandis que la pluie continue à tambouriner contre la fenêtre, je reste plantée au beau milieu de la pièce, pieds nus. Je ne porte qu'une petite robe blanche et pas de sous-vête-ments, mais toujours ce même fardeau invisible. Cependant, je me sens plus légère.

Cette fois, c'est sûr, une nouvelle vie commence.

Trois jours plus tard, Row et moi nous donnons rendez-vous dans un café. Après avoir parlé de la pluie et du beau temps autour d'un *latte macchiato*, nous entrons dans le vif du sujet, et il m'explique comment va se dérouler mon installation en Suisse.

— Il faut juste que tu me donnes une date de départ et une date de retour, pour que je puisse réserver ton billet d'avion. Je te conduirai à l'aéroport. Une fois arrivée en Suisse, pas la peine de prendre le métro ou le taxi, car un chauffeur t'attendra. Pour ce qui est de la ville, tu as le choix entre Zurich, Berne, Mellingen, Olten, Bâle, Lucerne et Spreitenbach, mais pour un premier séjour, je me permets quand même de te conseiller Mellingen. Tu y vivras avec d'autres filles, dans une maison divisée en trois duplex qui donne sur le fleuve; donc, tu ne te retrouveras pas toute seule. C'est moi qui m'occupe des annonces. Je te donnerai également trois portables: deux sur lesquels te contacteront les clients suisses, et un pour les appels depuis ou vers l'Allemagne. À toi d'établir le rythme qui te convient. Entre deux rendez-vous, tu es bien sûr libre de faire ce que tu veux. Si tu sors, tu prends les portables avec toi et, si tu en as marre de les entendre sonner, pas de souci, tu les éteins.

Une semaine plus tard, j'atterris à Zurich pour un premier séjour de deux semaines. Un homme nommé Urs m'attend effectivement à l'aéroport pour me conduire à Mellingen, où il possède une maison avec vue sur la Reuss. En chemin, quand ce vieil hippie obsédé par la propreté me rappelle de bien nettoyer les traces de calcaire dans la salle de bains, je me contente de hocher la tête et de fermer les yeux. Excepté le fait que les vapeurs de détergent semblent lui être montées à la tête, Urs est très gentil et n'a pas une tête de tueur en série, ce qui suffit amplement à me rassurer. Il se gare devant une villa cossue et porte ma valise jusqu'au porche, où Lisa m'attend.

— Salut, Lilly! Qu'est-ce que je suis contente de te voir! s'écrie-t-elle en me sautant au cou.

Pour ma part, je reste sur le qui-vive, comme toujours lors d'un contact avec un autre être humain. Mais, après cette accolade, je n'entends pas de coup de feu, je ne m'évapore pas non plus dans les airs, donc j'imagine que c'est bon signe. En revanche, je sens mon cœur se serrer dans ma poitrine, comme si j'avais déjà le mal du pays. Pourtant, il n'y a aucune raison.

Grâce à Lisa, je n'ai pas le temps de ruminer. Elle sonne chez Isabella, qui occupe le troisième appartement, et nous sortons prendre le petit déjeuner dans un café situé à quelques rues de là.

— C'est très calme en ce moment, m'explique Isabella. Ici, pas mal de prostituées proposent des passes rapides pour cent francs suisses. Du coup, les mecs râlent en apprenant que nous, c'est deux cents minimum, sans les extras.

— C'est vrai, confirme Lisa mais, heureusement, nos clients récents ont été généreux!

Isabella attrape un petit pain dans la corbeille, puis en pose un autre dans mon assiette.

— Tu risques de recevoir quelques appels bizarres. Dans ces cas-là, surtout, ne donne pas ton adresse et raccroche!

— Quant aux mecs qui te harcèlent pour que tu les attendes à poil sur le pas de la porte, tu prends un sifflet et tu souffles dedans tout près du combiné, c'est radical.

— Et ne t'étonne pas de croiser une hystérique, de temps en temps. Son mari est un habitué, il a couché avec toutes les filles de la villa. Depuis qu'elle l'a découvert, elle vient parfois crier sous nos fenêtres. Enfin, ça s'est tassé, elle ne vient plus que trois, quatre fois par an. Avec un peu de chance, tu ne la verras pas.

Les femmes! À quoi bon se mettre dans des états pareils pour un homme? À quoi bon sombrer dans la dépression pour quelqu'un qui vous trompe au moins une fois par semaine? Crier ne suffit pas à empêcher un rapport sexuel. Je le sais. Si c'était le cas, je crierais, crierais, crierais. Jusqu'à avoir la gorge en sang.

Après le petit déjeuner, nous rentrons à la villa en longeant le fleuve, et je découvre enfin mon appartement. Lisa ne m'a pas menti: cuisine flambant neuve, deux salles de bains, salon, chambre et vue magnifique sur la Reuss.

Une fois seule, j'éprouve le besoin de souffler après avoir tant communiqué. Mais, en rangeant mes affaires, je me cogne la tête contre l'armoire après que quelqu'un m'a bousculée violemment. C'est Ana, venue me rappeler, avec la gentillesse qui la caractérise, que je n'ai pas encore vomi de la journée.

— Je n'ai pas oublié, ça va, rétorqué-je.

— Ah oui, vraiment? Comment ça pourrait aller, alors que tu viens de prendre un petit déjeuner?

Préférant fuir son regard perçant, je mets la musique à fond et cours m'enfermer dans la salle de bains. Je m'assieds par terre, à même le carrelage. Mia me prend dans ses bras tandis qu'Ana, bras croisés, observe son reflet décharné dans le miroir.

À peine ai-je terminé de défaire ma valise que Lisa vient me dire au revoir.

— Je suis triste de partir aujourd'hui, j'aurais préféré passer un peu plus de temps avec toi... Mais ça devrait bien se passer, avec Isabella.

— Oui, et de toute façon, on se revoit dans deux semaines à Berlin. Bon voyage !

Elle monte dans la Ford noire impeccable où l'attend Urs et m'adresse un dernier geste de la main. Je suis la voiture des yeux jusqu'à ce qu'elle disparaisse au coin de la rue, puis je m'assieds quelques minutes dans l'escalier menant à mon appartement, le menton posé sur les genoux, contemplant la Reuss, voilée d'une légère brume. Une bonne odeur d'herbe fraîchement coupée vient chatouiller mes narines. Je devais être enfant, la dernière fois que j'ai assisté à pareil spectacle.

Il se met à pleuvoir, mais j'attends que mes vêtements soient légèrement humides avant de me décider à rentrer. C'est alors seulement que je remarque que je grelotte et que mes mains virent au violet. Un violent frisson me parcourt l'échine sans que j'y prête vraiment attention. Je côtoie Ana et Mia depuis trop longtemps pour m'attarder sur ce genre de phénomènes. Je ne m'en inquiète même plus. Au contraire, c'est le signe que mon corps est toujours là, et bien là.

Je finis tout de même par m'allonger sur une grande serviette, devant le radiateur de la salle de bains, et je caresse doucement ma peau recouverte de chair de poule, tout en gardant un œil sur mes deux portables suisses. Row a passé deux annonces avec deux numéros de téléphone différents, l'une dans le journal, l'autre sur Internet. Et si aucun client ne se manifestait ?

Je cumule à moi seule toutes les angoisses et tous les troubles alimentaires possibles et imaginables. Heureusement, j'ai eu la bonne idée de laisser mes lames de rasoir à Berlin. Avant de s'absenter, les gens normaux oublient de fermer un robinet et, à leur retour, se retrouvent avec un dégât des eaux sur les bras. Sur les miens, à la moindre erreur, je suis sûre de trouver des scarifications.

Mes inquiétudes s'envolent comme par magie lorsque mes deux portables sonnent pile en même temps. Une demi-heure plus tard, je reçois mon premier client. Puis un deuxième. Puis un troisième. Puis un quatrième. Et ainsi de suite, jusqu'au soir. Mais travailler à la chaîne, très peu pour moi ; je décide donc de ralentir la cadence.

Lisa et Isabella disaient vrai, les clients sont très agréables. La plupart apportent même un bouquet de fleurs ou des chocolats, sans doute parce qu'ils sont triés sur le volet. Lors du premier contact téléphonique, je n'indique mon quartier qu'à ceux paraissant un minimum sympathiques. Je ne donne l'adresse exacte que lors du deuxième appel, quand le client confirme le rendez-vous.

Une femme avertie en vaut deux violées.

Deux jours plus tard, le trac et l'excitation des débuts laissent déjà place à la routine : répondre au téléphone, discuter, flirter, proposer une date, confirmer le rendez-vous. Raccrocher quand c'est un pervers ou un pauvre con qui s'amuse. Ignorer les appels masqués. Une vie sexuelle obéissant à des règles strictes, deux portables et une valise remplie de préservatifs : voilà le quotidien d'une prostituée allemande en Suisse.

Des méthodes qui commencent à me plaire, et une activité réduite qui me laisse beaucoup de temps libre. J'en profite pour me promener en ville seule ou avec Isabella, m'asseoir sur un banc et contempler le fleuve, lire, écrire, surfer sur le Web, cuisiner, m'affamer, faire du vélo, aller au cinéma... Tout ce dont j'ai envie, tout en casant quelques rendez-vous par-ci par-là. Sur les sites spécialisés, je suis qualifiée de femme « envoûtante, extraordinaire, au corps parfait et infiniment sexy ».

Et Ana de soupirer. Car, pour elle, je suis une grosse vache de quarante et un kilos.

Mes clients sont plus jeunes qu'à Berlin : ils ont entre vingt et trente-cinq ans, et sont souvent bien éduqués, même si quelques imbéciles prennent rendez-vous pour finalement me poser un lapin. Ils me proposent soit de faire les courses à ma place, soit de me déposer au supermarché et de me raccompagner chez moi pour m'éviter le trajet à pied, chargée comme un mulet. Parfois, j'accepte même des invitations au restaurant. Nombre de clients sont moins à la recherche de sexe que d'une oreille attentive, raison pour laquelle j'accepte d'enregistrer leur numéro dans mon portable suisse.

Les habitués. Grâce à eux, je me sais digne d'intérêt. Les hommes aiment le changement quand il s'agit de sexe et de belles femmes. Donc, s'ils prennent la peine de me recontacter, cela signifie qu'ils me considèrent comme quelqu'un de spécial.

Avant que je reparte, quasiment tous les hommes rencontrés la première semaine reprennent rendez-vous ou m'appellent pour me souhaiter bon voyage. Mais pourquoi personne ne m'avait-il jamais dit que les Suisses étaient adorables ? Le problème, c'est que certains clients m'inti- mident. J'angoisse, je me dis que je ne suis pas assez bien pour eux. Et, évidemment, je peux compter sur Ana pour venir me susurrer à l'oreille :

— Si tu pesais moins de quarante kilos, tu serais beau- coup plus sûre de toi. Fini, ce genre de complexes.

— Oh, ça va, arrête tes conneries !

— Mais c'est vrai !

— Qu'est-ce que tu en sais ?

— Je le sais mieux que toi, déjà.

Le moment est venu de prévenir Eriko qu'on ne me reverra plus au Passion. Il réagit assez mal. Je demande également à Marla de passer le bonjour de ma part aux autres filles. Elle en profite pour me faire jurer de passer prendre un café de temps en temps.

Quant à Row, il m'attribue officiellement un des appartements de Mellingen où je peux aller et venir à ma guise.

Dorénavant, j'alterne donc quinze jours en Suisse et trois semaines à Berlin, où je reprends mon ancienne activité d'éducatrice. Entre châteaux de sable, cours de cuisine et ateliers de bricolage, j'oublie à quel point c'est dur de grandir. Et bien que je continue à apprécier la solitude, je reprends contact avec des amis que je n'ai pas vus depuis une éternité.

En Suisse, je partage mon temps entre l'écriture et les promenades le long de la Reuss. Quant aux rendez-vous, le rythme est très variable. À la fin de mon deuxième séjour, je commence à vraiment bien connaître mes habitués. Cependant, j'ai toujours du mal à concevoir que ces hommes réclament ma compagnie, quitte à rouler une heure pour venir me voir.

Je fais la connaissance de Patrick par une froide soirée d'hiver. Le courant passe bien au téléphone et, à 20 heures, le voilà sur le pas de la porte avec un bouquet de fleurs et une huile de massage à la fleur d'oranger.

Nous passons un très bon moment ensemble. Aussi, le lendemain, lorsqu'il me rappelle pour me proposer de nous voir à l'extérieur, j'accepte.

— Depuis quand tu pactises avec l'ennemi ? me demande Mia.

— Pour dîner au restaurant, en plus ? renchérit Ana.

227

— Mais je n'ai aucune envie de passer la soirée seule, répliqué-je.

À ces mots, Ana s'assied par terre en m'annonçant qu'elle va peindre mon portrait. Puis elle brandit une feuille blanche en disant :

— Voilà à quoi tu ressembles.

Finalement, j'hésite. Je pourrais rappeler Patrick et lui raconter que le passe-temps préféré d'Igor, mon proxénète, consiste à jeter dans la Reuss tout client qui voudrait me revoir en dehors, après lui avoir coulé les pieds dans le béton. Je pourrais également décommander sans me justifier. Mais je me lance.

Patrick et moi devenons rapidement amis. Nous nous voyons quasiment tous les jours, que ce soit pour déjeuner, dîner, faire les boutiques ou aller au cinéma, et le week-end, direction Lucerne ou Zurich. Nous ne sommes jamais à court d'idées, et le plus incroyable, dans tout ça, c'est que je me sens vraiment heureuse. *Heureuse.* Le genre de mot qui me donnera toujours l'impression d'être une usurpatrice. Et pourtant, je profite de l'instant présent.

Nous sommes amis, point. Dès le début, je mets les choses au clair : Patrick ne doit pas s'attendre à plus. De son côté, il aimerait que nous formions un vrai couple, mais semble accepter la situation. Parfois, je passe la nuit chez lui, mais sans que nous couchions ensemble. Nous ne dormons même pas sous la même couette, mais cela reste une belle victoire sur Ana et Mia. Je suis cependant consciente que cette amitié n'est qu'éphémère.

Car je suis toujours la fillette qui s'en va. La fillette qui court. La fillette qui prend la fuite. La fillette que rien ni personne ne peut retenir.

Souvent, je prends un bon bain moussant à la groseille avant d'aller me coucher. Je profite que je sois en lieu sûr pour me laver consciencieusement, me purifiant ainsi des rendez-vous de la journée, puis je m'enveloppe dans une grande serviette que Patrick ne manque jamais de déposer près de la baignoire, je regagne la chambre sur la pointe des pieds et m'allonge, épuisée, alors que mon cœur se calme peu à peu. Une fois Patrick endormi, je m'autorise enfin à tirer un trait sur cette journée. Une journée placée sous le signe de la lutte, comme toutes les autres, depuis que je vis sous la férule d'Ana et de Mia.

3

Arrive le mois de décembre de cette folle année. Je ne vais plus au Passion depuis octobre, mais j'ai l'impression que cela fait une éternité.

Me voilà de retour à Berlin après un séjour de plusieurs semaines à Mellingen. Mes clients réguliers sont désormais tellement nombreux que je ne pourrai bientôt plus en accueillir de nouveaux, que ce soit dans la mémoire de mes téléphones ou dans la mienne.

J'ai peur de moi-même car je suis en train de changer. Je laisse des hommes entrer dans ma vie. Pire, avec certains je ressens même une sorte d'intimité.

Berlin est synonyme de vacances. Pas de sexe pendant trois semaines. Et, grande première, je parviens à effectuer l'aller-retour entre mon appartement et le cimetière où repose Caitlin sans éprouver le besoin de m'arrêter pour acheter des lames de rasoir et des pansements. Je me surprends même à lui annoncer, devant son lac miniature, qu'elle va peut-être devoir m'attendre un peu plus longtemps que prévu. Elle ne me répond pas, mais je la sais fière de constater qu'Ana et Mia ne l'ont pas supplantée.

Une dizaine de jours avant Noël, mon portable sonne. Quelle n'est pas ma surprise en voyant s'afficher le numéro de Lady! Je réponds immédiatement, avant qu'il lui vienne l'idée de raccrocher.

— Salut! m'exclamé-je. Tu me manques beaucoup, tu sais.

— Évidemment! Je sais tout.

— Tu vas bien?

— J'ai connu mieux. Ma fille me prend pour une espèce de dragon.

— Ah...

— Alors, je te laisse imaginer sa tête quand elle te verra, toi, le zombie qui part en courant quand on lui met une viennoiserie sous le nez.

— J'ai pris le petit déjeuner, ce matin!

— C'est ça! Au cas où tu ne le saurais pas, émietter un petit pain ne constitue pas un petit déjeuner digne de ce nom, tout comme faire les cent pas devant la boulangerie.

— Tu ne me manques pas tant que ça, finalement.

— Arrête de mentir, trésor.

Sur ce, elle me raconte qu'Hailie, sa fille, a découpé un trou gigantesque dans sa robe toute neuve, sous prétexte de vouloir se débarrasser d'une tache.

— Ne t'inquiète pas, c'est normal, à son âge.

— Oui, oui, tant pis pour la robe. Mais j'ai pensé à toi et à tes trous à l'âme.

J'essaie de trouver ce qu'il y a de flatteur dans cette comparaison entre mon âme et un habit sale.

— Comment ça? Tu penses que je suis trop bête pour utiliser une machine à laver et de la lessive?

— Non, mais retirer ce qui pose problème, c'est rapide, efficace et bien moins fatigant.

Nous nous taisons quelques secondes.

— Bon, on se revoit quand ?

— Je serai de retour après Noël. Comme le père de Hailie culpabilise, il a insisté pour lui acheter des cadeaux, décorer le sapin et tout le tralala, avant de sauter dans l'avion pour Majorque avec sa poufiasse blonde platine. J'espère qu'il y réfléchira à deux fois avant de refaire un enfant. Quel connard... Je ne pourrai jamais recoucher avec lui, même pour tout l'or du monde.

Nouveau silence.

— En tout cas, j'ai hâte que tu me présentes ta fille.

— Moi aussi. Et toi, comment ça se passe, avec tes parents ?

En général, quand Lady me pose cette question, c'est soit pour détourner la conversation, soit pour me pousser à manger.

— Hum...

Je n'ai rien de plus à répondre.

Chase, lui, voit au moins trois prostituées par semaine, ensemble ou séparément. En cette période de Noël, ce sont donc de drôles d'archanges qui s'annoncent chez lui. Il lui arrive également de me demander conseil. Qui contacter, de Lucy la blonde ou de Patricia la brune ? Tout comme il m'arrive de rester assise sur le canapé tandis que Chase s'affaire avec Mandy, Kia, Nadja, Cassy ou encore Diana, que je vois parfois ressortir de la chambre en levant les yeux au ciel.

Eh oui, même un homme beau et célèbre sera toujours un client, pour une prostituée. Et après quatre rapports en trois heures, rien de plus normal que d'aspirer à un peu de tranquillité. Or, Chase fait partie de ceux qui, quand ils contactent une fille pour une passe de quatre heures, exigent qu'elle soit effectivement active pendant tout ce temps. Paradoxalement, bien que lui-même acteur, il se laisse berner par mes collègues et leurs talents de simulatrices, croyant les impressionner par sa grande endurance. Mais avec moi la vérité sera bien gardée, tout comme les secrets que me confient Nicci, Zara, June et Valérie. Chase ne saura rien de leur âge, ni du métier qu'elles exercent en dehors, ni de leurs motivations financières, ni de l'état de fatigue dans lequel elles se trouvent, après avoir enchaîné huit clients dans la journée.

Ce soir-là, juste avant Noël, c'est la troisième fois de suite qu'il contacte une jolie Polonaise de vingt et un ans à la voix enfantine et au regard timide. Juste avant son départ, je lui caresse le bras. Lorsqu'elle prend ma main, ses yeux plongent dans les miens. Je sais exactement ce qu'elle ressent. Je connais cette souffrance. Je la connais par cœur. Nous échangeons un sourire.

Nous ne nous reverrons jamais, mais j'ai souvent une pensée pour elle.

Chase, lui, ne remarque rien. C'est un homme, donc lui et moi n'aurons jamais la même vision des choses. Je dirais qu'une seule prostituée sur mille fait ce travail par plaisir. Quatre cents vivent avec un petit ami à qui elles doivent reverser l'argent gagné et qui veille à ce qu'elles continuent à se prostituer bien docilement ; trois cents se trouvent dans une grande détresse financière ; deux cents se droguent ; et les quatre-vingt-dix-neuf dernières souffrent de troubles mentaux, comme moi.

Attention, loin de moi l'idée de mettre sur le même plan relations sexuelles tarifées et viol. On vit aussi des moments agréables, entre expériences réconfortantes et belles rencontres. Mais toujours sur la corde raide. Ce métier laisse des traces indélébiles. Car, même quand tout va bien, on ne ressort jamais indemne de cette lumière rouge.

Après le départ de la Polonaise, je m'allonge sur le canapé, emmitouflée dans une couverture. Face à moi, Chase, en boxer blanc, lit attentivement un script. Je le trouve magnifique. Nombreuses sont celles à rêver qu'il les contacte, quitte à finir percluses de courbatures, ne serait-ce que pour pouvoir se vanter, en le voyant sur une affiche de film, d'avoir couché avec lui. Mais quand vous travaillez pour un proxénète russe qui vous exploite, vous confisque votre passeport et vous l'agite sous le nez en disant : « Tu veux le récupérer ? Tu veux revoir ta famille ? Oui ? Non ? À toi de voir », peu importe que le client soit beau, riche ou célèbre, du moment qu'il jouit vite et ne demande pas à remettre ça.

— Lilly ? Lilly ! Tu penses à ton prochain livre ? Ce sera un polar, un conte ou une histoire d'amour ? Je veux savoir !

Chase se tient devant moi en agitant son script sous mon nez.

— Qu'est-ce qui se passe ?

— Rien, mais comme tu regardais dans le vide, j'ai préféré te ramener à la réalité.

— Merci.

J'ai la bouche sèche et une voix un peu plus aiguë que d'habitude. Soudain, je me demande si mon ami sera toujours à mes côtés, le jour où je m'échapperai de ma chrysalide.

— Pourquoi tu me regardes comme ça ? me demande-t-il. À quoi tu penses, charmante petite créature aux grands yeux noirs ?

Je ferme les yeux et enfouis ma tête sous un coussin. Mais il m'attire contre lui, caresse ma joue et m'embrasse. Un baiser au goût de vin rouge et de cocaïne. D'illusions. D'éphémère. De beau.

— Arrête, tu m'éblouis, protesté-je en me dégageant.

4

—Vous ne devriez pas dire que votre voisin vous a sautée, Lilly. C'est trop brutal, ça ne vous ressemble pas.

C'est le conseil prodigué par l'une des nombreuses psys que j'ai consultées.

D'accord. Alors, tout va bien. Personne ne m'a sautée quand j'étais enfant. J'ai dû rater un épisode. Elle n'aurait pas pu me prévenir avant? Devrais-je plutôt dire «pénétrée»? «Initiée aux plaisirs de la chair dès l'âge de six ans»? Faut-il que je m'exprime moins crûment, avec plus de décence? Souffrirai-je moins si je parle de «rapport sexuel non consenti»? Sinon, je peux aussi bien me taire.

Non. Sûrement pas. *Brutal.* Si mon voisin avait été doux comme un agneau, il m'aurait épargnée. Et je ne ressentirais pas une telle rage.

—Avec combien de professeurs avez-vous dû coucher pour obtenir votre diplôme? répliqué-je à la psy. Deux? Trois? Trente? Trois cent cinquante?

Sur ce, je sors de son cabinet, non sans m'emparer de ses cartes de visite que je jette dans la poubelle la plus proche. Arrêter une thérapie, c'est simple comme bonjour.

Je ne consultais qu'une fois par trimestre, de toute façon. Je trouverai bien un autre moyen de brûler des calories.

De retour chez moi, je scotche ensemble vingt feuilles de papier A4 que j'étale par terre. Puis je m'agenouille et écris le mot « silence » jusqu'à ce qu'il n'y ait plus de place, soit quatre mille cent quarante fois.

Car je viens de comprendre : c'est le silence qui me ronge. Le silence qui régnait lorsqu'*il* m'a laissée ressortir de son appartement et que je me suis retrouvée sur le seuil, inerte, molle, muette.

Le silence qui m'a enveloppée après que ma mère m'a dit, sans daigner lever les yeux du texte qu'elle avait à traduire : « Quoi ? Qu'est-ce qui ne va pas ? Je travaille, là ! »

J'ai détourné le regard, comprenant que je ne pourrais jamais lui confier ce qui venait de m'arriver, qu'elle ne m'accorderait jamais l'attention nécessaire. Ni qu'elle me caresserait les cheveux pour me réconforter.

Le silence qui régnait à la clinique, lorsque j'ai dû me déshabiller devant cinq paires d'yeux qui m'observaient comme un cobaye. Je n'étais plus qu'un objet, un cas d'école, sous les néons de la salle d'examen.

Le silence, la première fois que je me suis recueillie sur la tombe de Caitlin. Je ne me souviens pas d'avoir entendu une seule goutte tomber. Et pourtant, il pleuvait.

Le silence, quand je rends visite à mon père avec l'espoir d'aborder des sujets qui me tiennent à cœur. Une démarche qui reste vaine.

Ce Noël m'achève. Je nage en pleine confusion, mon cerveau est tel une pelote de laine non seulement impossible à dérouler, mais aussi dévorée par les mites. Je me sens complètement vide. Je n'ai même plus la force de garder les yeux ouverts. Mes paupières retombent comme deux rideaux.

J'ai dit à mes amis que je passais le réveillon avec mes parents, j'ai dit à mes parents que je voyais des amis, et j'ai dit à Chase que j'étais malade et très contagieuse. Lui seul ne m'a pas crue.

J'ai menti à tout le monde, et à moi-même en premier lieu, mais j'angoissais à l'idée de me sentir à l'écart des autres, ce qui, pour moi, est encore pire que de se retrouver physiquement seule.

Je suis assise par terre, dans le salon, les yeux rivés sur une montagne de cadeaux qui se ressemblent tous. Surtout les livres. Comme si on m'avait offert le même roman insipide dans une centaine d'éditions différentes. Toutes ces phrases qui se répètent. Consonnes et voyelles formant une bouillie de mots visqueuse et compacte.

En rangeant les livres, je me demande ce que je serais s'il fallait me résumer à un objet. Certainement une enseigne néon rose montrant des pin-up aux jambes interminables.

Et ensuite ?

Ensuite, je pleurerais.

Parce que j'arrêterais de me voiler la face. Je saurais que même en maîtrisant toutes les langues du monde, je ne parviendrais jamais à m'exprimer correctement. Je ne serais jamais rien de plus qu'une fille à moitié nue, prisonnière d'une lumière rouge et tamisée. Et s'il fallait me ranger sur une étagère, celle-ci croulerait sous les dessous affriolants. Cernée de gémissements. Je perdrais mon nom. Encore une fois. Puis ma voix. Tellement j'aurais honte. Jusqu'à ce que le temps me pardonne mes péchés et me ramène à la vie.

Deux jours plus tard, lorsque Row me conduit à l'aéroport, j'ai les yeux rougis et le cœur qui bat à tout rompre.

Dès que je mets un pied devant l'autre, ma vue se trouble. Le fait que je n'aie pas encore eu d'infarctus tient presque du miracle. Mon corps est comme un pétard allumé ricochant entre troncs d'arbres, bouches d'égout, pavés, pelouses et voitures, jusqu'à ce qu'il n'en reste plus qu'un emballage brûlé et déchiré.

Je sais que je serai seule à la Saint-Sylvestre. Ou, à la rigueur, avec un client.

Je me sens plus légère au moment où, une fois en Suisse, je consulte mes e-mails et mon répondeur, car de nombreuses personnes m'ont écrit ou appelée depuis Berlin pour me dire au revoir. Curieusement, il semblerait que j'aie des amis, alors que je fais rarement l'effort de contacter qui que ce soit.

Devant l'aéroport, j'essaie de me remémorer l'époque où je pouvais marcher dans la rue sans Ana ni Mia à mes trousses. Je n'y parviens pas sur le moment, mais j'ai bon espoir. Un jour, à condition de le vouloir vraiment, je finirai bien par les semer à la faveur d'un carrefour noir de monde, quitte à passer le reste de ma vie en cavale durant des années.

Le jeu en vaut la chandelle.

Comme d'habitude, Urs est là pour me conduire à la villa. Sur le trajet, il essaie d'engager la conversation, mais je me contente de répondre par monosyllabes. Je contemple les prés enneigés, ainsi que les montagnes au loin. Un léger courant d'air chatouille le bout de mon nez, le soleil brille, il fait froid, mais pas non plus glacial. Je ressens l'atmosphère si particulière de Noël avec une semaine de retard, mais c'est toujours mieux que rien. Je donnerais n'importe quoi pour écouter des chants traditionnels jusqu'à en avoir la migraine, pour retrouver un peu de la joie que j'ai ressentie enfant, lorsque j'ai passé le réveillon chez des amis qui vivaient dans un hameau où se trouvait un lac gelé. À l'époque, j'ignorais que la nourriture et les hommes deviendraient mes pires ennemis.

Arrivée à Mellingen, je prends congé d'Urs, non sans lui avoir offert un père Noël en chocolat et une boîte de pralines. Puis, je range mes affaires, ouvre les fenêtres, mets la musique à fond et me trémousse dans l'appartement. Les autres filles ne sont pas là. Mellingen m'appartient.

Je peux crier, personne ne m'entendra. Je peux mourir de faim, personne ne le remarquera. Je peux coucher avec tous les hommes du pays.

Que va bien pouvoir m'apporter la nouvelle année qui s'annonce ? Y a-t-il une chance que tout devienne plus simple ? Hélas, je m'évanouis dans un joli « plop »avant d'avoir pu trouver la réponse. Le bruit sourd de ma tête heurtant l'encadrement de la porte ne me parvient que de loin.

Une légère décharge électrique, un soubresaut, une vive douleur dans le bras droit, et je reprends connaissance. Je suis toujours dans le salon.

Drôle d'idée de danser, quand on pèse moins de quarante kilos. C'est la première chose à laquelle je pense, alors que je me relève lentement.

— Tu viens d'expérimenter la légèreté de l'être. Sympa, hein ? m'interpelle Ana.

— Tu es à côté de la plaque.

— Je ne crois pas, non.

— Je suis en train de mourir, chuchote Mia.

— Ah, bonne nouvelle ! s'écrie Ana.

— Fermez-la, toutes les deux.

— Non, proteste Mia.

— Jamais, renchérit Ana.

— Il y aura un feu d'artifice, le 31 décembre? demande la fillette.

— Ta gueule! crache Ana. Tu fais partie du passé!

— Depuis quand tu aimes les feux d'artifice? lui demandé-je à mon tour.

— Depuis toujours. Tu as oublié?

— Pff! C'est nul, les feux d'artifice.

— Moi aussi, j'aime bien, réponds-je.

— Quelle coïncidence, marmonne Ana.

Je donnerais n'importe quoi pour retrouver une vie normale, mais je demeure une écorchée vive, même si j'arrive parfois à donner le change. Je m'appelle Ana depuis trop longtemps, maintenant. Ce prénom résume toute mon existence.

Jamais je n'aurais cru vivre une année aussi folle, entre maigreur, maladie, luxure et marginalité.

Aujourd'hui, alors que je contemple, assise sur le rebord de la fenêtre, les toits enneigés de l'autre côté du fleuve en attendant mon client, je ressens un terrible manque.

Enfin, plus qu'une journée, et ce sera terminé. Une nouvelle année. Un nouvel arrivage d'hommes. Ou pas. À moi d'en décider.

Mon portable sonne. C'est Patrick. Je tends la main pour répondre, puis me ravise et continue à regarder par la fenêtre.

Patrick insiste depuis longtemps, aussi bien au téléphone que par e-mail, pour que nous passions le réveillon de la Saint-Sylvestre ensemble.

«On débuterait cette nouvelle année rien que nous deux, ce serait génial!!!»

Voilà comment il a présenté la chose. Avec trois points d'exclamation.

Il n'a toujours pas compris qu'en ce qui me concerne, le verbe « débuter » est mal choisi. « Prendre la fuite » conviendrait déjà mieux. Et « rien que nous deux », comment serait-ce possible, alors qu'Ana et Mia ne me laissent aucun répit? J'ai envie de terminer cette année comme je l'ai commencée. Seule. Silencieuse. Abîmée. Dans une attente teintée d'espoir. Pas trop près d'Ana et de Mia, et suffisamment loin de la fillette.

Le 31 décembre et le 1er janvier sont deux jours durant lesquels je tiens à rester moi-même, à ne pas me sentir obligée de jouer la comédie pour qui que ce soit, et encore moins pour un homme. Je n'ai pas envie de m'expliquer, de m'excuser, de mentir, de parler. En ce moment, j'aspire simplement à regarder le feu d'artifice au-dessus de la Reuss et sentir le vent dans mes cheveux.

Voilà qui suffirait à mon bonheur. Sans devoir boire d'alcool, sans devoir me forcer à sourire, sans devoir embrasser qui que ce soit, sans devoir m'enfermer dans les toilettes pour vomir.

Patrick est gentil, prévenant, galant, attentionné ; il me complimente, m'offre des cadeaux, me respecte, commande pour nous deux au restaurant et porte mes sacs de courses. Pour autant, je ne serai jamais sienne.

Quand il me déclare « j'aime tellement te prendre dans mes bras ; approche, que je te serre fort », ses mots me brûlent, ses gestes me paralysent. Comment pourrais-je m'investir dans une relation fondée sur des faux-semblants ?

Quand je reste dormir chez lui, je passe la moitié de la nuit à me tortiller dans tous les sens, j'essaie de m'éloigner de lui au maximum. Car je sais que s'il me prend dans ses bras, si je sens la chaleur de son corps, je ne fermerai pas l'œil de la nuit. Toutefois, j'apprécie sa compagnie, peut-être parce qu'il mène une vie diamétralement opposée à la mienne. En tout cas, parce que je suis certaine de pouvoir partir à tout moment.

Patrick m'ouvre à une normalité et à une sérénité qui me sont inconnues. Je les contemple, fascinée comme une enfant devant le premier sapin de Noël décoré par ses soins. Mais j'ai également de la peine pour lui, bien consciente qu'il en espère plus. Beaucoup plus que je ne pourrai lui donner. Je ne veux pas lui briser le cœur, mais c'est inévitable.

— Tu me rends heureux à un point ! m'a-t-il déclaré un jour. J'adore quand tu te blottis contre moi. On a tellement besoin de tendresse, tous les deux. Quand je te prends dans mes bras, je te serre le plus fort possible.

Soit les pires menaces que l'on n'ait jamais proférées à mon encontre. Et Patrick d'ajouter :

— Je t'aime.

Je t'aime.

Il m'a dit «je t'aime» alors que nous nous sommes rencontrés il y a seulement un mois. Comment peut-il me déclarer sa flamme, alors que, de toute évidence, il ne me connaît pas ? Comment peut-il éprouver du plaisir à me prendre dans ses bras, alors que, de mon côté, je lutte pour ne pas étouffer ? Comment peut-il me voir à l'opposé de ce que je suis vraiment ? Je n'ai rien d'une peluche. Je ne suis pas douce, je ne suis pas mignonne.

Et, un jour, Patrick m'a offert une bague.

— J'ai choisi un modèle fin et délicat, comme toi, a-t-il murmuré en me la passant au doigt.

Là encore, j'ai failli partir en courant. Finalement, j'ai essayé de lui expliquer que je ne pouvais accepter ce cadeau.

— Patrick, j'étais sérieuse, quand je te disais que notre relation était strictement amicale.

Il m'a regardée, perplexe.

Cela dit, moi aussi, je reste sans voix devant beaucoup de choses. Par exemple, les hommes tout maigres et imberbes. Pourquoi en ai-je une peur panique ? Soit je suis complètement folle, soit j'aime que les hommes soient assez costauds pour me protéger ou me battre à mort, au choix. Ce qui ne revient absolument pas au même, mais mon cerveau malade n'est pas en mesure de le comprendre. Violence égale sexe. Violence égale intimité. Violence égale pouvoir absolu.

Impossible pour moi d'écrire sur la tendresse, qui demeure pour moi une énigme.

Je décide d'appeler Lady qui, à mon grand soulagement, décroche.

— Mais qu'est-ce que j'ai ? C'est quoi, mon problème ? Si jamais tu connais quelqu'un d'aussi taré que moi, merci de me le faire savoir.

— Trésor, qu'est-ce qui cloche, à ton avis ? Je vais te le dire, moi : rien du tout ! Tout va bien, tu es toi, tout simplement. Et c'est normal, après tout ce que tu as subi. Je sais pourquoi un homme comme Patrick ne te rendra jamais heureuse. D'accord, il est mignon, gentil, poli. Mais Jésus l'était tout autant, et regarde où ça l'a mené. En plus, ton Patrick, on ne peut pas dire qu'il soit très viril, tant physiquement que mentalement. Excuse-moi, mais sur la photo que tu m'as envoyée, on lui donnerait dix-neuf ans, pas trente, avec son sourire d'ado. Tu me dis qu'il n'est pas bête, donc je te crois, mais reconnais qu'il ne respire pas non plus l'intelligence. Il ne te satisfera jamais, sur le plan intellectuel. Chérie, toi qui veux relever la tête et être fière de ton corps, tu n'y arriveras jamais si tu t'encombres de ce gamin tout voûté. Tu dégages de la douceur, de la fragilité, mais tu es aussi quelqu'un de fort, même si tu n'es pas fichue de manger un sandwich ou de coucher en ayant des sentiments. Mais tu sais exactement ce que tu veux, et, plus important encore, ce que tu ne veux pas. Tu passes sans arrêt d'un extrême à l'autre, ta vie ressemble à des montagnes russes et, même si tu étais la dernière représentante de l'espèce humaine sur Terre, tu trouverais encore le moyen de te battre contre toi-même. Tu ne te contentes pas de gravir des collines, tu veux escalader des montagnes. Quelqu'un comme toi ne peut se contenter de bons copains. À tes côtés, il te faut des amis fidèles et, devant et derrière toi, les pires prédateurs, afin que tu ne relâches jamais ton attention. Afin que tu n'oublies jamais ce qui arrive quand on tient la porte à un inconnu. Tu es tout cela, Lilly : une petite créature tourmentée, insaisissable. Tu te prostitues afin d'obtenir un dédommagement qui ne signifie rien. Eh oui, ma chérie ! Mais ton heure viendra.

J'écoute attentivement. Être comprise, cela n'a pas de prix.

Tandis que je médite les paroles de Lady, j'entends un rire d'enfant à l'arrière-plan.

— C'est ta fille ?

Mon interlocutrice se contente de toussoter.

— Bon, on se voit bientôt, finit-elle par répondre. Et gare à toi si, à mon retour, tu ressembles toujours à un fil de fer.

Elle ne me laisse pas le temps de lui dire au revoir et raccroche. Je continue à regarder le téléphone quelques instants, avant de me défenestrer. Mais je saute du bon côté, dans l'appartement.

Je reçois mon dernier client de l'année à 22 heures. Je tenais à passer le réveillon seule, mais j'accepte de le recevoir, car il m'a promis de partir avant minuit.

Avec un peu de chance, il s'agira d'un tueur en série qui tombera amoureux de moi et arrêtera de sévir. J'aurai au moins servi à quelque chose dans les dernières heures de cette année bien morne.

— Bonjour, je m'appelle Derek, se présente le tueur en série présumé.

— Salut, Derek. Moi, c'est Lilly.

J'ai décidé de ne pas mentir, en ce 31 décembre Et puis, mieux vaut se montrer honnête, face à un criminel. Ainsi, il aura peut-être des scrupules avant de passer à l'acte.

Derek me sourit. Il n'a pas une tête d'assassin.

— Je préfère Lilly à Felia.

Il est tout à fait mon genre. Si j'étais quelqu'un de normal, nous parlerions cinéma devant un bon verre de vin, nous nous embrasserions et nous passerions le restant de nos jours ensemble. Mais je ne suis pas normale. Et lui non plus. Comme en témoigne son sac à dos rempli de matériel de bondage.

— Je n'y connais pas grand-chose, avoue-je d'une voix mal assurée.

— Aucune importance, je m'occupe de tout. Je veux juste que tu t'asseyes et que tu regardes.

Il sort de son sac un nombre impressionnant de cordes et de crochets, se ligote et s'asphyxie jusqu'à l'orgasme, puis vient me rejoindre sur le lit.

— Je ne sais pas pourquoi j'aime ça, déclare-t-il, gêné.

— Ça ne me choque pas.

— Merci.

— De...?

— De n'avoir pas ri.

— Il n'y a pas de quoi.

Après m'avoir serrée quelques instants dans ses bras, il se lève, range son matériel, me souhaite un bon réveillon et s'en va.

Me voilà seule.

Comment conclure cette année? J'interroge Ana du regard, mais celle-ci se contente de hausser les épaules, blasée. Noël, le nouvel an, les anniversaires... Aucun intérêt. Calories, indice de masse corporelle, courbe de poids, étiquettes nutritionnelles, pommettes bien saillantes, ça, c'est important. De son côté, Mia, que la solitude angoisse plus que tout, voudrait que quelqu'un la prenne dans ses bras et lui raconte une histoire qui finit bien. Hélas, je ne peux rien pour elle.

À quoi ressemblera mon quotidien si je guéris un jour? Comment occuperai-je mon temps libre? À quoi penserai-je quand je n'aurai plus besoin de toute ma concentration pour éviter la syncope, respirer, jouer la comédie, mentir et jongler avec les prétextes?

Il est 23 heures. Fatiguée de tourner en rond, je m'allonge sur le lit où j'ai reçu tant d'hommes et j'écris à la fillette.

«Pas un jour ne passe sans que tu sois à mes côtés, et le temps n'y changera rien. Quel âge as-tu, au juste? Six ans? Sept ans? Tes cheveux, plus longs que les miens, t'arrivent presque à la taille. Tu as la peau légèrement bronzée toute l'année. Moi, je suis toujours blême, même en plein été.

Je te vois. Tu es seule, car tu ne sais pas comment communiquer avec les enfants de ton âge. Les rares fois où tu es invitée, tu te sens mal à l'aise car, chez toi, tout est différent. Tu es constamment sur le qui-vive, car tu sais ce que c'est que d'avoir une bite dans la bouche. Ça l'excite, de te voir te débattre et sangloter, mais tu refuses de lui faire ce plaisir. Donc, tu ravales tes larmes jusqu'au soir. Une fois couchée, tu pleures toute la nuit. Toutes ces putains de nuits.

Tu dis: «Je t'aime, maman.»

Ta mère répond: «Je n'ai pas le temps, là.»

Tu tournes les talons. Et tu t'enfuis en courant. Tu te réfugies dans tes propres pensées.

Si je pouvais, ma chère petite, je m'agenouillerais à ta hauteur, je prendrais doucement ton visage entre mes mains et je caresserais tes joues, mais sans rien te révéler de ton avenir.

C'est en ces termes que je m'adresse à la fillette, juste avant que cette année touche à sa fin. Elle se tient à côté de moi, mais, préférant ne prendre aucun risque, garde une certaine distance et regarde, pensive, les phrases que je viens de taper sur le clavier de mon ordinateur.

Soudain, elle tend sa main toute menue dans ma direction. Je pourrais presque la toucher. Et, presque imperceptiblement, nos deux solitudes se rencontrent.

Je regarde ma montre. Encore seize minutes et trente secondes, et il sera minuit.

Quinze minutes.

Le temps passe. Je retiens mon souffle. Juste pour voir ce qui se passerait, si j'étais un peu moins vivante. Rien. Je décide alors de consulter mes e-mails.

Ma mère m'a écrit : « Je suis fière de toi. Tu me manques. »

Tiens, quelqu'un a dû pirater sa messagerie.

Et en admettant que c'est bien ma mère qui m'a écrit, serait-elle toujours aussi fière de moi si elle apprenait combien de mecs j'ai sucé ? Je relis le message. Hélas, force est de constater que cette gentille attention ne suffit pas à me rendre heureuse. Toute ma vie, j'ai essayé de faire les choses bien, de faire les choses mieux, et ce, dans un seul but : gagner l'amour de mes parents. Je me rends compte que tout cela m'est bien égal, à présent.

Treize minutes.

Mon portable ne sonne pas. J'espère que personne ne se sent assez seul pour éprouver le besoin de m'entendre. En attendant, moi, je suis seule. Qui voudrais-je avoir à mes côtés ? Je ferme les yeux quelques secondes.

— Je t'en prie, aide-moi à guérir, murmuré-je, sans m'adresser à quelqu'un en particulier.

Je rouvre les yeux. Aucune trace de la fillette.

— Elle a disparu dans le brouillard, chuchote une voix dans la nuit. Tu l'entends appeler à l'aide ? Tu l'entends crier ?

Je secoue la tête.

— Alors, tends l'oreille.

Plus que six minutes. Je me remémore tous ces réveillons passés dans mon lit, les yeux fermés, à espérer mourir, pour finalement me réveiller le lendemain, déçue, vidée.

Cette année, c'est différent. Je veux trouver un chemin sur lequel je progresserai seule, sans Ana ni Mia à mes trousses.

— Exprime-toi et libère-moi, murmuré-je. Juste une nuit, le temps que je m'initie à l'innocence et à la pureté. J'ai trop peur de me perdre en moi-même.

Puis, je me tais, alors le feu d'artifice éclate, signant là une belle victoire sur l'obscurité. Faute de pouvoir y assister depuis ma fenêtre, en raison d'une épaisse brume, j'imagine les pluies d'étoiles multicolores.

Une année se termine. Et, sans perdre de temps, une autre commence.

5

Première pensée qui me traverse l'esprit au réveil : ouf, pas de sexe pour cette Saint-Sylvestre.

Cette nuit, j'ai rêvé que Caitlin et moi ouvrions un gigantesque bordel à Hambourg. Pourquoi dans cette ville, précisément ? Aucune idée, je n'y ai jamais mis les pieds. Berlin, Cologne, Francfort ou Osnabrück, à la limite, j'aurais compris. Dans mon rêve, il y avait également Chase, qui profitait du jacuzzi situé sur le toit en compagnie de quatre filles plantureuses, dont le sosie de l'une de mes anciennes profs de maths.

Entre les rayons du soleil qui inondent ma chambre et la petite brise matinale, cette nouvelle année a un parfum de renouveau. Toujours emmitouflée dans la couverture, je me lève et m'assieds à ma place préférée, au bord de la fenêtre. En face, sur l'autre rive de la Reuss, la cloche de l'église retentit, se mêlant au clapotis de l'eau.

Je nage en plein chaos, exactement comme l'an passé. J'avais pourtant le vague espoir que mes soucis explosent en plein vol dans une poussière d'étoiles, à l'image des feux d'artifice de la veille. Non, ils sont toujours là. Évidemment.

Mais quand on utilise autant de préservatifs que moi en une seule journée, plus rien ne paraît logique ni évident.

Je parcours les étagères où Urs a soigneusement classés ses DVD par ordre alphabétique, mais je les ai déjà tous vus. Sauf celui qui a glissé derrière l'étagère.

Trafic d'innocence est une mini-série qui parle de la traite des femmes. À la fin du premier épisode, je fonds en larmes. En effet, je viens de comprendre que je suis mon propre proxénète. Personne ne m'exploite. Je me prostitue de mon plein gré. C'est moi qui m'ordonne de m'habiller sexy, de me maquiller, de sourire et de me dépêcher pour ne pas faire attendre le client. Qui m'oblige à jouer cette comédie et à ne jamais me départir de ce sourire de façade. Qui m'interdis de demander de l'aide ou de partir en courant. Qui me force à vendre mon corps et qui ne me laisse pas d'autre choix que de me taire. Moi et seulement moi.

J'arrête de pleurer. Toutes mes larmes n'y changeront rien. Car personne ne viendra les sécher.

Le premier homme que j'embrasse en cette nouvelle année est un habitué. Il ne peut pas rester longtemps, mais il a tenu à m'apporter un petit cadeau. Il est tellement heureux de me voir qu'il me soulève et me fait tournoyer dans les airs. Quelques secondes durant lesquelles je parviens à m'évader et à oublier mon corps supplicié. Pour mieux replonger après son départ, en essayant de compter le nombre de clients que j'ai connus. Huit cents. Mille. Mille trois cents. À moins que je ne dépasse les deux mille ? Je l'ignore.

Très franchement, je n'en ai pas la moindre idée.

Un seul homme restera gravé dans ma mémoire. Celui dont j'ai été la victime, quand j'avais six ans. Celui qui m'a attaché un boulet au pied que je traînerai toute ma vie.

250

Encore aujourd'hui, je me souviens parfaitement de son odeur, de son haleine. Je pourrais décrire en détail chacun de ses gestes qui, tous, rivalisaient de brusquerie et d'obscénité. Je pourrais répéter chaque mot qu'il a prononcé, si seulement je parvenais à sortir de mon mutisme.

Devant la tombe de Caitlin, j'ai compris que le lac miniature ne suffirait pas à la ressusciter. Alors, persuadée que la vie ne valait plus la peine d'être vécue, j'ai décidé de tenter le tout pour le tout et d'affronter mes trois principaux ennemis : le sexe, les hommes et la nourriture. Et, ce jour-là, j'ai tout perdu.

À partir de maintenant, ce n'est que du bonus.

Qui sait ce qui me donne la force de survivre, de me lever le matin, alors que je tremble de la tête aux pieds, de supporter ce jeûne permanent auquel je me soumets pendant des journées entières. Je me lève, jette un coup d'œil dans le réfrigérateur, le referme. Puis, je sors marcher un peu, j'écris, je me concentre sur la faim qui ronge mon estomac, je m'allonge, me tourne, me retourne et me sens partir.

Essayez de vivre ainsi vingt-quatre heures sur vingt-quatre et pendant plusieurs semaines, avec quelques petits pois pour toute nourriture. Au bout d'un moment, même dormir représente un effort surhumain. Vous resterez allongé dans votre lit à gémir. Et le jour où vous cesserez de gémir signera la fin de votre existence.

Finis, les bonus.

Paradoxalement, rien ne m'apaise plus que la faim. Personne ne me serre plus fort dans ses bras qu'Ana. Son silence, c'est ma drogue. L'instant où les voix dans ma tête se taisent enfin et disparaissent, emportant mes angoisses avec elles.

En ce 1er janvier, force est de constater que je vois de plus en plus flou. Les objets dansent devant mes yeux, mes paupières tressaillent et tombent toutes seules. Bref, elles capitulent.

Je m'ennuie, même quand je baise.

Drôle de phrase. Je devrais peut-être la faire imprimer sur mes T-shirts. Ou, mieux encore, sur mes petites culottes.

J'attends encore la première fois de ma vie où je coucherai avec un homme parce que j'en aurai envie, parce que j'en suis capable, parce que j'en ai le droit. Si ce moment ne comporte ni comédie, ni illusion, ni mensonge, ni contrainte, si, pour une fois, j'oublie de compter les secondes, ces murs, ces entraves, ces mains qui m'étranglent redeviendront poussière. J'en suis certaine.

Alors, à moi la liberté.

6

Une semaine plus tard, alors que la neige est de nouveau au rendez-vous, une fille en minishort et T-shirt ultra court frappe à ma porte.

— Salut ! Je m'appelle Angel. C'est complètement mort à Berlin, et passer les fêtes en famille, franchement, l'horreur ! Il fallait absolument que je me barre, alors me voilà ! Row m'a parlé de toi.

— Moi, c'est Lilly, réponds-je, un peu prise au dépourvu.

— Putain, qu'est-ce qu'on se pèle ! Si j'avais su, j'aurais apporté d'autres fringues. Remarque, je vais passer le plus clair de mon temps à poil. Hi hi. Je peux entrer ?

— Bien sûr.

Et Angel de venir troubler le silence auquel je tiens tant, dans un raffut étonnant pour une fille aussi gracile.

Au bout de trois jours, elle a déjà envie de repartir.

— Franchement, ça craint ici, rien à voir avec le tapin ! Qu'est-ce que c'est plan-plan ! Le pire, c'est les clients qui ne veulent pas baiser. Ils veulent des câlins, des massages... Je comprendrais qu'ils veuillent me peloter, tu as vu mes seins ? Mais me masser ? Non, vraiment, je pige pas. Et ceux qui te proposent de sortir... Bon, un resto, un ciné, passe encore, mais un concert classique ? Hé, il est mort, Mozart ! Au moins, sur le trottoir, c'est la nana qui décide, pas la peine de discuter ni rien. On s'en fout que le mec ait payé pour une demi-heure ou une heure, tu torches ça vite fait en quinze minutes, et basta. Le plaisir du mec, rien à foutre, du moment qu'il paie, et au pire, il a une main, non ? Tu sais, sur le trottoir, on dit toujours que c'est crade et tout, mais non ! Capotes obligatoires, même pour les pipes ! Hors de question qu'ils me touchent. À la limite, s'ils paient un supplément, OK pour les seins. Tu portes un collant troué là où il faut, il tire son coup et on n'en parle plus. Quand je tombe sur quelqu'un qui veut parler, je lui dis d'aller se faire voir. Après tout, j'ai pas « psy » ou « assistante sociale » marqué sur le front ! En plus, dans la rue, tu peux tricher, porter trois soutifs rembourrés et des talons super hauts. Ici, il y a de ces cons au téléphone ! C'est quand même pas normal : sous prétexte qu'ils crachent cent francs suisses, ils me demandent s'ils peuvent d'abord venir jeter un œil. Hé, on n'est pas au zoo ! J'ai le droit de voir avant, moi ? Non, mais on est où, là ? C'est dingue ce que la rue peut me manquer, parfois.

Elle reprend son souffle avant de poursuivre.

—Enfin, bon, sans vouloir râler, hein ! J'ai déjà frappé un mec qui voulait le faire sans capote. Genre, j'étais sa copine ! Quel con. Je lui ai dit : « Sans moi, mon vieux ! » Il croyait vraiment me fourrer comme ça, avec sa petite bite ? Il y a vraiment des tarés, sur terre. Ils me foutent une liasse de billets sous le nez et me sortent : « Juste une seconde, je ferai gaffe. J'ai même les résultats de mon dépistage sur moi. Regarde, c'est tout récent. Allez, fais-moi confiance... » Super. La confiance. J'aurai l'air maligne, avec leur fric et leur confiance, quand je serai en cloque ou six pieds sous terre.

Bref, ce mec-là, je lui en ai collé une, et tu crois qu'il a chialé ? Non, il a répondu qu'il adorait être dominé ! Du coup, je l'ai piétiné pendant deux heures, et ça m'a rapporté cinq cent francs suisses. Franchement, je me demande comment ces types font pour se pointer à leurs rendez-vous d'affaires en Porsche et costard Armani, comme si de rien n'était, alors qu'ils viennent de passer deux heures à se traîner par terre dans une combinaison en latex.

Angel marque une courte pause, le temps d'enfiler une jupe d'écolière à carreaux et un haut blanc microscopique. Puis, elle me montre la photo de Billy, son petit ami. Une vraie tête de gangster.

— Il est mignon, hein ? Et adorable, avec ça ! Mais, pas de chance, il est en prison pour association de malfaiteurs, un truc du style. Enfin, tout ça pour dire que le trottoir, c'est vachement mieux. Franchement, pourquoi tu es venue t'enterrer ici ? Jolie comme tu es, tu dois avoir un succès fou. En tout cas, c'est gentil de m'apporter des gâteaux et de venir prendre de mes nouvelles, après le départ du client. Je te proposerais bien une clope ou un verre de vodka, mais c'est pas ton truc. J'ai du mal à comprendre, d'ailleurs. J'adore ça, moi ! Raconte, tu as déjà eu affaire à des tarés ? Oh, et puis non, laisse tomber. Assez parlé de mecs, déjà qu'on doit taper la discute pour qu'ils nous filent leur pognon... J'ai besoin de me défouler ! Ça te dit d'aller au Lolita ? Il y a des super strip-teaseuses. Tu aimes les nanas ? Elles sont super excitantes, là-bas, tu peux me croire. Mais n'oublie pas ta carte d'identité, j'imagine qu'on doit souvent te prendre pour une mineure. Tu n'as pas de rouge à lèvres ? Tiens, prends mon mascara, si tu veux. Je vais faire de toi une vraie bombe ! Tu n'auras qu'à battre des cils pour que les clients te paient à boire. Et sur chaque conso, le bar te refilera cinquante pour cent de commission. Génial, non ? Pas la peine de coucher pour devenir riche !

Angel. À dix-huit ans, elle connaît déjà toutes les marques de capotes qui existent sur le marché. Elle arbore un tatouage « Most sexy girl » sur la cheville droite. Elle aime les blagues sur les blondes et les dessins animés. Elle a un petit ami proxénète et un gros chien qui porte un ruban autour du cou.

Angel. Elle est aveuglée. Trop d'argent. Trop de sexe. Trop de drogue. Elle a vécu en foyer, comme moi. Elle a des cicatrices, comme moi. Elle est perdue, comme moi.

— Tu sais quoi, Lilly ? me lance-t-elle sur le chemin du Lolita. De retour à Berlin, je me ferai tatouer « I am a good girl » sur la cheville gauche. C'est ce que je suis, et toi aussi, pas vrai ?

Oui. Je crois. Au bout du compte, nous sommes de gentilles filles.

Dix jours plus tard, je boucle mes valises en vitesse et quitte mon appartement. Avant de quitter Mellingen, je passe chez Angel pour lui dire au revoir et lui laisser mes téléphones portables. Comme toujours, Patrick me conduit à l'aéroport. Devant le comptoir d'enregistrement, il me tend un sachet rempli de biscuits et de roulés à la cannelle.

— Tiens, tu les mangeras dans l'avion, décide-t-il en m'embrassant sur le front.

— Merci.

— Tu vas énormément me manquer.

— Toi aussi.

Mais je mens.

Une fois arrivée à Berlin, j'ai le plaisir de revoir Row. Je mesure la chance que j'ai de travailler avec quelqu'un d'aussi souple car il ne voit aucun mal à ce que j'accepte moins de clients que les autres filles. Il ne me demande pas de comptes et je m'organise comme je veux, du moment qu'il rentre dans ses frais. Ainsi, je peux travailler deux jours par-ci par-là et, le reste du temps, profiter de l'appartement pour me reposer. Je pourrais sans doute postuler au titre de prostituée la moins rentable qui ait jamais existé. Mais Row, qui considère cette activité en premier lieu comme un passe-temps, aime trop m'écouter parler pour me renvoyer.

Nous mangeons ensemble, comme à chacun de mes retours de Suisse. Une fois attablés dans un *steak house*, nous commandons un assortiment de grillades à partager. Il va de soi qu'au milieu du repas, je m'éclipse pour aller aux toilettes. Sinon, ce serait enfreindre les articles trois, cinq et sept du code des troubles alimentaires.

— Alors? Aucun client à dénoncer qui mériterait une petite visite de mon tueur à gages le plus chevronné?

— Non, pas cette fois, exceptionnellement, réponds-je en riant.

Nous discutons entre autres des maris apathiques, des épouses hystériques, d'antibiotiques à large spectre et de smoothies à la mangue, puis Row me raccompagne et m'aide à porter ma valise jusqu'à mon appartement.

— N'hésite pas à m'appeler, si tu veux sortir boire un verre. Je suis joignable vingt-quatre heures sur vingt-quatre.

Je le remercie et le prends dans mes bras. Puis, d'une main tremblante, je referme enfin la porte derrière moi. Je laisse la valise dans le couloir, pose mon sac à main et ma veste dans un coin et m'installe à la table de la cuisine.

Au lieu d'appuyer sur l'interrupteur, j'allume une bougie et écoute ce silence, tellement familier.

Lorsque la flamme commence à faiblir, je la souffle et vais me coucher. Mon cœur bat beaucoup trop vite, j'ai un goût de sang dans la bouche, mais je me glisse avec plaisir entre les draps frais et doux.

Je suis chez moi. Enfin. Je m'endors aussitôt. Et je rêve d'une nouvelle vie.

7

Quand, de temps à autre, je vais rendre visite à mes parents, je monte l'escalier quatre à quatre, comme si j'essayais de battre un record du monde avec, en prime, Satan à mes trousses. L'occasion également de m'intéresser aux différents sons que peut produire un corps abîmé et mal nourri qui essaie de remporter une course contre le passé. Mes parents doivent bien se demander pourquoi ils me retrouvent chaque fois cramponnée à l'encadrement de la porte, complètement essoufflée.

Au moment de repartir, je peux être sûre que mon père va me demander de descendre les poubelles au sous-sol. Ce sous-sol que je déteste tant. Surtout quand la lumière est éteinte. De plus, un sac poubelle trop lourd est un handicap qui risque de me ralentir dans ma fuite. J'estime qu'à chaque marche descendue, la probabilité de finir assassinée augmente d'au moins cinq pour cent.

Mais je suis incapable de refuser quoi que ce soit à mon père. Je descendrais la poubelle dix fois par jour si, en contrepartie, j'entendais ne serait-ce qu'une seule fois dans l'année : « Je suis content de te voir, Lilly. »

Un jour, ma mère lui glisse tout de même cette remarque :

— Tu devrais arrêter de lui demander ça. C'est un endroit un peu glauque, le soir, surtout pour une femme.

— Oh, mais je sais que ça ne la dérange pas ! répond-il. Lilly n'a peur de rien.

Je n'ai peur de rien.

Je - n'ai - peur - de - rien.

Six mots qui ne font pas partie de mon vocabulaire. Mais que j'aimerais tellement prononcer.

Je n'ai jamais osé dire la vérité à mon père. Tout comme je n'ai jamais osé paniquer. Donc, je descends les poubelles chaque fois. Pas à pas. Sans partir en courant.

Une fois arrivée au sous-sol, je n'allume jamais la lumière. Comme ça, si quelqu'un m'agresse, je ne verrai ni son visage, ni sa main, ni son couteau.

Ce qu'on distingue mal nous atteint moins.

8

Lady est très impressionnée par Chase, la première fois qu'elle le rencontre.

— Dis donc, ton Chase, non seulement il doit être bon amant, mais en plus, il a de la conversation ! Moi qui prenais les acteurs pour des idiots... Lui, je bois ses paroles, au point que j'en oublie ce que je voulais dire !

Ce soir-là, comme chaque fois qu'elle se prépare pour ce qu'elle appelle une « nuit torride », la salle de bains est sens dessus dessous.

— Ce n'est pas *mon* Chase, protesté-je en commençant à ranger.

— C'est ça. Même dans une partouze avec quinze mannequins sublimes, ce sera toujours *ton* Chase. Crois-moi, tu ne le laisses pas indifférent.

Je repense à cette conversation lorsque je retrouve mon ami pour une promenade autour du lac, une semaine après mon retour de Suisse. Ce jour-là, il a envie de disserter sur la vie après la mort.

— C'est tout un business, cette incertitude sur l'au-delà. J'imagine bien Dieu décréter, au cours d'une table ronde avec Ses partenaires commerciaux, que le fiston cloué sur la croix, les mecs qui marchent sur l'eau, c'est plus très vendeur, surtout depuis qu'on a inventé les jet-skis et les sous-marins. Bref, Il a très bien compris que l'Homme devait à tout prix ignorer ce qui arrive après la mort. Imagine, si on sait à l'avance qu'on finira de toute façon au paradis, entouré de sept mille vierges, avec bière et LSD à volonté, on n'en aurait plus rien à foutre de mourir. Finies, les prises de tête. Et Dieu se ferait chier! Comment vendre quoi que ce soit à quelqu'un qui finira toujours par obtenir tout ce qu'il désire? C'est aussi valable dans l'autre sens, d'ailleurs. Si on était sûr de crever en enfer, on accumulerait les conneries. On volerait, on s'entretuerait... Ce serait pas du jeu, tu vois?

Je ne trouve rien à répondre car, pour ce qui est des raisonnements absurdes, Chase me fait sérieusement concurrence. Je devrais peut-être me mettre à la coke. Mais je risquerais de grossir.

Sur ce, n'ayant rien mangé depuis trois jours, je m'évanouis.

— Laisse-moi deviner, poursuit Chase en me rattrapant. Une petite voix t'a susurré que la solution à tous tes problèmes se trouvait sous la barre des trente kilos? Et je suppose que ton cerveau brillant s'est empressé de répondre: «Mais oui, c'est logique!»

Nous échangeons un regard. Ainsi qu'Ana et Mia.

— Il peut pas la fermer, ce con-là? siffle la première.

— C'est mon ami, protesté-je.

— Je suis ta seule amie! renchérit-elle.

— Et moi? intervient Mia.

— T'es qu'une grosse salope!

— T'as vraiment pas de cœur!

— Peut-être, mais je suis MAIGRE, moi !

— Moi aussi, je suis MAIGRE !

J'assiste attentivement à cette dispute, sans nul doute l'événement le plus palpitant de la journée, tandis que Chase me prend par le bras et me traîne jusqu'à son appartement. Là, il m'installe sur une chaise et disparaît en cuisine, pour revenir quelques minutes plus tard avec une énorme assiette de spaghettis bolognaises. Puis, il s'assied face à moi, le regard noir. N'ayant pas le courage de me lancer dans un débat sans fin, je commence à manger.

— C'est quoi, ton problème ? me demande-t-il après un long silence.

Au lieu de lui répondre, je me concentre sur un morceau de viande hachée qui, paradoxalement, me paraît grossir au fur et à mesure que je le mastique. Je réussis finalement à l'avaler, non sans peine.

C'est quoi, mon problème ? Mon problème, c'est que je couche avec des hommes par milliers. Comme ça, sans aucune raison, alors que le sexe me répugne. Et que les hommes me répugnent, eux aussi. Pourtant, il m'arrive d'avoir envie de sexe, tout comme il m'arrive d'éprouver du désir pour un homme. Cette explication sans queue ni tête suffit-elle ? Ou devrais-je ajouter que rien ne me déstabilise plus que le sexe, car je me retrouve à vouloir une chose à laquelle on m'a initiée contre mon gré et qui m'a détruite ?

Je culpabilise d'avoir fui la petite fille que j'étais. Une fuite en avant qui m'a conduite jusqu'à cette lumière rouge.

Pendant quelques secondes, j'ouvre la bouche avec l'intention de dire tout cela à Chase. Puis, je me ravise, préférant m'attaquer à une deuxième bouchée de spaghettis.

De toute façon, ce garçon lit en moi comme dans un livre ouvert. D'ailleurs, il me déclare :

— Je sais ce qui se passe, Lilly, je voulais juste m'assurer que toi aussi, tu en étais consciente. Tu peux me croire, tu as beau crier en silence, ton mutisme est assourdissant. Je n'ai pas l'intention de te dicter ta conduite, mais laisse-moi faire partie de ta vie.

Je repose la fourchette près de l'assiette à moitié vide. Puis, je la décale de quelques centimètres vers la droite, loin des pâtes qui attendent d'être mangées. Ma main tremble, ma raison vacille. Je saisis ma veste et pars en courant.

9

Deux semaines plus tard, je reprends l'avion pour la Suisse. Une fois arrivée à Mellingen, je jette le contenu de ma valise pêle-mêle dans l'armoire avant de m'affaler sur le lit, déjà épuisée. Une pensée m'obsède : si je recommence à m'alimenter, je reverrai Lady à mon retour. Du moins, c'est ce qu'elle m'a promis, la dernière fois que nous nous sommes parlé au téléphone. Voilà une excellente motivation pour ne pas rentrer à Berlin les pieds devant.

Mais je ressens comme des fourmillements dans les veines, j'ai les mains complètement engourdies, je ne peux même plus bouger les doigts, et chaque inspiration représente un effort surhumain. Mes trente-cinq kilos sont trop lourds à porter. Ana, implacable, m'étrangle de ses mains toutes menues.

J'ai l'impression que le monde, *mon* monde, est en train de s'écrouler. Je suis comme placée sur une scène dangereusement inclinée. Devant, un chef d'orchestre, muni d'une baguette invisible, dirige ma vie.

C'est le genre de délire dans lequel on plonge quand on ne mange que deux kiwis, un demi-biscuit, trois myrtilles et cinq cuillérées de yaourt en quatre jours. Le tout vomi dans la foulée. Malgré la chaleur tropicale qui règne dans l'appartement, j'ai le corps bleu de froid et couvert de chair de poule. À force d'enchaîner les fellations, j'ai juste envie de sucer un bonbon, pour changer.

J'écris à Chase d'une main tremblante.

«Tu n'imagines pas ce que je traverse. Je pourrais rester des heures, des jours, des semaines... non, le reste de ma vie assise par terre à me demander ce que je fais là, sans jamais trouver la réponse. Comment en suis-je arrivée là?

Comment une fille comme moi décide, du jour au lendemain, de travailler dans un bordel où elle couchera avec plus d'hommes en quatre heures qu'elle n'en a connu jusqu'alors?

Comment en suis-je venue à caresser des corps qui m'indiffèrent, sans pour autant parvenir à apprivoiser le mien? Arriverai-je un jour à coucher avec quelqu'un parce que j'en ai envie, sans qu'on me paie? Et si Ana me tuait demain?

C'est ça, mon destin?»

En guise de réponse, Chase m'envoie un colis rempli de mes biscuits préférés, accompagnés d'un petit mot:

«Parfois, la meilleure façon de déjouer son destin, c'est de s'en trouver un autre.»

Je mange deux biscuits, puis je fonds en larmes. Trop épuisée pour regagner mon lit, je me roule en boule par terre et m'endors en me disant que, si je couche de mon plein gré avec tous les hommes de la planète, par définition, je ne serai plus jamais violée.

Me voilà bien avancée.

10

À mon retour de Suisse, comme toujours je suis heureuse de revoir Row. Il a réussi à se ménager une petite place dans mon cœur.

— Si ça te tente, je peux te trouver du travail à Berlin comme escort, me propose-t-il, alors que je lutte pour manger ma salade. J'ai lancé un nouveau site la semaine dernière. Je voudrais travailler avec cinq filles, et j'en ai déjà trouvé quatre. Je sélectionnerai les clients au téléphone, je vous conduirai chez eux et je vous ramènerai.

— OK, tu peux mettre mes photos en ligne. Mais je vais recommencer à travailler comme éducatrice ; donc, je ne serai pas disponible en journée ni trop tard le soir.

— Ça marche. En tout cas personne ne pourra prendre rendez-vous avec toi à moins de t'inviter au restaurant. Je ne te laisserai pas mourir de faim.

C'est le début d'une nouvelle vie. Encore une. Je rencontre mes clients, je pense à Chase, je l'appelle, je passe chez lui, mais sans trop m'attarder non plus pour ne pas avoir à rester dormir, puis j'enchaîne sur de nouveaux rendez-vous.

Au bout de quelques semaines, fatiguée, je téléphone à Row pour lui demander s'il est possible de ne plus voir qu'un ou deux clients par mois.

— Je n'y vois aucun inconvénient, Lilly, mais en échange, j'exige de manger avec toi au moins une fois par semaine. Comme ça je pourrai m'assurer que tu ne maigris pas.

— Tu sais, Row, tu es l'une des rares personnes dans ce milieu en qui j'ai confiance. C'est vrai, quand l'une de nous est crevée ou souffrante, tu lui dis de rentrer chez elle, et tant pis pour le client. Ce n'est pas le cas de tout le monde, crois-moi. En plus, le week-end, au lieu de profiter de ton temps libre, tu m'emmènes conduire sur des parkings vides pour que je décroche un jour mon permis. On est amis, non ?

— Oui, répond-il en riant. Et si un jour, après un rendez-vous, tu me dis que tu veux arrêter, je considérerai ça comme une bonne nouvelle, car je sais que tu ne feras pas ce métier jusqu'à la fin de tes jours. Et ce n'est pas le cas de tout le monde, crois-moi.

En attendant que ce jour arrive enfin, je continue à fréquenter les palaces et les restaurants étoilés de la capitale. Mais j'ai beau ralentir le rythme, Felia prend de plus en plus de place, tout comme Ana et Mia. J'endosse son rôle avec tellement de zèle que je me perds en elle.

Un jour, alors que mon facteur vient me livrer un colis, je me surprends à me demander s'il a un gros sexe, s'il embrasse bien, s'il a les mains douces ou calleuses, s'il est éjaculateur précoce ou plutôt du genre à prendre son temps.

Je souffre d'une maladie professionnelle. Signe qu'il est temps d'arrêter.

La respectabilité, une notion vite oubliée. Ce sont les risques du métier. Mais je suis prête à tout pour devenir quelqu'un d'autre.

11

Le printemps arrive, les températures remontent, les jours rallongent, et mes trois bouillottes sont reléguées au placard. Il y a un an environ, j'ai rencontré mon premier client. Il y a un an environ, j'ai commencé à trouver le trottoir moins sordide. Certes, je ne me suis jamais prostituée dans la rue mais je ne me crois aucunement supérieure à ces filles perchées sur leurs talons hauts et maquillées à la truelle.

— Felia, dis-je à mon reflet dans le miroir.

Et mon reflet me sourit. Comme s'il avait toujours porté ce nom.

— Lilly! s'exclame Lady. Lilly!

Elle est enfin de retour à Berlin, avec une nouvelle coupe de cheveux et un rouge à lèvres plus discret. Lorsqu'elle me serre dans ses bras, je hume son parfum qui a toujours eu le don de m'apaiser.

— Je te présenterai Hailie une fois qu'elle aura pris ses marques.

Sur ces mots, elle me tend une tablette de chocolat suédois. Du chocolat! Je recule d'un pas.

— Rien ne t'oblige à le manger, trésor, mais accepte-le, au moins. C'est un cadeau, et je n'exigerai aucune faveur sexuelle en retour, promis. D'accord ?

— D'accord.

Et je refais un pas en avant.

Alors que les premières fleurs éclosent, je décide d'emmener les enfants au Tiergarten pour une chasse au trésor suivie d'un pique-nique, au cours duquel je mange cinq fraises, cinq noisettes et sept gressins. Je me prépare à entendre les voix habituelles et à voir rappliquer Ana et son regard noir. Mais rien, pas même une légère nausée.

Après le départ du dernier enfant, je rentre chez moi, aux anges. Pour la première fois depuis très longtemps, j'ai réussi à garder quelque chose dans l'estomac sans me sentir mal.

Sur ma lancée, je m'inscris à un stage intensif de conduite, et expédie toutes mes leçons en cinq jours. En attendant l'examen, je ne cesse d'entendre résonner dans ma tête une phrase que m'a dite le moniteur, le premier jour : «Rouler écolo, c'est, entre autres, éviter de transporter des charges inutiles.» Bien entendu, il parlait des cartons de déménagement qu'on garde un an dans le coffre, par flemme de les décharger. Mais Ana saute sur l'occasion.

— Tu vois ? Tu pollues, avec tes quarante kilos ! Tu devrais descendre à trente. Imagine le carburant qu'on économiserait si tout le monde ne pesait que trente kilos !

J'ai beau secouer la tête devant tant de bêtise, je tue le temps en découpant en cinquante tranches un concombre que je ne mangerai pas.

Même si j'ai arrêté l'école il y a longtemps, je suis devenue encore plus exigeante avec moi-même, comme je le constate en révisant mon code. Objectif : répondre à toutes les questions en deux minutes et dix-sept secondes, sans me tromper une seule fois. J'ai droit à sept erreurs, mais je vise les cent pour cent de bonnes réponses.

Je mange une biscotte, puis continue mes révisions jusqu'à ce que je m'estime capable de le réciter par cœur, même plongée dans un profond coma.

Un jour, Chase m'a dit :

— Lilly, si seulement tu utilisais ton intelligence à bon escient... Tu as le don de me foutre en rogne, parfois !

— Tu es un vrai moineau, autant par l'appétit que par la cervelle ! a renchéri Lady.

Je donnerais n'importe quoi pour pouvoir leur dire qu'un jour, je me réconcilierai avec les friandises et la charcuterie, mais je refuse de faire des promesses en l'air à mes meilleurs amis.

12

Le déclic dont on m'a tant parlé survient le jour où j'ai comme client le père d'un ancien camarade de classe. Le jour où je couche avec un homme dont le fils a joué au jeu de la bouteille avec moi au cours d'un voyage scolaire. Le jour où je vais au restaurant avec un homme qui me parle de son fils que je connais depuis l'enfance. C'est là que tout bascule.

Au début, son visage ne m'évoque rien de particulier. Mais, au lit, les différentes pièces du puzzle se mettent en place : son quartier, ses enfants de dix-sept et vingt-trois ans, qui vivent encore à la maison. Et là, effectivement, je retrouve un peu de Ben dans le visage de mon client. Et je savais bien que cette voix m'était familière !

Au moment où je le reconnais, je manque de m'étouffer sur son sexe. Et je me force à sourire. Heureusement, la lumière est éteinte et le père de Ben a les yeux fermés. Il ne me demande pas « la totale », juste quelques caresses et une petite fellation. Je m'exécute, tout en priant pour qu'il ne me reconnaisse pas, car je préfère éviter tout malaise. Mais il ne se doute de rien.

Cette coïncidence est là pour me démontrer que je n'ai aucune prise sur mon destin. De plus, ce genre de situation risque fort de se reproduire car, si on prend en considération le nombre d'hommes avec qui j'ai déjà couché, Berlin est une petite ville, finalement.

Inutile de connaître le client pour deviner ce qu'il recherche. Je le lis dans ses yeux, qui pétillent d'excitation. Deux nattes, deux élastiques rouges, pas de culotte, une bretelle qui glisse de mon épaule, un sourire de façade, et le tour est joué. Je ne suis jamais aussi belle et féminine que quand un homme me désire.

Depuis le début, je conçois la prostitution non comme une source de plaisir, mais comme un jeu auquel il sera extrêmement difficile de me battre parce que j'en maîtrise parfaitement les règles. Mais je ne suis pas aimée pour autant.

Le jour viendra sans doute où j'arriverai à en rire. Peut-être même verserai-je quelques larmes de nostalgie. Une belle époque car je continue à évoluer, malgré les obstacles que je rencontre. Une période terrible, aussi, car je suis seule, malgré tous les hommes que je côtoie. Des milliers d'hommes pourraient se vanter d'avoir couché avec moi. Comment savoir qui ment et qui dit vrai?

En tout cas, je me considère comme une bonne maîtresse. Une séductrice. Pas une pute, pas une putain. Des termes trop froids, alors que je réchauffe quelques cœurs. J'en suis convaincue.

Mes cauchemars ont souvent pour cadre une grande salle de conférence inondée de soleil et noire de monde : amis, famille, vagues connaissances, anciens camarades de classe, soupirants, professeurs, collègues... mais aucun client. Tous sont venus assister à un colloque ayant pour thème : « Dans ma vie. »

Moi, je suis juchée sur une estrade. Derrière moi, un écran de projection où défilent les portraits de tous mes clients. Jeunes, vieux, à cheveux bruns, blancs, noirs, blonds, roux, chauves. Barbus, imberbes, grands, petits, mignons, laids, musclés, gros, minces. Célèbres, inconnus, souriants, renfermés, beaux, passe-partout, adorables ou dangereux. Pères, veufs, maris, célibataires, rappeurs, pilotes, serveurs, managers, traders, agents immobiliers, hommes politiques, acteurs, architectes, footballeurs, danseurs, professeurs, ingénieurs, opticiens, écrivains, dealers, restaurateurs asiatiques, techniciens, médecins, avocats, ramoneurs... Ils apparaissent tous. Par centaines. Par milliers. Impossible de les compter.

Pendant ce temps, on entend *Sooner or Later* de Switchfoot, *I Know* de Placebo, et enfin *Maybe Tomorrow* des Stereophonics. Après la dernière photo les personnes présentes dans la salle me regardent, étonnées de lire sur mon visage la même innocence qu'il y a dix ans.

Je n'ai qu'une seule chose à dire, mais elle est d'importance.

— J'ai couché avec tous ces hommes.

Je n'ai pas honte. Je ne baisse pas les yeux. Je prononce cette phrase avec un sourire que je suis la seule à comprendre. Car moi seule sais ce que j'ai donné, ce que j'ai reçu, ce que j'ai appris et ce que j'ai compris. Je sais que j'oscille constamment entre lumière et ténèbres, vacarme et silence. Je sais que chacune de mes relations sexuelles trouve son origine dans l'accord conclu avec la fillette de six ans qui hante mes souvenirs. Mais, une fois cette réunion terminée, préservatifs usagés et souvenirs de débauche seront relégués dans un grand coffre en bois dont nous jetterons la clé.

Enfin, nous nous prendrons mutuellement dans les bras et nous commencerons une nouvelle histoire.

J'ignore ce que pensent les gens qui me suivent du regard en silence tandis que je quitte la salle. Mais rien ne m'oblige à le savoir.

Car, dehors, m'attendent le soleil et la brise. Sous mes pieds, le chemin est toujours aussi caillouteux, mais je sais désormais m'y prendre pour l'emprunter sans me blesser.

13

J'ai bien meilleure mine depuis que j'ai décidé de manger l'équivalent d'un demi-repas au moins une fois par jour.

Le jour où je remarque que j'ai de nouveau de la poitrine, je fonds en larmes devant le miroir, comme une petite fille ne pouvant se résoudre à se séparer de son pull-over préféré, désormais trop court.

— Tu es une femme, chuchote une voix au creux de mon oreille. Tu es une jeune femme magnifique et pleine d'assurance. Quoi de plus normal que d'avoir de la poitrine ? Ça ne change rien.

Pour moi, ça change tout. Tout.

Je continue à pleurer, tout en me tournant sur le côté pour mieux inspecter mes nouvelles formes toutes molles. J'essaie d'étirer mon T-shirt, je réajuste mon soutien-gorge, mais rien à faire, elles refusent de disparaître. D'un autre côté, j'ai souffert de leur absence. Autant j'aime les femmes plantureuses, autant j'ai l'impression que ce que je vois dans le miroir ne m'appartient pas.

Je dois à tout prix arrêter de manger. Ana. Ana ? Ne m'abandonne pas.

Après la dixième pesée de la journée, je me fixe comme objectif de perdre cinq kilos en une semaine, afin d'atteindre les quarante kilos. Là, je me sentirai bien. Je sais, les femmes ont le don d'évaluer l'intelligence, le bonheur et la richesse selon leur poids. Encore une discipline où je me dois d'exceller.

Seins égalent danger. Mes admirateurs risquent d'être encore plus nombreux, alors que j'estime en avoir déjà assez éconduit.

Il ne suffit pas de dire : « Je ne suis pas Felia. » Il ne suffit pas de dire : « Je ne suis pas Lilly. » Aucun homme ne peut comprendre que je m'appelle également Ana et Mia, et que je contemple le monde avec indifférence, comme un chauffard passant devant un panneau de limitation de vitesse.

Et je refuse de perdre mon temps à expliquer : « Non, non, ne t'inquiète pas, je ne suis pas trop maigre, c'est normal d'avoir les mains tremblantes et marbrées de bleu, c'est à la mode. Oui, oui, je sais que je vis peut-être mes dernières heures, mais ce n'est pas bien grave, finalement. Dis, tu aurais des lames de rasoir ? Ce sera ma bouée de secours, si jamais on couche ensemble. »

Mais, depuis quelque temps, le sexe me répugne moins. La semaine dernière, j'ai revu l'un de mes clients préférés, une vraie gravure de mode à la voix suave et au regard magnifique. Au moment où il m'a serrée fort contre lui et caressé les cheveux, j'ai senti mon cœur, d'habitude si fatigué, battre de plus en plus vite.

Aujourd'hui, même scénario. Mon cœur cogne tellement fort dans ma poitrine que j'ose à peine respirer. Et tout ça à cause d'un bonnet A. Si Lady était là, elle me rirait au nez. Cela dit, un rien la fait rire.

Le lendemain, j'annonce la nouvelle à qui veut l'entendre.

— C'est bizarre, on voit de nouveau mes seins !

— Avec un peu de chance, tu vas enfin guérir, soupire ma mère.

— Tu pourrais grossir encore un peu, grogne mon père.

— Tu dois être canon ! s'exclame Chase au téléphone depuis New York.

— Ah, on te voit enfin ! s'écrie Lady, ravie.

— Je te hais ! crache Ana.

— Oh non, oh non, gémit Mia.

— Tu m'avais promis qu'on resterait invisibles, chuchote la fillette.

Sur ces entrefaites, je m'éclipse une énième fois. Lorsque je décroche mon permis de conduire, quinze jours plus tard, j'ai droit à la plus belle des récompenses, puisque je suis redescendue à quarante et un kilos. Je suis tellement frigorifiée que je prends des bains brûlants à longueur de journée, mais au moins, ma poitrine est redevenue minuscule, presque invisible. Mon corps se laisse anéantir avec une facilité déconcertante.

Je verse quelques larmes. De joie. De peur. Parce que je suis à la fois heureuse et désemparée face à la maladie et à l'absurdité de l'existence. Parce que Lady, qui s'invite chez moi au moins une fois par semaine pour s'assurer que je suis toujours vivante, me regarde avec une expression qui me fait culpabiliser au plus haut point.

— Nom de Dieu, tu n'as plus que la peau sur les os ! s'exclame-t-elle, furieuse. Et dire qu'il y a deux semaines, j'hésitais à t'emmener faire les magasins pour que tu puisses t'acheter quelques soutiens-gorge... Mais finalement, j'ai renoncé, j'avais trop peur que tu paniques et que tu tombes dans les pommes. Je m'en serais terriblement voulu. Enfin, non, peut-être pas, vu que pour toi, c'est presque la routine.

J'essaie d'ignorer Lady, mais cela s'avère plus compliqué que prévu car elle me braque une lumière dans les yeux.

— Ouah, tu as le regard complètement vitreux ! constate-t-elle sèchement.

Elle aurait aussi bien pu me dire : « Ouah, tu n'es même pas foutue de te servir de tes yeux ! »

Puis elle me tend un sandwich au jambon.

— On dirait que ton corps s'attaque à tes neurones, faute d'avoir encore du gras à brûler, renchérit-elle.

— Merci, ça va déjà nettement mieux.

— Chérie, tu vaudras toujours plus que ce que tu es prête à payer pour devenir quelqu'un d'autre.

14

Il a fallu que j'arrête de travailler au Passion, il en sera de même pour Mellingen. Au début de l'été, je me rends donc une dernière fois en Suisse pour annoncer la nouvelle à mes clients réguliers. Car je ne reviendrai jamais. Du moins, pas sous le nom de Felia.

Deux semaines plus tard, Patrick me conduit à l'aéroport. Tandis que je regarde défiler les arbres et les champs, il m'annonce qu'il voudrait m'emmener en voyage. Mais moi, je sais pertinemment que je ne le reverrai jamais. Nous devons couper les ponts car il ne me considérera jamais comme une simple amie.

Au moment des adieux, il a les larmes aux yeux.

— Tu vas tellement me manquer, se lamente-t-il. Je continuerai à t'appeler, d'accord? Et compte sur moi pour venir te voir à Berlin aussi souvent que tu voudras.

— Oui... Non.

— Quoi?

La vie peut être si injuste.

— Patrick, je te trouve génial, mais tu espères encore que je vais tomber amoureuse de toi du jour au lendemain. Tu crois qu'il suffit de multiplier les gestes d'affection, mais c'est faux. Je t'apprécie comme tu es, mais on ne finira jamais ensemble. Un jour, tu rencontreras la femme de ta vie, j'en suis persuadée. Prends un peu de recul et tu comprendras. N'essaie plus de me contacter.

Il me regarde. La vie est vraiment injuste. Il caresse ma joue et acquiesce.

— Merci pour ta franchise, murmure-t-il. Je serais devenu fou, à force.

— En tout cas, sache que je ne t'oublierai jamais.

Alors qu'il me serre une dernière fois dans ses bras, je me surprends à apprécier ce moment. Parce que je sais qu'il s'agit de notre dernière étreinte, tout simplement.

— Tu resteras toujours dans mon cœur, Lilly. Tu es la seule qui a su m'atteindre, la seule... J'espère que tu comprends.

Il essuie une larme, puis m'embrasse et tourne les talons.

Me voilà enfin libre.

— J'y arriverai, rien ne m'est impossible, me dis-je tout bas.

J'ai besoin de forces pour tenir debout, pour ne pas tomber à la renverse. Mais je suis Ana. Et Ana ne rend jamais les armes.

À quoi servent les mimiques, la gestuelle ? À duper. À jouer une grande comédie.

Je prends ma valise, jette un dernier regard à Patrick, qui m'adresse un salut timide de la main. Je lui souris avant de disparaître.

15

Cet été est marqué par une invasion de coccinelles et une succession d'averses. Un jour, Chase m'appelle à 5 heures de l'après-midi, et non du matin! Je fixe mon portable, déboussolée, le temps que mon cerveau intègre cette information nouvelle: Chase n'est pas qu'un oiseau de nuit.

—Je suis content que tu existes, avoue-t-il en guise de bonjour.

Et moi, je suis contente d'entendre sa voix. Car il est bien la seule personne au monde dont la voix me manque. Quand je pense à lui, je ne visualise pas seulement son visage; je me remémore également certaines phrases qu'il a prononcées, ses intonations, le volume de sa voix, les pauses qu'il a marquées et son regard, à cet instant précis.

—Tu fais quoi, là? lui demandé-je.

—Je me prépare un café.

En effet, j'entends le bruit de sa machine à expresso, j'ai même l'impression qu'une odeur de café fraîchement moulu vient chatouiller mes narines. Le genre de sensation que je ne parviendrai pas à apprécier tant que je ne serai pas réconciliée avec moi-même.

— Ça te dirait de venir passer la nuit chez moi? me propose Chase.

— Oui.

Ma propre réponse me prend de court.

— Oh!

Il ne semble pas moins surpris et reste silencieux pendant quelques secondes.

— 21 heures, ça te convient?

— Oui.

Quand il sonne chez moi, pile à l'heure, je comprends que le temps n'est qu'une invention des hommes, las de courir après le soleil. Je remarque combien il a changé au cours de ces derniers mois. Il a les yeux qui pétillent et affiche un grand sourire. Bref, il est charmant, comme à l'époque du jardin d'enfants, quand il m'a construit ma première cabane. Je ressens un immense soulagement en voyant ce Chase-là, radicalement différent de l'acteur aimant se perdre dans la nuit et dans la poudre, celui qui s'éloigne inexorablement de moi, mais aussi de lui-même. « Lilly, tu es la seule qui m'intéresse vraiment, m'a-t-il dit récemment. Mais, hélas, tu ne me laisses pas t'approcher. Je pensais que tu finirais par comprendre. » Un silence général s'est installé. Il m'a regardée tendrement, puis s'est levé et m'a laissée seule sur son horrible canapé rouge et noir, devant une table basse où il y avait encore des résidus de cocaïne.

Aujourd'hui, il me soulève de terre et m'embrasse. Nous ne nous sommes pas vus depuis longtemps, mais nous ne prononçons pas un mot. Peut-être parce qu'il y aurait trop à dire. Quand nos regards se croisent, je repense au premier précepte auquel j'obéis et, sans aucun doute, le plus important : « Ne laisse jamais quiconque t'envahir sous prétexte que tu te sens seule. On essaiera de te berner. Évite tout ce qui ressemble à de l'amour ou à de la tendresse, car tu ne sais pas ce que c'est et tu ne le sauras jamais. »

Mais au moment où je sens les bras de Chase enlacer mon petit corps fragile, je suis sûre de pouvoir lâcher prise en toute sécurité, ne serait-ce que quelques instants.

Il me repose doucement. Entre ça et s'écrouler par terre en crachant du sang, la différence est frappante. Elle est même essentielle.

Plus tard, dans la soirée, la tête posée sur le torse de Chase, j'écoute battre son cœur. Il lit un peu, comme souvent avant de s'endormir. Un homme en train de lire, le spectacle le plus rassurant qui soit. Je ne pourrais jamais fréquenter quelqu'un qui considérerait cette activité comme une perte de temps.

Je me laisse bercer par le doux bruissement des pages. Mais, alors que je ferme les yeux, quelque chose en moi commence à trembler. Certainement Ana, à moins que ce ne soit Mia. Pourtant, à cette heure-ci, elles doivent déjà dormir, allongées sur un vieux matelas dans une pièce sans meubles. J'en déduis que celle qui tremble, c'est moi. Ou peut-être la fillette. Je me lève en laissant derrière moi mon corps devenu trop lourd et me dirige vers la porte à pas de loup. Une fois sur le seuil, je me retourne et contemple cette partie de moi restée sur le lit, auprès de Chase, qui, tout en continuant à lire, réajuste la couverture sur mes épaules et me caresse les cheveux.

Je veux m'en aller. Loin de toute cette sérénité. J'ai trop peur de m'y perdre.

Mais soudain, je vois mon corps bouger. Il m'est désormais impossible de disparaître car je le sens se cramponner à moi. Il veut me parler de quelque chose mais s'exprime dans une langue inconnue. Quant à moi, je suis trop fatiguée pour essayer de traduire.

Je reste finalement plantée là, pieds nus, tandis que mon double se rallonge et tombe amoureux de Chase.

DÉNOUEMENT

I

Chez moi, nue devant le miroir, je me demande comment j'ai pu m'infliger tout cela, comment j'en suis venue à vendre mon corps dans le seul but de faire abstraction de moi-même, à considérer le bracelet rouge des pro-ana comme le seul moyen d'extérioriser ma souffrance. Je m'observe et essaie de comprendre, de lire entre mes propres lignes.

Mais je ne suis même pas une phrase. Plutôt une intonation. Une intonation grave, trop grave. Un chuchotement, un bruissement... J'improvise quelques pieux mensonges, mais je suis toujours là.

En pleine nuit, je décide de m'habiller et de passer voir Chase. Ce dernier semble étonné de me voir.

— Je peux rester dormir ici ? murmuré-je.

— Quoi ?

— Je peux rester dormir ici ? répété-je plus fort.

— Bien sûr que oui, Lilly, tu le sais.

Il m'attire à l'intérieur. Et m'embrasse. Il me prend dans ses bras, me soulève et me dépose sur son lit. Ses mains se posent sur mon corps violé, nos lèvres se touchent. J'entends un léger froufrou, c'est ma robe qui tombe par terre. Mon esprit commence à dériver, mon cœur s'arrête de battre, je suis comme frappée par la foudre. Chase m'écrase de tout son poids. Je n'ai qu'une envie, faire taire ce bourdonnement dans ma tête.

La première fois. Depuis une éternité. Coucher avec quelqu'un qui compte.

Le silence qui s'ensuit exprime toute ma honte. Tout ce que je possède, c'est moi. Je ne comprends toujours rien au sexe.

Quand je me mets à pleurer, mes larmes salées me brûlent les joues et gouttent sur les draps bleu ciel. Chase me parle, mais je n'entends qu'un chaos de mots. Et la nuit m'engloutit.

À mon réveil, je reste immobile, les yeux rivés sur le plafond, de peur de déranger Chase. Une étrange sérénité m'habite, je suis bien trop détendue, bien trop sereine. Certainement parce que je ne suis pas parvenue à jouer la comédie, face à cet homme.

Pour lui, j'ai toujours été Lilly. Et rien que Lilly.

Je souffre de sa présence. Car je risquerais de m'y habituer, de me sentir obligée de vivre. J'ai toujours préféré la fuite.

Je suis consciente que j'ai de la chance, mais aussi que le plus dur est de la faire durer. Pour que la vie reste un doux rêve, on doit courir assez vite pour éviter que la réalité nous rattrape. Mais cette fois, je reste. Assez couru comme ça. Si j'ai bien retenu une chose de cette fuite en avant, c'est que, pour arriver à destination, il faut savoir où aller.

Il commence à pleuvoir. Les gouttes tambourinent contre la vitre, comme pour demander la permission d'entrer.

Au petit matin, ne parvenant plus à rester immobile, je me faufile discrètement hors du lit et gagne la salle de bains sur la pointe des pieds. Mon corps est épuisé, sur le point de me lâcher, et je dois me rattraper au canapé, au bureau et à la porte pour ne pas tomber.

Je passe une demi-heure assise dans la baignoire vide, une autre demi-heure assise sur le rebord, puis je tente de retourner dans la chambre. Mais mes jambes se dérobent sous moi et je m'effondre.

Je me relève en silence et me traîne jusqu'au lit, où je me blottis quelques minutes contre le corps chaud de Chase. Je l'écoute respirer en savourant ce moment de répit.

Il sourit dans son sommeil. S'étire. Et ouvre les yeux.

— Comme tu peux le constater, je n'ai pas sauté par la fenêtre.

— Je vois ça, oui, répond-il en baillant. Tu m'en vois ravi.

J'observe mes poignets dans le soleil qui traverse les rideaux orange et inonde la pièce. Les cicatrices sont des monuments. Les cicatrices sont des mémoriaux. Les miennes commémorent une libération.

2

Finalement, tout me paraissait plus simple quand j'avais six ans et que le sexe se résumait à un terrible tabou. À présent, je sais que ce n'est pas forcément quelque chose d'affreux. Il peut également être l'occasion de passer d'agréables moments.

Finalement, même si j'ai couché avec des milliers d'hommes et de femmes, même si je maîtrise parfaitement le jargon bien spécifique de la profession, entre anulingus, éjaculation faciale, *fist fucking*, double *fist fucking*, *fist fucking* anal, cravate de notaire, *sex toys*, masturbation anale, fellation et urophilie, au point que je mériterais un diplôme ou un trophée, je devrai vivre avec le viol toute ma vie. J'ai vu bon nombre d'hommes jouir, j'ai caressé leur visage en sueur, je les ai vus lâcher prise, alors que moi, je me figeais chaque fois en statue de glace. J'ai gémi, j'ai joué la comédie, je me suis trémoussée autour d'une barre, j'ai exploré un monde regorgeant de mystères, j'ai parfois épié Barbie quand elle investissait la chambre SM du Passion. J'ai même fini par croire que je menais une vie sexuelle des plus normales. Alors qu'elle n'a rien de normal, bien au contraire. Mais, un jour, je me le pardonnerai.

C'est l'automne, et je me sens plus libre que jamais. En espérant qu'« être libre » n'a rien à voir avec « être libérée ». Les jeux de mots, symptômes d'une langue qui se cherche, qui se prend à son propre piège.

Moi aussi, je m'empêtre dans mes propres guets-apens. Je m'habille en XXS et suis à peine plus épaisse qu'un cintre, mais cela ne m'empêche pas de rentrer le ventre que je n'ai plus. J'ai l'impression d'être un bateau sur le point de couler. L'équipage, c'est-à-dire mon cerveau, s'est noyé depuis belle lurette. Ne reste plus qu'une coque qui craque de toutes parts.

C'est l'hiver. Un hiver de plus dans la peau d'une jeune femme inconsciente. Mon corps est plat comme un terrain de football. Des hommes me parcourent et tentent d'approcher du but. Tous ceux que j'ai connus tiendraient-ils sur un seul terrain ? Pas impossible, pour peu qu'ils se tassent et optimisent l'espace. Sauf que je n'ai aucune idée des dimensions d'un terrain de foot. Encore moins de la place dont un homme a besoin.

Mes raisonnements sont toujours aussi tortueux.

Mais je veux faire le deuil de cette fillette brisée, obligée de se tailler en pièces pour exister. Les statistiques sont tout de même de mon côté : mes chances de monter l'escalier, marcher dans la rue, descendre dans un sous-sol et croiser des hommes sans pour autant subir un nouveau viol ne sont pas négligeables.

De plus, un certain Chase est désormais à mes côtés. Et je veux que ça dure. Une seconde. Quelques minutes. Une journée. Une nuit. Jusqu'au petit matin. Ou toute une vie.

3

Les filles comme moi préfèrent se taire plutôt que d'affronter l'incrédulité d'autrui, quitte à se replier sur elles-mêmes. Des lèvres closes peuvent parfois révéler bien des secrets mais, tant que personne ne les met en doute, tout va bien.

Les filles comme moi. Souriantes, impassibles, mutilées, écorchées vives. Au regard vitreux et aux souvenirs imprécis.

Nous nous lançons des défis honteux. Ainsi, nous nous privons de nourriture jusqu'à en perdre la tête ou nous nous amusons à pleurer pour voir le temps que cela prend d'enlever une lentille de contact sans les mains. Nous rivalisons d'ingéniosité en matière de prétextes farfelus. Nous savons exactement comment rire pour nous fondre dans la masse. Nous envisageons sérieusement l'éventualité que Dieu est un pervers, et les anges, ses esclaves sexuels. Nous souffrons de l'isolement, du manque de tendresse, mais pour autant, nous ne laissons personne nous approcher parce que, pour nous, tout contact est forcément dangereux.

Pourquoi nous privons-nous de nourriture ? Oui, pourquoi ? Tout simplement parce que nous en sommes capables. Oui. Nous en sommes *capables*.

C'est absurde, mais aussi tellement vrai. Car aimer, être aimées, nous ne savons pas ce que c'est. Nous ignorons tout de l'amour. Nous ne savons pas prendre soin de nous et n'autorisons personne à le faire à notre place. Nous souffrons d'un mal de vivre inexplicable. Et, faute d'arriver à nous supporter, nous nous privons de nourriture.

Une fois que nous avons martyrisé jusqu'à la moindre petite cellule de notre corps, nous pouvons être sûres de ne jamais connaître pire souffrance, nous pouvons être sûres de pouvoir endurer la solitude et la violence sous toutes leurs formes. De pouvoir entrer dans une pièce bondée de pervers sans hésiter une seule seconde, et de pouvoir nous déshabiller sans la moindre gêne. Car nous, et nous seules, contrôlons notre corps.

Pourquoi nous privons-nous de nourriture ? *Nous.* Ces drôles de filles.

Chacune d'entre nous a une bonne raison de s'appeler Ana. Personne ne sombre dans l'anorexie pour le simple plaisir de maigrir. Personne ne se lacère les bras juste pour ressembler à un zèbre. Et personne ne prend le pseudonyme de Felia, ne se déshabille et ne vend son corps par amour du travail bien fait.

J'ignore la raison précise qui pousse les autres à porter le prénom d'Ana. En ce qui me concerne, c'est la voie que j'ai choisie car la vérité, une fois révélée, l'est pour toujours. Voilà pourquoi j'ai menti. Depuis que j'ai évoqué, au début de ce livre, la journée manquante. Ce mensonge n'avait rien de délibéré, mais mon cerveau, épuisé par le déni, me joue des tours, si bien que j'ai parfois du mal à distinguer le vrai du faux. En effet, depuis plusieurs années, il s'acharne à vouloir refouler une journée bien particulière de ma vie. Une journée qui a duré cinquante-deux heures. Si j'ai choisi de devenir Felia, c'est à cause des événements qui ont précédé mon réveil au sous-sol.

Jusqu'à présent, j'ai préféré édulcorer la réalité. Je n'ai pas réussi à parler tout de suite, peut-être parce que j'étais trop torturée. Je n'ai pas eu le courage de raconter qu'à mon réveil il m'avait reconduite depuis longtemps à l'immeuble. En pleine journée, sans que personne ne le remarque.

Il a braqué une arme sur ma tempe et s'est amusé à jouer avec la détente, puis il m'a forcée à prendre mon portable. C'était simple : il fallait que j'appelle mon père. Plutôt rusé de sa part, car une mère risquait plus de sentir que sa fille était en train de lui mentir.

— Un seul mot de travers, et tu ne sortiras pas vivante d'ici.

Mes tempes tambourinaient contre mon cerveau engourdi, comme pour essayer de tirer la sonnette d'alarme. Et soudain, l'espace de quelques secondes, j'ai oublié l'adolescente déséquilibrée et suicidaire que j'étais. J'aurais pu lui désobéir et, de ce fait, m'assurer une place au cimetière, mais l'instinct de survie a pris le dessus.

Depuis, je me suis demandé au moins six cent soixante-quinze fois pourquoi. Pourquoi ? POURQUOI ? Avant d'arrêter de compter.

Ayant toujours fait preuve d'une docilité sans pareille, j'ai suivi les instructions de mon agresseur à la lettre.

— Mon papa, je peux passer le week-end chez Julia ? Je rentrerai dimanche, en fin d'après-midi.

J'avais une voix à la fois frêle et stridente, comme un mouton à l'abattoir.

— D'accord, a simplement dit mon père.

Je l'ai même entendu continuer à taper sur son clavier d'ordinateur.

— Merci, ai-je chuchoté. Merci, et à dimanche.

On était vendredi. Seulement vendredi. Trois jours.

— Amuse-toi bien, a répondu mon père avant de raccrocher.

J'étais donc libre comme l'air. Mon père n'ayant pas remarqué que je ne l'appelais jamais «mon papa», mais tout simplement «papa», et que je n'avais aucune amie prénommée Julia, la tâche de mon agresseur s'en est trouvée grandement facilitée. Au cinéma, il suffit d'une pause bizarre en plein milieu d'une phrase ou d'un mot incongru pour qu'un commando arrive et donne l'assaut dans les minutes qui suivent. Moi, je me suis retrouvée face à des hommes en sueur.

Un appartement inconnu, des rideaux fermés, une lumière terne, des bouteilles de bière, de la fumée de cigarette, une musique lointaine, une atmosphère suffocante. J'ai tout de suite compris que, dorénavant, tout serait différent, jusqu'à l'air que je respirais. Et là, je me suis demandé s'il fallait vraiment continuer à vivre.

La réponse était oui. Peut-être que personne ne veut connaître une mort aussi sordide. Peut-être qu'il s'agit de relever un défi que la vie nous lance.

Nous étions cinq filles en tout, séquestrées dans cet appartement crasseux. Celles qui ont osé pleurer ou supplier ont été encore plus maltraitées que les autres. Or, il y a une différence entre cinq et cinquante crachats, entre dix et vingt coups de pied. Là, j'ai compris une chose : un homme qui voit une fille pleurer, supplier, se sent tout-puissant.

Finalement, la marche à suivre est simple : ne pas bouger, n'émettre aucun son, fermer les yeux, ne plus rien ressentir, se détacher de tout. C'est à la portée du premier imbécile venu, et nul besoin d'avoir un QI supérieur à la moyenne ou un doctorat en psychologie du comportement pour s'y tenir. Un soupçon de chance est également le bienvenu, mais il faut apprendre à se débrouiller sans. Quand les entorses au règlement sont sanctionnées par des brûlures de cigarette, je peux vous garantir qu'on s'adapte très vite.

L'un des hommes nous a annoncé que si nous étions sages nous pourrions rentrer chez nous dimanche, tandis que ses complices nous plaquaient au sol et nous tailladaient les cuisses avec des lames de rasoir.

Trois jours. Deux nuits.

Le temps est impitoyable. On a beau espérer, on a beau prier, il ne souffre aucune exception. Impossible de marchander avec lui, il est incorruptible et ne fléchit jamais.

De toute façon, j'avais la gorge trop meurtrie à force de vomir et les poumons trop irrités pour prêter attention aux changements de lumière qui m'auraient permis de distinguer le jour de la nuit.

Celle de nous qui avait la plus petite poitrine était allongée à côté de moi sur un vieux matelas, le buste tailladé de part en part.

— Une vraie planche à pain, celle-là ! s'est exclamé l'un des hommes.

Ses complices ont ricané. Encore et encore.

Je lui ai demandé son prénom au bout du deuxième jour. Mais discrètement, car nos violeurs nous avaient ordonné de, je cite, « fermer nos sales petites gueules, sauf pour sucer ou avaler ». Leurs voix renfermaient de la violence à l'état brut.

Voyant qu'elle ne réagissait pas, j'ai commencé à douter. Avais-je vraiment posé cette question à voix haute ?

Finalement, elle s'est arrêtée de pleurer et s'est tournée vers moi. Elle était pâle comme un linge, décomposée. Une épave. Une souffrance sans bornes se lisait dans ses yeux. J'ai dû lutter pour ne pas détourner le regard du sang qui gouttait de sa lèvre.

Elle m'a dit qu'elle s'appelait Alena. Et a répété, comme si elle n'y croyait pas elle-même. Sans quasiment bouger les lèvres. Le visage éteint.

À mon tour, je lui ai dit comment je m'appelais.

— Moi, c'est Lilly. Lilly.

Alena a hoché la tête. Et moi, j'ai cligné des yeux.

Nous nous sommes toutes deux retrouvées sous des hommes qui nous ont tordu les bras et éjaculé en pleine figure. Sous des hommes qui nous ont frappées parce que nous n'écartions pas assez les jambes. Sous des hommes qui nous ont lacéré les mamelons à coups de lames de rasoir, comme ça, par pur sadisme. Nos mains se sont parfois effleurées, au détour d'un drap ou d'un vêtement en lambeaux. Infime rayon d'humanité.

Grâce à Alena, j'ai survécu à ces trois jours. Au moment où nous nous sommes dit nos prénoms, j'ai été surprise, tout comme elle, de posséder encore une identité propre. Grâce à elle, j'ai su me rappeler que j'étais un être humain. Malgré tout. Un constat précieux dont je n'ai pas saisi l'importance, sur le coup, trop occupée que j'étais par toutes ces fellations forcées. Alena m'a donné une raison de ne pas sombrer, de continuer à respirer.

Jusqu'au dimanche.

À ma grande surprise, j'ai survécu. Nous avons survécu. À ma grande surprise, ils nous ont relâchées. Il aurait peut-être été plus simple de mourir là-bas. Et puis, nous commencions à nous habituer aux coups. Alors, une plaie un peu plus profonde que les autres aurait-elle vraiment changé grand-chose ?

— Vous allez pouvoir sortir. Alors, petites putes, vous voulez rentrer chez vous ?

Sortir. Sortir ? Comme dans « s'en sortir » ? Aucune de nous n'a osé répondre. Parfois, mieux vaut s'abstenir.

Nous étions serrées les unes contre les autres, assises sur l'un des canapés du salon, les yeux rivés sur le sol jonché de vêtements. Je n'avais qu'à tendre la main pour ramasser un T-shirt ou un chemisier, mais à quoi bon ? Je savais que je me sentirais dénudée jusqu'à la fin de mes jours.

L'homme a poursuivi en s'adressant à nous comme à une bande de demeurées.

— Vous savez quoi ? Vous allez vous rafraîchir un peu dans la salle de bains et enfiler vos fringues, puis on vous raccompagnera chez vous. C'est plutôt sympa de notre part, non ? Mais à une condition : vous ne parlerez de notre petite sauterie à personne, et surtout pas à la police, ça risquerait de nous énerver. Je suppose que n'avez pas envie de savoir jusqu'où on est prêts à aller. Donc, pas un mot. Pas un seul. C'est bien compris ?

Pas un mot. Pas un seul. Nous n'avons jamais aussi bien compris.

En regardant autour de moi, j'ai vu qu'aucune de nous n'était encore habillée. Cinq pantins désarticulés, mutilés, hébétés, pétrifiés, blêmes. À la peau violacée, bleuie, rougie, marquée de dizaines de brûlures de cigarette. Aux phalanges brisées, au buste lacéré.

Par rapport à d'autres, j'ai eu de la chance. Chance. Un joli mot. Un mot qui peut prêter à rire, quand il est employé à mauvais escient.

Puis, ils nous ont tendu des comprimés que nous avons avalés sans broncher. Quand j'ai perdu connaissance, je me suis dit que c'était la plus belle chose qui pouvait m'arriver.

À mon réveil, dans le sous-sol de mon immeuble, j'aurais bien voulu me sentir heureuse, soulagée, vierge. Seulement, dans la vie, on n'obtient pas toujours ce qu'on veut.

Je me suis levée, j'ai monté l'escalier, et je me suis enfermée dans la salle de bains. Là où j'ai imaginé ce fameux radeau. J'étais trop fatiguée pour me noyer ou allumer un sèche-cheveux tout en restant dans mon bain.

Pas un mot. Pas un seul.

Je n'en ai pas parlé à Lady, et même Chase n'a jamais su précisément ce qui s'était passé. Car les prédateurs rôdaient ; je les soupçonnais même de tout voir et de tout entendre. Silence pervers.

Je me suis condamnée au jeûne à perpétuité, me suis cloîtrée dans une pièce hors du temps, sans porte ni fenêtre, plus communément appelée « dépression ». J'ai voulu compenser mes pertes de mémoire par des tentatives de suicide. J'ai joué les prolongations. J'ai voulu savoir si j'allais me laisser broyer par les violences qu'on m'avait infligées. Ou si j'allais m'en sortir.

Pas un mot. Pas un seul.

Oui, je me suis sentie responsable de ce qu'on m'avait fait subir. Oui, je me suis déclarée coupable, faute de m'accorder le bénéfice du doute. Et je me suis tue.

Trois ans plus tard, j'ai croisé l'une des autres filles à un arrêt de bus. Elle marchait dans ma direction avec, dans une main, une bouteille d'eau, et dans l'autre, un sachet contenant une grappe de raisin. Je savais que son visage m'était familier, mais je ne l'ai reconnue qu'au moment où nos regards se sont croisés. Et là, tout m'est revenu. Dans les moindres détails.

Le bus est passé, mais aucune de nous n'est montée. Elle scrutait le sol, et moi, le ciel. C'était bien plus facile que de nous regarder dans les yeux. Un deuxième bus est passé. Puis un troisième. Ils sont repartis comme ils sont venus : sans nous. Sans rien dire, la fille a rebroussé chemin. Je n'ai pas essayé de la retenir ni de lui emboîter le pas. Je n'ai même pas osé la suivre du regard.

Sentant mes jambes se dérober sous moi, je me suis assise sur un banc, près de l'arrêt de bus. Un pigeon à qui il manquait une patte s'est approché. Il me faisait de la peine, mais lui, en cas de danger, il pouvait toujours s'enfuir à tire-d'aile.

J'ignore combien de temps je suis restée là à observer ce pigeon. Au bout d'un moment, il s'est envolé et la fille est revenue, toujours avec sa bouteille d'eau et sa grappe de raisin. En la voyant arriver dans la direction opposée, cette fois-ci, je me suis dit qu'elle avait dû marcher un peu ou tenter de prendre la fuite, et qu'elle allait soit passer devant moi en feignant l'indifférence soit monter dans le bus suivant. Mais finalement, elle s'est assise à côté de moi, en laissant un petit espace entre nous pour y poser son raisin.

Même si je n'avais encore jamais passé une journée entière assise sur un banc, je me doutais que rester assise, ne plus bouger, croiser les jambes et attendre que le temps passe ne représentait pas un effort surhumain. Mais, dans la vie, rien n'est jamais aussi simple.

Nous n'avons pas dit un mot. Pas un seul. Nous nous sommes contentées de regarder passer les voitures, les piétons et les cyclistes, jusqu'à ce qu'elle me tende la bouteille d'eau et le raisin. À ce moment-là, nos regards se sont croisés. Elle avait les yeux marron doré, comme moi.

J'ai senti l'eau couler, encore bien fraîche, le long de ma gorge desséchée. Puis, j'ai mangé dix-sept grains de raisin, un pour chaque année ayant précédé ces trois journées confisquées. Je n'ai pas osé faire de même pour les trois années passées depuis, car elles ne m'appartenaient plus, elles étaient à Ana et à Mia. J'ai regardé discrètement les bras squelettiques de ma voisine. Une anorexique, elle aussi. Ses cicatrices au niveau du cou et ses brûlures sur les poignets se voyaient à peine, car elle avait parfaitement compris l'utilité du fond de teint. Malgré tout, ses blessures m'ont sauté aux yeux. Comment aurais-je pu passer à côté ?

Peu à peu, le jour a commencé à baisser. Toutes les choses ont une fin, même celles qu'on n'oubliera jamais. Nos regards se sont croisés une dernière fois. Elle était magnifique dans sa tristesse. Douce, discrète, délicate, sa colère réduite à un frisson tourmenté, toute en retenue, menue, emmitouflée dans un pull devenu bien trop grand. J'avais l'impression de me voir dans un miroir.

Certains sujets étant trop difficile à aborder, nous n'avons pas jugé nécessaire de parler. J'ai ôté la chaîne en argent ornée d'un pendentif en forme d'étoile, cadeau de Chase pour mes dix-huit ans, et je la lui ai attachée autour du cou. Lorsque, d'une main tremblante, j'ai effleuré l'une de ses cicatrices, elle s'est mordu la lèvre inférieure. Puis, elle m'a passé son bracelet bleu et blanc autour du poignet. De ses doigts aussi gelés que les miens, elle a, à son tour, frôlé mes entailles au poignet, désormais cicatrisées.

J'ai esquissé un minuscule sourire, mais elle l'a remarqué, j'en suis certaine. Les lampadaires se sont allumés, et soudain, je n'ai eu plus qu'une envie : rentrer chez moi. Un bus est passé, le chauffeur nous a demandé si nous voulions monter, mais ni elle ni moi n'avons répondu. Puis, nous sommes reparties chacune de notre côté.

Nous ne nous sommes jamais revues ; depuis ce jour, je me débrouille pour éviter cet arrêt de bus. Mais il m'arrive de pleurer quand je mange du raisin.

S'en sortir. Un cadeau empoisonné.

4

Personne ne sera donc surpris d'apprendre que je déteste le vendredi et le samedi. Le dimanche, je suffoque, j'ai l'impression d'être un monstre de foire retenu prisonnier dans une cage de verre sans oxygène, tandis que des médecins et des scientifiques, le nez collé à la vitre, m'examinent sous toutes les coutures, prennent des notes, réfléchissent, chuchotent, échangent leurs carnets et brassent du vent.

Alors que moi, je ne peux même pas respirer.

Quand un vendredi s'annonce particulièrement mal, je me barricade chez moi et m'assieds par terre, un assortiment de couteaux et de lames de rasoir à portée de main. Je suis également capable de passer tout un samedi au lit à attendre patiemment que la journée se termine. Je suis une pro de la survie aux vendredis et aux samedis. Je n'éprouverais aucun remords à dépecer Bambi pour me servir de sa peau comme camouflage. Je suis prête à tout pour éviter un nouvel enlèvement.

Le dimanche, c'est une autre histoire. J'ai tout essayé, j'ai même mis au point un nouveau calendrier où le lundi succède directement au samedi. Dans une deuxième version, j'ai décidé de ne plus garder que quatre jours : le lundi, le mardi, le mercredi et le jeudi. Quitte à manipuler le temps, autant aller jusqu'au bout. Mais, à ce moment-là, pourquoi ne pas supprimer également le jeudi, à cause de sa proximité avec le vendredi, ainsi que le lundi, qui arrive juste après le dimanche ? Le problème, c'est qu'il ne resterait plus grand-chose. Mardi. Mercredi. Mardi. Mercredi. Mardi. Mercredi. Ce qui donnerait des mois de quinze semaines. Belle perte de temps.

Mieux vaut sans doute paniquer, ne me sentir nulle part à ma place. Faire les cent pas. Grignoter une figue. La recracher car je n'ai pas le courage de l'avaler. Vomir de la bile. M'évanouir. Ne pas dire un mot. Pas un seul.

Depuis la terrasse de Chase, je regarde quelques oiseaux voleter d'arbre en arbre. En ce dimanche matin, tout est différent. Je ne suis pas dans ma cage de verre, je tiens bon. Mes doigts ne s'intéressent plus à mes cicatrices. Il règne comme un parfum de renouveau. Je peux encore obtenir tout ce que je veux, tout, si je ne tombe pas dans le vide par mégarde.

Il est 7 heures, d'après la cloche de l'église située non loin de là. Après avoir enfilé un jean et un pull blanc, mais sans prendre la peine de me coiffer, je quitte discrètement l'appartement.

Dans la rue, il n'y a pas un chat, tout le monde est encore au lit. Tôt le matin, Berlin est une tout autre ville, dont j'apprécie la quiétude. Peut-être qu'un jour, je partirai vivre à l'étranger, dans un pays où je ne risquerai pas de croiser d'anciens clients. L'occasion également d'apprendre une nouvelle langue, ainsi qu'un vocabulaire plus décent.

J'avance machinalement jusqu'à une boulangerie. Après avoir commandé un café à emporter, je m'installe sur un banc, près d'une aire de jeux ombragée où deux enfants s'amusent à grimper sur un filet d'escalade. Ce sont les rois du monde. Du moins c'est ce qu'ils s'exclament, et je les crois sur parole.

Le café étant un peu amer, je retourne chercher un sachet de sucre. J'en profite pour acheter un sandwich, puis je reviens à ma place initiale.

Comme le temps passe... Ma fuite est comme suspendue.

Je ne sais pas comment se terminera mon histoire. Demain, on me retrouvera peut-être morte sur le carrelage blanc de ma salle de bains. Ou peut-être pas. Si je parviens à guérir, à rompre avec Ana et Mia, à me regarder dans le miroir sans baisser les yeux, je pourrai vivre sans vérifier constamment que mon frigo est vide. Même le vendredi, le samedi et le dimanche.

Certes, je ne retrouverai plus jamais le sourire de mes six ans, quand je n'étais encore jamais entrée chez mon voisin. Mais peut-être qu'un jour je finirai tout de même par avoir un joli sourire.

Je bois la dernière gorgée de mon café et jette à la poubelle la moitié de mon sandwich ; j'adresse un signe de la main aux deux rois, qui me saluent à leur tour, je traverse un parc désert, regagne l'appartement de Chase et reprends ma place à ses côtés.

— Il est tard ? me demande-t-il, à moitié endormi. Pourquoi tu es déjà habillée ?

Je me blottis contre lui sans répondre. Ce grand lit me paraît bien vide, sans Ana et Mia. Mais le mal de vivre n'est pas une fin en soi. Tout comme la déchéance.

Cet après-midi-là, alors que Chase et moi buvons un café près du lac, je repense au jour où Caitlin et moi sommes montées en haut d'une colline pour y lâcher nos cerfs-volants.

— Tu as déjà pensé à tout tenter pour te trouver toi-même?

La voix de Chase ne me parvient que de très loin.

— Lilly? Lilly! Hé, tu m'écoutes? Je dispense ma sagesse, et toi, tu rêvasses! Oh, regarde, les petits cygnes tout moches sont réveillés!

J'abandonne Caitlin pour mieux me concentrer sur ce qui se passe aux alentours. Non loin de là, une famille de cygnes, deux adultes blancs et cinq petits tout gris voguent sur le lac. Tous les jours, entre deux rondes, ils viennent picorer les morceaux de pain que leur jettent les enfants depuis la berge. Parfois, ils se promènent sur l'herbe en se dandinant et interpellent les canards, qui caquètent à leur tour. L'hiver, on les voit rarement, ils se cachent dans les roseaux, mais deux d'entre eux reviennent toujours d'une année sur l'autre. Le premier tour de reconnaissance des petits sur l'eau indique que l'été approche et que les sureaux ne vont pas tarder à fleurir.

Voyant que je lâche mes cheveux, qui retombent doucement sur mes épaules, au niveau de ma minuscule poitrine, Chase sourit et ajoute un morceau de sucre dans ma tasse de thé noir. Alors, je lui demande de but en blanc ce qui lui plaît, chez moi.

C'est la dernière question que je poserai à voix haute dans ce chapitre.

Chase repose son verre, penche la tête sur le côté et m'observe longuement, pensif. Difficile de décrire l'expression sur son visage, entre tendresse, placidité, agacement, désir et nostalgie; à moins qu'il ne prenne tout simplement la pose.

Lorsqu'il finit par me répondre, sa voix rauque n'est pas sans me rappeler les bourdonnements qui me tourmentent depuis plusieurs années.

— Lilly, tu as le don de me rendre dingue, parfois ! L'idée que tu gagnes ta vie ainsi m'insupporte, je suis fou de jalousie et je ne dors plus, tellement je m'inquiète pour toi ! Tu es trop intelligente pour te voiler la face plus long-temps. Nom de Dieu, regarde ce beau soleil de printemps ! Il serait grand temps de trouver un autre exutoire, tu ne crois pas ? Deux ans. Deux ans, c'est bien assez ! Tu me fascines depuis le premier jour, Lilly. Tu jouais dans le bac à sable en y mettant tout ton cœur, comme pour te prouver quelque chose. Personne sur cette planète n'exprime son mal-être avec autant de grâce et de force que toi. Tu es tout sauf une victime. Tu ne comprends donc pas ? Le pire est derrière toi, Lilly, derrière toi ! Oui, je t'aime. Toi et tes mots que tu balances à la ronde, même quand personne n'est là pour les rattraper au vol.

Chase me regarde. Et moi... Moi, je reste silencieuse. Sans voix. Je suis heureuse.

— Chase, Chase...

Et là, j'exprime ce que je tais depuis si longtemps, ce que je me suis formellement interdit de ressentir. Bien sûr, je ne prononce pas cette phrase intentionnellement ni même distinctement, j'en ai à peine conscience, mais toujours est-il que je prononce ces mots :

— Je meurs de faim.

Les larmes qui coulent sur mes joues me brûlent plus que toutes celles que j'ai versées jusqu'alors. Quelque chose se brise en moi, je sens comme des éclats de verre me trans-percer de part en part. Acérés, furieux.

Ana me fixe de ses yeux noir corbeau. Pas un jour sans qu'elle rabâche la règle numéro un : ON N'A PAS FAIM ! TU ENTENDS ? JAMAIS ! ON N'A PAS FAIM !

Et je viens de l'enfreindre, alors que c'est la plus importante de toutes.

Et maintenant ? Que vais-je devenir ?

5

Dans la vie, on laisse parfois passer sa chance, on franchit la ligne d'arrivée alors que les autres coureurs sont tous rentrés chez eux depuis longtemps. Et parfois, quand on décide de guérir, force est de constater l'étendue des dégâts.

C'est trop tard. Car Ana est un funambule macabre. Elle progresse au-dessus d'un ravin, sans filet de sécurité. Et finit par chuter.

Ana, un prénom que mes lèvres prononcent spontanément. Faute de trouver le mot juste, je m'exprime par la faim. Je ne sais pas si j'aurai le temps de guérir. Ce que je sais, c'est que je suis déterminée à rester là. Dans cette vie. Car je suis enfin consciente de moi-même. Et de mon corps. Après tant d'années mortifères.

Je prends du recul par rapport à mon passé, à ses zones d'ombres et à cette aveuglante lumière rouge. Je reconnais avoir navigué dans un monde étrange, impénétrable, où se côtoient éclats de verre et fibres alimentaires. Et je signe une nécrologie.

Car je ne m'appelle plus Felia, cette fille que n'importe qui peut se payer. Quant à la fillette... oui, elle s'appelle bien

Lilly. Lilly. Comme moi. Avoir un prénom est pour moi un privilège.

Mes amis se félicitent à grands cris de me voir arrêter. Arrêter. Un bien joli mot. Quand il s'agit d'alcool ou de tabac. Mais peut-on vraiment arrêter la prostitution ? On pourrait croire qu'il suffit de dire stop, et hop, c'est fini. Mais rien n'est plus faux. J'arrête de vendre mon corps, de simuler, certes, mais tous les clients que j'ai connus me collent à la peau.

Le verdict ne tombera que bien des années plus tard. Je saurai alors si je suis parvenue à dépasser les préservatifs usagés, les anonymes, les gémissements, les soupirs et les nuits interminables.

J'ai raconté à Chase comment j'avais arrêté, repris, puis arrêté de nouveau. Sans jamais cesser de me peser. Puis, je me suis évanouie, et lorsque j'ai repris connaissance, il était allongé par terre, à mes côtés, les yeux rivés sur le plafond. Comme moi.

Puis j'ai ouvert la bouche, et tout est sorti. Tout. Ana. Mia. Les journées manquantes. La honte.

Il m'a écoutée, sans piper mot. Un silence qui a rendu mon déluge de paroles plus précieux encore. Je sais qu'avec lui, mes bribes de souvenirs auront la place qui leur est due. C'est agréable de se sentir compris, même quand on s'exprime de façon tortueuse, comme moi.

« Arrêter », est-ce le mot qui convient ?

Les mots, l'écriture : la clé de ma libération. Une poigne verbale. Dans un gant de soie.

Je jouis d'une liberté aussi limitée qu'incertaine, qui doute d'elle-même et de mes droits. Une liberté qui me considère toujours comme Ana.

«Ana jusqu'au bout[1]. »

Car je suis toujours en danger de mort, même si j'ai retrouvé un semblant d'appétit, ainsi qu'un physique à peu près normal. Le corps ne pardonne rien ; il garde en mémoire la moindre entaille, la moindre cicatrice, la moindre journée de jeûne.

Comme je l'ai dit plus haut, il arrive de laisser passer sa chance, de franchir la ligne d'arrivée trop tard. De mourir prématurément.

C'est le cas d'Ana.

Et moi... Moi ? Comment conclure ?

«Pas un mot. Pas un seul. »

Je suis au moins sûre d'une chose : s'en sortir une fois ne présage en rien de la suite.

---

1. En anglais dans le texte. *(N.d.T.)*

ÉPILOGUE

— Dis, Chase, pourquoi la lumière met autant de temps à s'allumer, ici ? demande Hailie en désignant le plafonnier de la cuisine. Ça marche pas comme ça, chez nous.

— Tu ne vas pas tarder à le savoir, ma petite, répond Chase d'une voix chargée de mystère. J'utilise des ampoules à économie d'énergie. Je te parie même que notre chancelière en a au moins dix caisses à la maison. Enfin, mieux vaut éviter de parler politique car, après tout, on est là pour se détendre. Aujourd'hui, j'ai envie d'insouciance. Bon, revenons-en à mes ampoules. Il faut savoir que chacune d'elles contient très précisément cent sept vers luisants attrapés par des Somaliens vivant sur une péniche en Ouzbékistan. Il suffit d'appuyer sur l'interrupteur pour que les petits vers se réveillent. En gigotant, ils se cognent les uns aux autres, d'où la lumière !

Il marque une pause, le temps qu'Hailie digère ces informations. Il sait pertinemment qu'elle le croit. Comme toutes les femmes de la planète, elle boit ses paroles.

— Tu remarqueras aussi que la lumière devient plus vive, au bout de quelques minutes. Ça, c'est parce qu'il y a des vers luisants un peu paresseux qui tardent à s'allumer.

— Arrête de raconter n'importe quoi à ma fille ! s'exclame Lady. Elle n'a peut-être que cinq ans, mais elle n'est pas idiote.

— Justement, cette petite fille géniale sait très bien que Chase le grand magicien lui raconte une histoire, pas vrai?

Hailie rit, acquiesce et tend la main vers le menton de Chase. Elle aime bien caresser sa barbe, qui n'est pas sans lui rappeler le cochon d'Inde de Zoé, sa meilleure amie.

— D'ailleurs, tu voudrais que je lui raconte quoi? La vérité? Bof, quelqu'un d'autre peut s'en charger. De toute façon, personne ne peut prouver que j'ai tort, parce que si on casse l'ampoule, les vers prennent la poudre d'escampette.

— Et tu peux me dire comment des Somaliens se retrouvent sur une péniche en Ouzbékistan? renchérit Lady en jetant ses deux cigarettes habituelles par la fenêtre.

— Ben, ils sont là pour attraper les vers luisants! s'exclame Hailie.

Chase hoche la tête.

— Et voilà! Elle a tout compris!

— J'aimerais bien réentendre l'histoire des girafes au pôle Sud. Tu sais, celle avec les pingouins et la baleine géante. Ou alors, celle de l'extraterrestre aux rayures bleues et blanches qui atterrit dans une cour d'école et avale le directeur sans faire exprès.

— Non, trésor, chaque histoire ne se raconte qu'une seule fois! Et puis, il y en a tellement, toutes plus rocambolesques les unes que les autres... Alors, pourquoi se limiter toujours aux mêmes? D'ailleurs, en voici une nouvelle. Il était une fois une petite fille jolie comme une princesse, avec des cheveux longs et un magnifique sourire, comme toi, qui vivait toute seule dans un palais, au bord d'un lac. Son père, un pirate très célèbre, écumait les océans, tandis que sa mère, une bonne fée, essayait de répandre le bien autour d'elle. Elle s'ennuyait beaucoup, livrée à elle-même dans cet immense palais. Jusqu'au jour où un oiseau multicolore vint déposer un petit paquet à ses pieds. À peine la fillette eut-elle tendu la main que l'oiseau déploya ses ailes et s'envola. Quand elle ouvrit le paquet, elle y découvrit un carnet à couverture bleue, ainsi qu'un petit papier rose où étaient griffonnés ces mots: «Je suis un livre magique. Chaque histoire que tu y écriras parcourra le monde et reviendra te raconter son incroyable périple. Lutins, sorcières et feux follets n'auront plus de secrets pour toi. Il ne te reste plus qu'à me confier quelques mots.» Sans plus attendre, la fillette s'empara d'un stylo et commença à écrire sur son père, le pirate qui lui rapportait de magnifiques trésors, et sur sa mère, la bonne fée aux ailes dorées. Sur ce, le carnet s'illumina et se mit à chuchoter. À partir de ce jour, la petite fille ne connut plus la tristesse, car le carnet tint parole et lui parla jusqu'à ce que le château bruisse de toutes les histoires du monde.

Le conteur s'incline. Face à lui-même. Face à Hailie. Sur cette gigantesque scène qu'est la vie.

— C'est une histoire vraie? demande la fillette.

— Toutes les histoires sont vraies, mais surtout celle-ci! s'écrie Chase. Et si tu y crois assez fort, peut-être qu'un jour, toi aussi, tu verras le palais, les vers luisants et toutes les créatures fantastiques qui peuplent les contes!

Lady lève les yeux au ciel et ferme la fenêtre en poussant un gros soupir. Long silence. Puis, elle part dans un grand éclat de rire. Quel beau spectacle.

Et moi. Moi aussi, je suis là. J'écoute depuis le couloir.

Ce sentiment de bonheur jusque-là inconnu me bouleverse. Et je pars en courant.

«Poursuis-moi jusqu'à ma porte,
Surprends-moi dans toute ma nudité,
Et avale-moi entièrement[1].»

---

1. En anglais dans le texte. *(N.d.T.)*

Composition :
Soft Office – 5 rue Irène Joliot-Curie – 38320 Eybens

Achevé d'imprimer par N.I.I.A.G.
en décembre 2012
pour le compte de France Loisirs, Paris

N° d'éditeur : 70821
Dépôt légal : décembre 2012
Imprimé en Italie